ARIADNE
VON SCHIRACH

Der Tanz um
die Lust

Buch

Die Körper sind explodiert, die Anteilnahme ist erkaltet. Nur die Erregung ist geblieben. Wir sind umgeben von Titten, Ärschen und Waschbrettbäuchen, und das ist nur die glitzernde Oberfläche der Fernseh- und Werbewelt. Leben wir in einer pornographischen Gesellschaft? In einer Gesellschaft, deren Mitglieder nur noch mit heruntergelassenen Hosen oder hochgezogenenen Röcken vor dem Rechner sitzen und kein Interesse mehr an Partnerschaft haben. Ariadne von Schirach widmet sich diesen Fragen – und findet kluge und provozierende Antworten. Sie denkt nach über Pornographie, erotische Strategien, heutige Formen der Jagd nach Sex. Und wagt die These, dass der einzige Ausweg aus der ästhetischen Entfremdung und erotischen Überforderung – immer noch und immer wieder – die Liebe ist, das Wagnis echter Begegnung.

Sex und Liebe und ihre Bedingungen in der Gegenwart: Philosophisch-essayistisch stellt sich »Der Tanz um die Lust« diesem ewigen Thema und erzählt von Menschen und ihren Abenteuern in einer übersexualisierten Wirklichkeit.

Autorin

Ariadne von Schirach wurde 1978 in München geboren. Sie studierte Philosophie in München und Berlin. 2005 erschien ihr vieldiskutierter Essay »Der Tanz mit der Lust« im SPIEGEL. Ihr Buch erweitert nun dessen Thesen zu einer amüsanten und geistreichen Gesellschaftsanalyse. Ariadne von Schirach lebt als freie Autorin in Berlin.

Ariadne von Schirach

Der Tanz um die Lust

GOLDMANN

FSC
Mix
Produktgruppe aus vorbildlich
bewirtschafteten Wäldern und
anderen kontrollierten Herkünften

Zert.-Nr. SGS-COC-1940
www.fsc.org
© 1996 Forest Stewardship Council

Verlagsgruppe Random House FSC-DEU-0100
Das für dieses Buch verwendete FSC-zertifizierte Papier
München Super liefert Mochenwangen.

1. Auflage
Taschenbuchausgabe August 2008
Wilhelm Goldmann Verlag, München,
in der Verlagsgruppe Random House GmbH
Copyright © der Originalausgabe 2007
by Goldmann Verlag, München,
in der Verlagsgruppe Random House GmbH
Umschlaggestaltung: Ariadne von Schirach und Dario D'Aprile
KF · Herstellung: Str.
Druck und Bindung: GGP Media GmbH, Pößneck
Printed in Germany
ISBN: 978-3-442-15502-6

www.goldmann-verlag.de

Für Mulan

Inhalt

1.0 Die pornographischen Strategien

»Schlampe«. »Pornostar«. »Sexy«. Vor einigen Jahren tauchten auf einmal diese T-Shirts auf. Ich war amüsiert und stark befremdet. Wo hatten diese Ladies ihr Gehirn gelassen? »Schlampe«? Meist waren sie jung, diese Frauen, aber es gab auch ältere, die strahlten oft etwas Verschwörerisches aus, als dürften endlich auch sie an einer Art geheimen Wissens teilhaben. Mittlerweile sind die T-Shirts ornamentaler geworden, die Slogans weniger aggressiv. Sie heißen jetzt »Süß«, »Still Single« oder »Beach Babe« und sind oft in floralen Kästchen zu finden.

Aber es gibt auch immer noch die ganz klare Linie: Gürtel, Strasskäppis und Halsbänder, die tragen einfach die Aufschrift »SEX«. Ich stand einmal in einem Shop und war fast versucht, mir so einen Gürtel zu kaufen, für die schlimmen Tage, um endlich mal ein Statement zu machen. Ich habe es dann doch gelassen. Von Zeit zu Zeit dachte ich darüber nach, selbst T-Shirts bedrucken zu lassen, ich überlegte mir Slogans wie »I like Penetration«, »Sex ja, Liebe nein«, oder, etwas flirtbereiter, »Verführ mich«

Doch die Frauen, die diese Art von Mode tragen, wollen damit meist niemanden auffordern. Es soll nur trendy sein, modisch und ein bisschen frech. Wie »Hexe«. Sie sind Mittäter einer massiven Marketing-Offensive, die an der »Ver-Bunnyisierung« der Welt arbeitet. Seit langem schon lässt sich beobachten, wie die Marke »Playboy« sich in einer bestimmten Art von Geschäften ausbreitet, die meist in Einkaufszentren zu finden sind. Es gibt Bunny-Unterwäsche, Hausschuhe mit neckischem Puschel, Schmuck. Und stolze Girlies, die viel Geld dafür zahlen, das Logo einer Softporno-Zeitschrift zu tragen.

Vielleicht ist das ja auch nur eine Reaktion auf die fortschreitende Pornographisierung unserer Gesellschaft. Wenn alles Porno ist, dann muss ich doch zur Schlampe oder zum Toyboy werden, um den Zug nicht zu verpassen. Neulich habe ich ein Video von den Pussycat Dolls gesehen, *Don't Cha*. Also die Girls, die sind echt scharf. Schlank, rank, tolle Brüste, Beine, Bäuche. Knapp bekleidet tanzen sie sich durch das Video, dessen Aussage in dem Refrain gipfelt: *Don't cha wish your girlfriend was hot like me?* (»Wünschtest du nicht, deine Freundin wäre so scharf wie ich?«) Ja, und wenn dann Thorstens Blick auf die schwabbelige Angelika neben ihm auf dem Sofa fällt, dann wird er im Stillen nicken und beim nächsten Mal vor dem Computer vielleicht nach einigen scharfen Fotos suchen, von den Miezekatzenpüppchen. Fündig wird er werden, denn die heißen Ladies waren, bevor sie ihre Künstlerinnenkarriere starteten, Stripperinnen im *Viper Room*, dort, wo man River Phoenix mal tot vor der Tür fand.

Vom Stripper zum Star. Dieses Phänomen häuft sich in unserer Zeit, es scheint, als würden sich die kulturelle und die pornographische Sphäre mehr und mehr durchmischen. Hardcore-Pornodarstellerin Gina Wild wird wiedergeboren als Michaela Schaffrath. Der italienische Pornostar Rocco Siffredi dreht mittlerweile ernsthafte Filme. Celebrities wie Pamela Anderson und Paris Hilton vergessen aus Versehen irgendwo ein selbstgedrehtes Pornovideo, das daraufhin millionenfach verbreitet wird. Jenna Jameson wird Bestsellerautorin mit ihrer Biographie »Pornostar«. Cicciolina saß zwei Jahre im italienischen Parlament. Die FDP-Politikerin Dr. Silvana Koch-Mehrin ließ sich, im achten Monat schwanger, nacktbäuchig im Stern ablichten. Sportlerinnen, Moderatorinnen und Künstlerinnen posieren nackt im Playboy oder für irgendwelche Kalender.

Zuerst war jedoch das Marketing. Ein Bekannter, studierter

Kommunikations-Experte, sagte einmal zu mir: »Also wenn dir gar nichts mehr einfällt, stellst du einfach eine nackte Frau neben das Produkt, das funktioniert immer.« Oder einfacher: »Sex sells.«

Irgendwo in Berlin werben zwei riesige kurvige Frauen im Bikini für ein Bürogebäude, mit einem Slogan à la »Jeder Stock ein Treffer«. Die neugegründete Einkaufspassage »Quartier 205« hatte eine besonders widerwärtige Strategie, nur andeutungsweise auf das Gemeinte Bezug zu nehmen:

»ICH NEHME JEDEN

Tag einen kleinen Umweg, um alles auf einmal zu kriegen.«

Eine kurzhaarige Blondine, jugendlich, kokettiert dazu mit herausgespitzter Zunge.

»ICH HABE DEN KÜRZESTEN

Weg zum Schwimmbad.«

Dieser würdevoll präsentierte Satz wird begleitet von einem sympathischen Mann mit Glatze. Oder auch:

»ICH KANN IMMER

meinen Tee trinken und entspannt auf Rosa warten.«

Ein herzerwärmendes Seniorenpärchen lächelt dazu von der Plakatwand.

Oder eine Werbung für irgendeine Jeansmarke, bei der ein wirklich extrem gutaussehender Typ mit Hand in der Hose mich einmal fast vom Fahrrad fallen ließ. Oder die aufreizende schnelle Alice.

Ich war mit meinem Freund Vince, dem DJ, beim Frühstücken. Auf dem Heimweg bekam ich eine SMS von ihm: »Ich warte gerade auf meine Tram, und vor mir sehe ich eine wunderschöne, fast nackte Frau, die für einen 12-Euro-BH wirbt. Glaubst du, Models tragen 12-Euro-BHs?« Manchmal grenzen solche Plakate fast an sexuelle Belästigung. Ich habe schon

Männer bitter klagen hören darüber, wie zudringlich diese H&M-Models im Bikini wären, man könne den Blick nicht abwenden. Aber genau darum geht es. Die scharfe Lady für die Jungs und der Bikini für 14,95 € für die Mädels, die hoffen, dass sie dann auch so angestarrt werden. Der Typ mit der Hand in der Hose hat mich auch ein bisschen belästigt. Aber ich fand es auch schade, als ein neues Plakat an dieser Stelle hing. Er hatte sicher einen guten Charakter.

Immer noch fällt auf, dass Frauen schneller dran sind mit dem Ausziehen. Der Marketing-Standardsatz bezieht sich ausdrücklich auf die nackte Frau, nicht auf den nackten Mann. Trotzdem lässt sich ein Trend zur geschlechterübergreifenden Nacktpräsentation ausmachen, wie in Duft- oder Kosmetikwerbungen, oder in dieser LÄTTA-Werbung, in der ein wohlgeformter männlicher Hintern geküsst wird.

Der Unterschied zwischen Pornographie und einer pornographischen Strategie besteht darin, dass ein Porno ein visuelles Produkt ist, das entweder gefällt oder nicht. Doch sobald die Menschenbilder, Rollenverteilungen und Images diesen Bereich verlassen und angewendet werden, um Produkte, Konzepte oder Persönlichkeit zu verkaufen, werden sie zum Teil einer pornographischen Strategie.

Pornos zeigen meist klassisches Rollenverhalten, mit dominanten Männern und devoten Frauen, denen bevorzugt ins Gesicht gespritzt wird. Die Frauen sind immer geil und bereit, und die Männer, meist auf ihre großen Schwänze reduziert, können und wollen immer. Frauen sind Huren, Männer omnipotente Stecher. Das Wort »Pornographie« kommt aus dem Griechischen und ist zusammengesetzt aus »Porne«/»Porner«, was Hure/Hurer bedeutet, und »graphein«, was zeichnen heißt. Huren zeichnen. Wer macht da wen?

Pornos lassen mich kalt und machen mich geil. Es ist fast unmöglich, einen Porno anzusehen und davon nicht erregt zu werden. Das ist wohl so etwas Biologisches, der Nachahmungstrieb; jedenfalls, wenn ein menschliches Wesen andere menschliche Wesen beim Geschlechtsverkehr beobachtet, wird es angetörnt. Doch diese Erregung hat etwas Kaltes, Unpersönliches. Es ist so, als würden die primären Geschlechtsmerkmale miteinander kommunizieren, unter völliger Umgehung der Persönlichkeit. Pornos zeigen Sexobjekte und machen den Betrachter oder die Betrachterin zum Sexobjekt. Die dabei auftretende Erregung ist eine sichere Sache, eben ein biologischer Volltreffer. Dieses verlässliche Reiz-Reaktionsschema wird auch bedient, wenn diese Bilder die Hinterzimmer verlassen und ihren Siegeszug antreten in die glitzernde Welt des totalen Konsums.

An dieser Schwelle steht nur ein Wort: »Sexy«. Das ist die kleine Schwester des Pornos, die hübsche. Die frauenaffine. Wir wollen Porno, aber wir wollen nicht wissen, dass wir es wollen. Weil wir sonst entdecken könnten, dass wir frustriert sind.

Die pornographischen Strategien spielen mit dem semantischen Raum, der unterschiedlichen Bedeutung von Sex und sexy. Sex ist erst mal ein Akt. Ganz biologisch. Körperlichkeit, Fortpflanzung. Sex hat man oder nicht. Es geht um eine reale Beziehung. Aber sexy? Das Wort hat sich selbst geschaffen, erscheint noch in den Fünfzigern als Attribut pin-up-artiger Leinwandgötter, macht eine lange Reise ins neue Millennium, und siehe da: Es ist geschlüpft und endlich angekommen.

Alles ist sexy. Ich bin sexy, du bist sexy. Das neue Auto, der neue Drink, das neue Video von Christina Aguilera. Sexy ist das Wort, das man gebraucht, wenn einem die Sprache ausgeht. Aber es ist auch irgendwie flauschig, zuckrig, glitzernd. Es ist nicht bedrohlich, aber es bedroht. Denn dahinter steht der Sex, steht die Erregung, die uns blind und geil werden lässt, was ja an sich nichts Schlechtes ist, aber beim Kauf von Frühstücksmargarine? Sexy sorgt für totale Aufmerksamkeit, das scheinen auch die Frauen zu hoffen, die es sich extra aufs T-Shirt schreiben. Und die Marketing-Experten, welche die Betreiber dieser Berliner Einkaufspassage beraten haben. Und weil das so gut funktioniert mit der Aufmerksamkeit, sind wir mittlerweile umgeben von Titten, Ärschen, Waschbrettbäuchen. Die Körper sind explodiert, und die Anteilnahme ist erkaltet. Nur die Erregung ist geblieben.

Wir sind also pausenlos angetörnt, Triebabfuhr ist das Gebot der Stunde. Gleichzeitig lastet dadurch ein immer größer werdender Druck auf dem und der Einzelnen, denn, wahrlich, diese Körper sind begehrenswert. Wie gut die aussehen, wie schlank, geschmeidig, wie glänzend das Haar!

Eine Reaktion auf die fortschreitende Pornographisierung besteht also in der unablässigen Selbstoptimierung, die tatkräftig unterstützt wird von Ratgebern, Magazinen und der allgegenwärtigen Produktanpreisung.

Gleichzeitig führt dieser konstante Zwang zum Sexappeal nicht selten zu Frustration und Überforderung. Rapper Akon quälte wochenlang die Hitparaden mit seiner Einsamkeit. Die große Depression ist oft nur einen Seufzer weit entfernt. Immer mehr Männer flüchten in die gutsortieren Weiten des Netzes, denn die schönen devoten Frauen mit den perfekt lackierten Fingernägeln lassen sich bereitwillig anschauen, aber blicken nicht zurück. Da kommt es auf eine Pizza mehr oder weniger auch nicht an.

Die pornographischen Strategien sind das, was das »Sex-Sells«-Marketing aus den klassischen pornographischen Ikonographien, also Bildwelten, gemacht hat. Da diese somit gesellschaftsfähig wurden, ist mittlerweile unsere gesamte westliche Lebenswirklichkeit davon verseucht. Diese Omnipräsenz nackter Leiber steht immer in einem Konsumzusammenhang. Und schafft so ein Begehren, das sich, so hofft man, automatisch auf die angepriesenen Produkte überträgt.

Die pornographischen Strategien sind dadurch gekennzeichnet, dass sie uns eher als Gattungswesen denn als Individuum ansprechen. Egal wie scheußlich ein Cum-Shot oder die Nahaufnahme einer Penetration im Porno sein mag, sie erwecken unser aller Aufmerksamkeit und lassen uns erregt zurück. Es funktioniert einfach immer!

Beim Porno blickt man nur an, wird aber nicht angeblickt, ein ständiger Voyeurismus, der entweder lethargisch macht oder wieder vor das Problem der Erregung stellt. Pornos und pornographische Bilder erwischen uns dort, wo es beliebig wird, dort, wo wir am wenigsten menschlich sind. Oder, wie Martin Amis es in einem Essay in »Pornoland« nennt, sie bedienen das polymorph Perverse in uns. Ich glaube, auch Affen würden von einem Affenporno angeturnt. Deshalb sind die pornographischen Strategien auch frei von Individualität.

Was ist sexy? Eine schlanke, wohlgeformte Figur. Ein geiler Hintern. Lange blonde Haare sollen auch nicht ganz verkehrt sein, sagt man. Ebenmäßige Gesichtszüge. Lange dünne Beine, die in einem kurzen Röckchen oder Höschen stecken. Ein bauchfreies Oberteil, aus dem voluminöse Brüste quellen. Stiefel? Ein sinnlicher Mund; kann bis zum Schlauchbootartigen gehen. Es bläst sich wohl einfach besser mit dicken Lippen; mehr Oberfläche? Die großzügige Verwendung von Glitzerpuder.

Eine sportliche Figur, ein offenes Hemd, Muskel-Shirt. Brustbehaarung nach Gusto. Die Armmuskeln müssen aber schon stimmen. Ein Waschbrettbauch, ein knackiger Hintern, eine ordentliche Beule in der Hose! Zerwuschelte Haare, britpoppig oder militärische Kürze. Ein markantes Kinn, sinnliche Lippen, wir sind ja nicht zum Spaß hier. Dreitagebart?

Die pornographischen Strategien produzieren Klone, denn es werden immer »objektive« Kriterien zugrunde gelegt, wenn es um Sexiness geht. Es gibt tatsächlich eine ziemlich genaue Vorstellung von Hotness, auf die auch unablässig Bezug genommen wird. Und das zieht sich durch alle Bereiche unserer Lebenswirklichkeit. Vom verführerischen Bewerbungsfoto bis hin zum Aufstylen für den Clubbesuch.

Neulich war ich was trinken, mit König Gunter und anderen Freunden. König Gunter, Journalist und Barkeeper, ist ein ganz alter Freund von mir, ein schöner Mann. Groß, schlank, mit hellbraunen Haaren, die ihm lässig ins Gesicht fallen, und strahlenden grünen Augen. Die Ladies stehen auf König Gunter, er ist ein Held der Frauen, kein Frauenheld. Trotzdem wird es langsam Zeit, an die Familienplanung zu denken, und so beobachten wir die jungen Rehe und die hotten Elsen, und König Gunter hofft, die Eine zu finden. Gestern jedenfalls standen wir an der Bar, Vince und SusiPop und Flexter waren auch dabei, und König Gunter verkündete:

»Diesen Sommer hab ich ein Sixpack. Ich hab's der schönen Sonja versprochen!«

Wir stöhnten alle ein bisschen, denn die Geschichten von der schönen Sonja hingen uns schon ein wenig zum Hals raus. Flexter blickte an sich herab, strich über die frittengefüllte Wampe und sagte: »Ich bin dabei!«

Ich wollte meinen Freunden eigentlich gerade erzählen, dass dieser eine Mistkerl immer noch nicht angerufen hatte, schaute aber auch an mir herab und sah etwas scheußliches

Weißes, unvorteilhaft geschmückt mit kleinem Piercing-Ring, aus meinem Unterhemd quellen. Erschrocken sagte ich: »Ja!«

Vince hörte nicht zu, weil er versuchte, eine kleine Dunkelhaarige an der Bar anzubaggern. Sie schien nicht interessiert, was ihn aber nicht weiter störte.

Ich sagte: »Ich hab mir ja schon überlegt, mich wieder fürs Fitnesscenter anzumelden. Aber irgendwie hab ich da einmal schlechte Erfahrungen gemacht, so mit dem Hingehen.«

Ich sah Flexter an, der diese Erfahrung des Zahlens-aber-nicht-Hingehens im vergangenen Jahr schon zum zweiten Mal gemacht hatte. Flexter blickte jedoch unbeirrt an mir vorbei, man konnte sehen, wie er an seinen Traumkörper dachte, den er im Sommer haben würde, ganz bestimmt.

»Ich mach das alles zu Hause!«, krähte König Gunter stolz.

SusiPop lächelte liebevoll, ihre schlanke Gestalt eine einzige Überlegenheit. Sie hatte irgendwann die Geheimnisse von Monsieur Montignac entdeckt; ab und zu knabberte sie ein paar Erdnüsse, ungesalzen. Ich sah wieder meinen Bauch an. So konnte es nicht weitergehen. Kein Wunder, dass er nicht anrief!

Schlankheit ist eine der Grundvoraussetzungen, um sexy zu sein. Schlank, langbeinig, langmähnig, gebräunt, gestrafft, geliftet. Das Individuum wird darauf reduziert, inwieweit es diesen expliziten und nicht allzu schwer zu erfüllenden Anforderungen gerecht wird. Und danach richtet sich dann der Marktwert. Viel Vergnügen beim Streben danach, sexy zu sein: *Welcome to the Pursuit of Sexiness*. In diesem medial und kulturell erzeugten Raster findet jeder Einzelne mit Leichtigkeit seine Position.

Ich war gerade mal wieder ein bisschen nach unten gerutscht, aber hundertsiebenundfünfzig Stunden am Abflex/

Low-Waist-Trimmer würden das sicher wieder in Ordnung bringen. Mir schauderte. Das war das Problem mit der Sexiness: Zum einen war es eine Scheißarbeit. Zum anderen würden wir irgendwann alle gleich aussehen, mit fasziniertem Entsetzen sah ich im Fernsehen immer diese Reportagen aus Kalifornien, und es fiel mir schwer, die einzelnen Protagonisten zu unterscheiden. Sexiness wird immer als der Gipfel der Individualität verkauft, als »das Beste aus sich herausholen«, dabei arbeitet sich jeder an den gleichen Vorgaben ab. Auch in der ironischen Ablehnung, die ja nur einen gebrochenen Flirt mit dem Thema darstellt, nimmt man auf diese Muster Bezug. Herzlich gelacht habe ich über meinen Bauch, im tiefinnerlichen Wissen, dass diese Dinge nicht wirklich zählen, und trotzdem voller Vorsätze, im Sommer nicht mehr so auszusehen. Es gibt eigentlich kein Außerhalb dieses Referenzsystems, nur Stufen der Ironie. König Gunter ist auch kein oberflächlicher Mensch, aber das war ihm ernst, das mit dem Sixpack. Vielleicht gibt es immer diese Ambivalenz gegenüber den pornographischen Strategien, neben einer lethargischen Ermüdung angesichts zu viel nackten Fleisches.

Es gehört zum guten Ton, sich zu beschweren, man hat auch allen Grund dazu, verdammt noch mal, die Würde des Menschen ist antastbar, wenn er sich live (und freiwillig!!) bei RTL unters Messer legt, um endlich dünne Oberschenkel zu haben oder größere Brüste oder einen längeren Penis. Das macht uns, die Protagonisten, die Zuschauer, die ganze Industrie zu Objekten; Menschlichkeit, Stil und guter Geschmack werden da einfach mal zu Hause gelassen.

Aber *The Pursuit of Sexiness*, diese konsumistische Verheißung, das riecht doch nach Erfolg, Glamour und Top-Reproduktionsmöglichkeiten. Dem kann man sich nicht einfach entziehen, nicht wenn man lebendig bleiben will, mitmachen, seinen Spaß haben. Das führte auch dazu, dass Frauen jenseits der vierzig, im Gegensatz zu, sagen wir einmal, vor zwanzig Jahren, noch mitmachen im Marktgeschehen. Man denke nur an die schöne Sharon Stone, die seit 2005 Werbung für die Anti-Aging-Linie von Dior macht. Oder an die mädchenhafte Terry Hatcher aus »Desperate Housewives«. Madonna, achtundvierzig, mit dem athletischen Körper einer Zwanzigjährigen. Und das ist sicher eine Verbesserung des weiblichen Status quo …

Ich sollte wirklich mehr auf meine Ernährung achten, ist ja auch medizinisch sinnvoll, tut mir gut. Vielleicht sollte ich mir auch einfach den neuen Saunagürtel im Internet bestellen? Oder die rein pflanzlichen Kapseln von Dr. Grünfein? Oder mal kurz amphetaminsüchtig werden, nur zwei Wöchelchen. Das hat mich immer fasziniert, dass Ecstasy eigentlich mal ein Appetitzügler war, frei verkäuflich. Da war man dann schlank *und* glücklich. Die goldenen Sechziger/Siebziger, ach, die Ungnade der späten Geburt.

1.1 Pimping Myself

Wie wird man sexy, wie stellt man das an? Eine schwierige, lebenswichtige Frage. Früher sagte man, Erfolg macht sexy, doch jetzt muss man schon sexy sein, um Erfolg zu haben. Aber es geht um mehr, um viel mehr. Sexiness scheint mittlerweile eine der Voraussetzungen zur Reproduktionszulassung zu werden. Der Marktwert, dem Houellebecq mit der »Ausweitung der Kampfzone« ein frühes Denkmal setzte, bestimmt die Erfolgsaussichten.

Vor mir liegt eine Frauenzeitschrift (*Woman*), auf deren Titel steht: »Single? So hoch ist Ihr Marktwert. Wie Sie Ihren Weg zum Glück berechnen.« Dort finden sich Sätze wie: »Auf dem Singlemarkt herrscht, wie auf jedem Markt, das Gesetz von Angebot und Nachfrage.« Und am Schluss werden wir, wie tröstlich, mit zwei goldenen Tipps entlassen. »Einerseits kann man neue Marktsegmente erschließen«, heißt es da, »oder das Produkt optimieren.« Also entweder auswandern oder endlich sexy werden.

Nur wie?

Der erste Schritt zur Selbstoptimierung führt über Äußerlichkeiten, kurz gesagt, Verschlankung. Bin aber heute wieder nicht zu meinem Pilates-Kurs gegangen, eine Schande ist das. Ein weiterer wichtiger Punkt ist das Styling. Und die richtige Einstellung. Eine ganze Industrie lebt davon, Lösungen und Anregungen anzubieten. Frauenzeitschriften und die neuen Männermagazine präsentieren regelmäßig die neuesten Produktempfehlungen, um gestresste Haut wieder zart und geschmeidig zu machen. Subtil wird hier die Angst geschürt. Anzeigen mit wunderschönen retuschierten Gesichtern und Körpern, Geschichten über glamouröse Stars und Promis bilden den unsicherheitserzeugenden Rahmen, in dem neue Kosmetika und die Top-Fashion-Trends der Saison vorgestellt werden. Und entweder gibt es eine Sektion à la »Bauch weg in siebzehn Stunden« oder »Die zehn Diätgeheimnisse der Stars«.

Der sich ausweitende Zwang zum Sexappeal hat mittlerweile auch die Männer erfasst. L'Oréal wirbt mit der Anzeige »Er findet sich unwiderstehlich ausdrucksstark. Sie nennt das frühzeitig gealtert. → Erste Mimik-Falten. Stoppen Sie diese Entwicklung. Reagieren Sie. MEN EXPERT«.

Und Männermagazine, wir wollen ja genderspezifisch bleiben, ködern mit »In sieben Tagen zum Waschbrettbauch«, »Endlich aussehen wie Brad Pitt – mit allen Bezugsadressen seiner Kleidung« oder auch: »Haare färben leichtgemacht«. Doch nicht nur im Print-Sektor, auch im Fernsehen und im Kino ist die unablässige Selbstverbesserung ständiges Thema.

2005 beglückte Pro Sieben den Medienstandort Deutschland mit der Serie »The Swan«. Von der superscharfen Veronika Pooth moderiert, durften dort sieben Frauen den weiten Weg vom klumpigen Entlein zum liposuktierten Schwan beschreiten. Da wurde geschnitten, zahnkorrigiert, getrimmt, gefärbt und gecoacht, dass es eine wahre Freude war. Den goldenen Schwan gewann dann die, welche sich am meisten verändert hatte. Diese Serie war jenseits der Geschmacklosigkeit, aber erstaunlicherweise ein ziemlicher Flop. Man könnte sagen, das würde sehr für Deutschland sprechen, weil dieses grauslige Format in Großbritannien beispielsweise mindestens neun Staffeln hatte. In den USA, wo man immer einen Schritt voraus ist, gibt es Formate wie »Extreme Makeover«, wo das Aufmotzen im Schnelldurchlauf geschieht und die Protagonisten danach bereit sind, sofort in einer Stripshow aufzutreten.

Das sind extreme Beispiele, aber das »Vorher – Nachher-Prinzip« ist immer noch ein großer Renner. Von »Do it Yourself – S.O.S.« auf Pro Sieben bis zu »Pimp My Ride« auf MTV, Optimierung ist ein großer Quotenbringer.

Mit »Pimp My Ride« hat MTV einen großartigen Wortbeitrag zu dieser Tendenz geliefert: »Pimpen« kommt von *pimp*, amerikanisch für Zuhälter. So impliziert dieses Wort einen sexuellen Hintergrund. Zuerst wurden bei MTV die Autos gepimpt, dann im deutschen Spin-Off die Fahrräder, und schließlich sind wir bei »Pimp My Whatever«.

Da können sich dann junge Typen einen Abend pimpen lassen, mit ein paar hotten Bunnies, oder ein cooles Girlie kann endlich ihrem nerdigen kleinen Bruder ein stylisches Image verpassen. MTV pimpt sowieso ständig, Handys mit den neuesten Klingeltönen beispielsweise.

Aber auch das Reality-Format »Made«, in dem MTV bei der Erreichung eines Ziels, beispielsweise der Verwandlung vom arschwrestelnden Boylie-Girl in eine echte Promqueen, hilfreich zur Seite steht, fällt in die Kategorie der Optimierungsshows.

In der oben erwähnten Frauenzeitschrift stand auch, dass die Zahl der Manager, die in London Schönheitschirurgie in Anspruch nahmen, 2005 um vierzig Prozent gestiegen sei. Es wurde aber auch darauf hingewiesen, dass das an den vielen Lifting-Gutscheinen liegen könnte, die man dort zu Weihnachten verschenkt hatte. Meldungen dieser Art finden sich immer häufiger, mein persönlicher Liebling ist das Operationsangebot, sich das abgesaugte Fett gleich in die Brust spritzen zu lassen. Schlanker Bauch *und* dicke Titten/Heldenbrust.*

Tatsächlich steigt auch in Deutschland die Anzahl der Männer, die bereit sind, sich zwecks Selbstoptimierung der plastischen Chirurgie anzuvertrauen. Im *Playboy* stand zu lesen, dass sich mittlerweile jeder fünfte Mann in Deutschland kosmetisch operieren lasse. Der häufigste Eingriff ist das Fettabsaugen, gefolgt von Gesichtskorrekturen und Brustoperation. Sind das dann die Alten, Schwabbeligen, die sich ihre Titten abnehmen lassen? Oder werden die dort aufgespritzt? Der Autor, Rudi Raschke, verwies darauf, dass laut einer Studie von Medical One sich mehr hetero- als homosexuelle Männer diesen Operationen unterzögen. Er schloss mit dem Hinweis, dass es schon Botox für die Achseln gäbe, um das Schwitzen zu unterbinden. Man konnte sein geschlechtsgenossisches Grausen noch spüren, nachdem man die Zeitschrift weggelegt hatte.

Mein Freund Thomas Vinzmann, Vince genannt, ist ein attraktiver Mann. Dunkle Haare, dunkle Augen, ein irgendwie südländischer Look. Ein Hetero-Mann, dem gestreifte Segelpullover stehen. Vince ist DJ, arbeitet als Freelance-Videoproduzent und geht gern aus, aber was ihn auszeichnet vor dem Herrn ist sein unfassbares kosmetisches Wissen. Als ich zum ersten Mal davon hörte, dass man sich auch entwachsen kann, hatte Vince schon keine Rückenhaare mehr. Als ich Alka Seltzer entdeckte, justierte Vince schon seinen persönlichen Vitamincocktail. Bei dem Wort »Einlauf« funkeln seine Augen, und er fängt an, eine lange Geschichte über richtiges Entschlacken

---

* Die sogenannte »Eigenfett-Transplantation« wird nur von wenigen Kliniken durchgeführt. Fachärzte raten davon ab, da das körpereigene Fett sich meistens schnell wieder verteilt, so dass dann alles für die Katz war.

zu erzählen. Seine dunkle Seite ist eine neurotische Jämmerlichkeit, eine perverse Sorge um sich.

Vince hat sehr schöne Hände mit schmalen, geschmeidigen Fingern. Er hat vor langer Zeit damit angefangen, seine Rede gestisch zu unterstreichen, und seine Finger sind dabei irgendwie immer in seinem Gesicht. Wir stehen an der Bar, er streicht sich langsam über seine rechte Wange, und sagt:

»Ich glaub, jetzt fängt es an mit dem Haarausfall. Kannst du mal nachsehen, die ›Stelle‹ ist größer geworden, glaub ich.«

Er hebt sein Cap, ich sehe nach. Dichtes, leicht gelocktes dunkelbraunes Haar. Keine Kopfhaut, nur sozusagen natürlich, dort, wo er einen kleinen Wirbel am Hinterkopf hat.

»Da ist nichts. Gar nichts.«

Die Hand fährt immer noch im Gesicht herum, skeptisch streichen die Finger übers Kinn.

»Näää. Ich weiß nicht. Kannst du noch mal schaun, mir ist so …«

»Da ist wirklich nichts.«

»Hmm.«

Er schweigt eine Weile, sieht sich um, ein Männerblick, der über die anwesenden Frauen streift. Ich überlege, ob ich nicht nach Hause gehen soll. Dann dreht er sich wieder mir zu, und sagt: »Ich hab ja auch immer so Magenprobleme gerade. Sodbrennen. Ich sollte wirklich weniger ausgehen.«

»Wir sollten alle weniger ausgehen.« Was für ein blöder Satz, denke ich mir, aber Vince ist dabei, in Fahrt zu kommen. »Und ich bin so fett geworden.« Das Anfassen des Kinns hat etwas Hektisches bekommen. Der Blick flackert über die Anwesenden. Ich denke an das Weiße, Böse[*], und sage:

---

[*] Was das wohl sein wird? Es fängt mit »B« an, und ja, es hat einen kleinen Piercing-Ring.

26

»Also hör mal, du siehst gut aus. *Ich* bin fett geworden.«

Er schweigt. Und lächelt, ein kleines ironisches Lächeln, seine Hand hängt wieder lässig an ihm herab. Du kleines Miststück, denke ich.

»Lass uns noch was trinken«, sagt er dann.

»Ich will 'nen doppelten Grasovka auf Eis«, sage ich.

Die starken Wachstumsraten im Bereich der plastischen Chirurgie und das umfassende kosmetische Angebot zur geschlechterübergreifenden Faltenreduzierung verweisen auf ein weiteres Kriterium der Sexiness: Jugend. Ewige goldene Jugend, fünfundvierzig ist doch noch kein Alter. Und eigentlich wollen wir alle fünfunddreißig sein, sagt Claudius Seidl, der das in seinem Buch »Schöne junge Welt« analysiert. Eigentlich bezieht er sich auf eine ideelle Alterslosigkeit, eine Verbindung von Jugendlichkeit und Reife. Aber die milchfrische Knackigkeit einer/eines adoleszenten Sechzehnjährigen ist auch nicht schlecht, da muss man realistisch bleiben. Das dachte ich mir, als ich auf einer Party saftige, fordernde Frauenschenkel betrachtete, die sich vor mir bewegten. Vielleicht lässt sich der Altersunterschied in dem zunehmenden Abstand zwischen Hose und Bein messen. Und viele Frauen, die gerade ein wenig zu dick sind, tragen, wie ein Versprechen, in sich die Versicherung: »Warte nur ein Weilchen, ich will gleich wieder sechzehn sein.«

Schlank sollen wir sein, geschmeidig, jugendlich, und verdammt gut drauf. Sexiness ist kein Spaß, obwohl sie natürlich Spaß machen soll, sondern eine Heidenarbeit. Sexiness ist ein komplexes Lifestyle-Paket aus Körper, Kleidung, Geschmack. Das will erst mal verinnerlicht werden. Aber wir haben ja Zeit. Zumindest seit die Adoleszenz bis fünfundvierzig dauert.

Was die Äußerlichkeiten angeht, sind wir wirklich gut beraten, gepampert mit Produktvorschlägen und Leitbildern. Aber die *Attitude*? Wie kriegt man die hin? Also, da geht es wohl um flirtbereite Leichtigkeit, um »gut drauf sein«, um »sich nicht so haben«. Bereitwilligkeit, Anzüglichkeit, Zurschaustellung der Reize. Für Frauen kristallisiert sich ein Rollenmodell heraus, das eine Hybridform darstellt zwischen Kumpel und Sexbombe, während die Männer nur gepflegt und frech/charmant/maskulin/verständnisvoll/gerne shoppend/hilfsbereit sein müssen. Aber wehe, einer vergisst die Armmuskeln! Oder das Parfum! Das Deeeeooo!

Zur richtigen Einstellung gehört auch die ständige Bewertung der anderen Wettkampfteilnehmer. Dabei fällt auf, dass Frauen immer noch viel mehr über Frauen reden. König Gunter nennt das immer »Frauen beobachten Frauen«. Dieser typische Blick, wenn manchmal die Figur und immer das Styling gecheckt wird. Da haben wir wohl eine natürliche Neigung, so als Frauen. Und ist es nicht auch irgendwie leicht und cool, andere Frauen nach ihrer Sexiness zu bewerten? Ich muss gestehen, dass mir der Satz »*Wow*, hast du diese Titten gesehen!« schon das eine oder andere Mal über die Lippen gekommen ist. Zu meiner Verteidigung jedoch kann ich vorbringen, dass dies das Resultat meiner großen Verehrung für die vielen Facetten der weiblichen Schönheit ist, abgesehen davon: Geile Titten sind geile Titten.

Mir geht es tatsächlich um die Schönheit, die ich bei anderen Frauen recht häufig neidlos anerkenne. Die jungen Rehlein. Raffinierte Göttinnen. Sportliche Androgyne. Phantastisches Styling. Mein Blick, auch der meiner Freundinnen, bleibt meist an etwas hängen, das die andere auszeichnet, etwas ganz Eigenes. Doch gibt es auch hier einen Trend zur Chauvinisierung. Immer noch stimmt es, dass auch in gemischten Gruppen viel mehr über attraktive Frauen geredet wird als über scharfe Kerle. Wenn ich mich über die formschöne Figur einer jungen Dame auslasse, hören auch meine Freunde gerne zu, will ich jedoch die Bartstruktur des unfassbar gutaussehenden Mannes schräg vor mir tiefenanalysieren, stoße ich auf zwar vorhandenes, doch begrenztes Interesse. Und auf eine fehlende Sprachtradition. Als ich über diesen Punkt mit einem Bekannten, Martin, diskutierte, sagte dieser:

»Ich finde, dass Männer auch viel über Männer sprechen.«

»Du sitzt also neben einem Kumpel in einer Bar, und dann sagt einer: ›*Wow*, hast du den hübschen Typen da drüben gesehen. Der sieht ja aus wie Jude Law.‹«

»Na ja, so nicht gerade!«

»Wie dann?«, fragte ich.

»Na, das sind eher so beiläufige Bemerkungen. Wenn jemand was Cooles anhat oder mit einer tollen Frau da ist oder so. Da kann man dann aber schon drüber reden.«

»Das widerspricht meiner Erfahrung. Besonders über Anwesende scheinen Männer nicht gerne zu reden. Sportler, Helden, Modedesigner, das geht alles noch. Aber im Allgemeinen reden beide Geschlechter tendenziell mehr über Frauen.«

»Nein, ich hab schon oft über andere Männer geredet.« Er rückte seine Brille zurecht.

»Aber, wenn ich's mir so überlege, viele meiner Freunde sind schwul…«

»Hm…«

Er hatte mich nicht überzeugt.

Doch Tatsache ist, dass sich viele Frauen eines pseudo-lässigen Männersprechs und Männerverhaltens bedienen. Ich bin davon nicht ausgenommen. Hatte ich nicht in Prag mit der Eisprinzessin einen Stripclub besucht, mich über die Brüste/Figuren/Hintern von anderen Ladies ausgelassen und dreckige Witze am laufenden Band erzählt?

Ariel Levy analysiert in ihrem post-feministischen Buch

»Female Chauvinist Pigs – Women and the Rise of Raunch Culture« die zwei Tendenzen, die dazu führen, dass sich Frauen in chauvinistische Säue verwandeln. Zum einen geht es um Macht, um den Wunsch, so zu sein wie *one of the guys«.* Und wenn man dafür einen Stripclub besuchen muss, andere Frauen als Sexobjekte diskriminiert und dreckig über diese Demütigungen lacht, dann ist das wohl nur ein geringer Preis fürs Dabeisein. Dieses zutiefst unschwesterliche Verhalten ist auf dem Vormarsch, es ist einfach so verdammt cool. Es ist eine Tatsache, dass besonders in den höheren Rängen der allgegenwärtigen Hierarchien immer noch hauptsächlich Männer das Sagen haben, und es gibt die lachenden Jungs, die vor einem Bildschirm über Titten und Ärsche witzeln, die widerwärtige Witze erzählen und unglaubliche Dinge über Frauen sagen.

Ich habe eine Zeitlang in Barcelona gelebt. Eines Tages ging ich in die *Boqueria,* die große Markthalle, um dort etwas zu Mittag zu essen. Ich setzte mich also an einen kleinen Stand und bemerkte, dass neben mir drei deutsche Männer saßen. Alle waren so zwischen dreißig und vierzig, und amüsiert hörte ich zu, wie zwei davon um den dritten herumscharwenzelten. Der war wohl Journalist oder so und hatte einen Presseausweis, und die beiden anderen versuchten ihn dazu zu bringen, ihnen auch einen solchen zu beschaffen. Es war ein klein wenig widerlich, und der Großmacker genoss seine Rolle sichtlich. Sich in der Aufmerksamkeit sonnend, fing er an, eine Geschichte über irgendeine Frau zu erzählen, die er neulich gefickt hätte. Einer seiner Spezis hatte sie wohl auch schon gehabt, was der Macker zum Anlass nahm, ein wenig mehr zu erzählen. Was für eine feuchte, immergeile Fotze das doch gewesen sei, der hätte es ja nichts ausgemacht, dass ihr Kopf beim

Ficken immer gegen die Wand geschlagen sei, dem geilen Stück. Die anderen beiden lachten; eine köstliche Geschichte.

Mir blieb die Tortilla ein bisschen im Hals stecken. Dass solche Fotzen es ja immer ganz heftig besorgt haben wollten, fuhr der Macker fort, aber eines Abends habe sich die dumme Schlampe tatsächlich geweigert, ihm einen zu blasen, die Fotze. Die anderen beiden schüttelten verächtlich den Kopf. So eine Nutte.

Mittlerweile hing ich halb über dem Tresen. Ich mag Männer, wirklich. Ich konnte nicht fassen, was ich da hörte. Das waren gebildete Männer, mit guten Jobs in den Medien. Der Macker, dem meine Faszination nicht entgangen war, fragte, ob ich Deutsche sei. Ich tat so, als verstünde ich ihn nicht, murmelte etwas auf Spanisch und machte mich erschüttert davon.

Ich hätte mit den Jungs auch einen Stripclub besuchen können. Gemeinsam hätten wir dann über die geilen Bitches gelacht und Ärsche beurteilt. Doch hier stieß ich an meine Grenzen, Grenzen, die sich trotzdem immer weiter nach hinten verschoben haben. Ich liebe dreckige Witze.

»Warum darf man Blondinen keinen Vibrator geben? – Weil sie sich sonst die Zähne zerschnetzeln würden.«

Ariel Levys Analyse bezieht sich auf Nordamerika, aber die Tendenz von attraktiven Frauen, sich in männerbündlerischer Weise über andere Frauen als Sexobjekte zu unterhalten, lässt sich auch in Deutschland beobachten. Die andere Seite der Medaille ist, dass die scharfen Weiber gleichzeitig versuchen, wie eine männliche Sexphantasie auszusehen. Schönheitsoperationen sind hier noch nicht so verbreitet wie in den USA, wo stündlich großbrüstige Barbie-Klone produziert werden, aber wir haben unsere Alexandra Kamp und Chiara Ohoven und meinen Liebling, Kader Loth.

Das ist der perverse Dreh, den Levy andererseits beobachtet. Um Macht über Männer zu gewinnen, verwandeln sich Frauen und Mädchen in einen fleischgewordenen feuchten Traum. Das ist in gewisser Weise sogar feministisch, in aller Ambivalenz. Denn gutes Aussehen, Hotness und die richtige *Attitude* sind hilfreich, bis zu einem gewissen Grad. Und bis zu einem gewissen Alter. Dieser weibliche Drang zur Selbstentblößung und Selbstobjektivierung kann aber nicht das Ziel der ersten Suffragetten gewesen sein. Früher haben Frauen ihre BHs verbrannt, jetzt ziehen sie sie aus, um ein T-Shirt bei »Girls Gone Wild« zu gewinnen.

In der *Style*, dem Modemagazin der englischen *Sunday Times*, wurde eine Umfrage über die Berufswünsche fünfzehn- bis neunzehnjähriger Mädchen durchgeführt. Dreiundsechzig Prozent wollten Glamour Model werden – ich bin mir immer noch nicht ganz im Klaren darüber, was ein »Glamour Model« eigentlich ist und wie es sich von einem normalen Model unterscheidet. Vielleicht der Kate-Moss-Faktor. Fünfundzwanzig Prozent wollten unbedingt »Lapdancer« werden, wenn sie mal groß sind, also Stripperinnen. Vielleicht hat der durchschlagende Erfolg der Pussycat Dolls dieses Berufsbild promotet. In den USA werden schon »Pole-Dancing«-Kurse angeboten, als Alternative zum langweiligen Fitnesscenter. Da weiß man wenigstens was anzustellen mit seiner scharfen neuen Figur.

Immerhin vier Prozent der Mädchen wären gerne Rechtsanwältin, drei Prozent Lehrerin und zwei Prozent Krankenschwester. Ich glaube, der beliebteste Berufswunsch bei männlichen Teens ist DJ, aber Model, Popstar und Schauspieler schneiden sicher auch nicht schlecht ab.

Ja, wir wollen alle hot und geil und berühmt werden, kein Zweifel. Oder vielleicht doch Spießer, wie in der Bausparwerbung? Man wird sehen.

Auf jeden Fall sind die sexy Ladies auf dem Vormarsch, und Frauen sind bekanntlich die schlimmeren Männer. Jemand hat einmal gesagt: »Sex and the City? Das sind doch als Frauen verkleidete Arschlöcher.« Ich teile diese Ansicht nicht ganz, dafür haben die Protagonistinnen zu viel für das weibliche Selbstbewusstsein getan. Aber über Menschen wie über Dinge zu reden und sie auch so zu behandeln, das ist immer verwerflich, egal ob es nun Frauen oder Männer betrifft.

Ich kenne sie nicht so gut, diese typischen Frauengespräche, von denen immer geredet wird, aber sich über die Größe von männlichen Geschlechtsteilen oder über schlechte Technik lustig zu machen, über männliche Schwabbeligkeiten, sabbernde Küsser oder Idioten, die immer noch nicht wissen, wo die Klitoris ist und was man damit anstellt, scheinen mir strukturelle Ähnlichkeiten mit dem Gespräch zu besitzen, das ich in Barcelona belauscht hatte.

OK, das mit der Klitoris wäre wirklich ein Grund, sich aufzuregen. Aber vielleicht geht es nur um Stil, darum, was man sagen kann, ohne die Intimsphäre eines anderen zu verletzen. Und Performance, Penisgröße und Penetrationsgewohnheiten gehören meiner Meinung nach nicht dazu. Die Lady/der Gentleman genießt und schweigt…

1.2 Oversexed and Underfucked

Stellen wir uns doch mal vor, wir hätten es geschafft. Wir wären schlank und schön und lässig drauf, mit dem richtigen Haarschnitt, fittem Styling und einer exklusiven Duftnote. Wir wären hot. Sexy. Und weiter? Wir stehen optimiert bis zum Anschlag in irgendwelchen Clubs, Bars oder Vernissagen – und dann gehen wir alleine nach Hause.

Vor einiger Zeit habe ich mal gelesen, dass Mariah Carey, die sich bekanntlich in ihre Kleider einnähen lässt, einem Reporter gestand, seit über einem Jahr keinen Sex mehr gehabt zu haben. Also: Mariah Carey ist wirklich scharf. Ist das ein neues Phänomen? Eigentlich heißt das: *Oversexed and Underfucked.*

Die Eisprinzessin sah sich einmal in einem Club um, den wir zusammen mit König Gunter besuchten. Da waren sie alle, die hotten Elsen, die geilen Schnecken, die schönen Jünglinge, die attraktiven Männer. Wir beobachteten Letztere, an der Bar stehend, die Masse wogte hin und her, und die sexuelle Spannung näherte sich dem Nullpunkt.

»Die sind alle wie Diskokugeln«, sagte die Eisprinzessin.

Ich beobachtete einen ganz besonders attraktiven Jüngling, der ums Verrecken nicht in meine Richtung sah, und murmelte etwas Zustimmendes.

»Jeder dreht sich nur um sich selbst, die produzierten Selbstreflexionen werden zum einzigen Vergnügen.«

»Und innen ist Styropor?«

Die Eisprinzessin lächelte. König Gunter befand sich am anderen Ende des Raumes und sprach mit einer jungen Frau. Eine zweite Frau näherte sich.

»Ach, König Gunter.«

»Ja, schlimm ist das.«

An diesem Abend sah die Eisprinzessin ganz besonders gut aus. Sie ist sehr groß und schlank, und ihre langen glatten Haare fallen ihr tief auf den Rücken. Sie hatte einen kurzen Rock an und ein glitzerndes paillettenbesetztes Oberteil, sie mag glitzernde Dinge, und ihre Nägel glänzten in einem tiefen Rot. Sie arbeitet als Fotografin und liebt schöne Jungs. Aber wir gingen mal wieder alleine nach Hause, sie und ich und auch König Gunter, der verkündete:

»Ich hab genug von diesen jungen Dingern, die wissen doch eh nicht, was sie wollen.«

Es hatte ein glamouröser Abend werden sollen, die Eisprinzessin war vorher bei mir vorbeigekommen, und wir hatten uns geschminkt und Vodka getrunken. Aber so ist es eben: Die Abende, auf die man sich am meisten freut, die von der größten Vorbereitung und dem intensivsten Hindenken begleitet sind, sind meist ziemlich langweilig. Silvester beispielsweise.

Diese subtile Frustration beim Ausgehen, das Aufstylen und Vorbereiten, und dann die einsame Heimkehr. Wo doch die Menschen immer attraktiver werden, in den Bars und Clubs und sonstigen Örtlichkeiten.

Denn auch die männlichen metrosexuellen Narzissten sind auf dem Vormarsch. Das sind hübsche, gepflegte junge Typen, die richtig gut angezogen sind, meist den DJ kennen oder der DJ sind und die einfach so herumstehen. Sich um sich selbst drehend. Eingesponnen in ihre eitle Selbstzufriedenheit. So scheint Berührung nur noch als Angeblicktwerden möglich.

Eine lässige Reproduktion des pornographischen Voyeurismus. Auf diese Weise entziehen sich diese Männer dem allgegenwärtigen Markt, dem sexuellen Spiel.

Das ist eigentlich eine sehr weibliche Taktik, Rumstehen und Gutaussehen. Aber die Kerle lernen schnell. Und sind nicht mehr zugänglich für weibliche Reize, weil es keine Frau mit ihrer Perfektion aufnehmen kann. Und so stehen sie dann da, die scharfen Boylies, und baden sich in ihrer Unerreichbarkeit. Das metrosexuelle Weichei ist die Warenform des Mannes, dessen Preis unbezahlbar geworden ist. Außer für ihn. Und seine Hand. Onanie ist die äußerste Form des ästhetischen Narzissmus.

Ich meine hier nicht Wichsen an sich, das ist ja gut und schön, und mich entspannt es immer so. Sondern das narzisstische »Um-sich-selbst-Kreisen«, das die Gegenwart eines oder einer anderen nicht mehr zulässt. Wenn man zu selbstverliebt geworden ist, um zu kommunizieren. Asoziale Auto-Erotik.

Das weibliche Pendant ist die überstylte Neurotikerin, vielleicht kann man dabei an Mariah Carey denken. Oder an diese vielen wunderschönen Frauen, die so aussehen, als könnten sie aus dem Stegreif eine Fernsehshow auf MTV moderieren oder dem DJ ganz professionell einen blasen.

Diese überästhetisierten Geschöpfe beiderlei Geschlechts sind das, was die Eisprinzessin Diskokugeln nannte. Sie bevölkern urbane Landschaften, schmücken sie mit ihrer Schönheit und verbreiten die sexuelle Energie von Eisblöcken. Diese thermische Unnahbarkeit* ist einerseits ein Schutzschild, unter dem die eigene hysterische Inszenierung gedeihen kann, und andererseits Zeichen einer fortschreitenden Entfremdung, die keinen Kontakt mehr zulässt.

---

* Solche »thermischen« Überlegungen sind inspiriert von der Lektüre von Ulf Poschardts »Cool«.

Eines Abends stand ich mit SusiPop in der Toilette eines Clubs. Sie war gut gelaunt, sie ist Künstlerin und hatte gerade ein neues Video fertiggestellt, und ihre vollen Lippen leuchteten in einem krassen Rot. Auf ihren Bikerstiefeln prunkte ein Totenkopf, und das Hermès-Tuch, das sie um ihren zarten Hals geschlungen hatte, passte farblich perfekt zu ihrem Oberteil.

Wir waren endlich am vorderen Ende der Schlange angelangt, als plötzlich ein gut aussehender Typ hereinstürmte, sich vor uns aufbaute und sagte:

»Wisst ihr, worauf ich mich jetzt so richtig freue?«

»Auf die wunderschöne Frau, die zu Hause auf dich wartet?«, fragte ich.

Der Typ schüttelte lässig den Kopf.

»Ich hab mir heute was wirklich Gutes gekocht. Und das steht jetzt in meinem Kühlschrank, und ich werde nach Hause gehen und es essen.«

Er strahlte mich an, lächelte selbstgewiss und verließ die Frauentoilette. Ich überlegte kurz, ob sein Auftritt in irgendeiner Form eine Aufforderung gewesen war, und entschied mich dagegen. An diesem Abend ging ich auch alleine nach Hause. Zu meinem Kühlschrank.

Am Anfang steht die Frage: Warum soll man sexy werden? Die Antwort ist einfach und wird ständig medial vermittelt. Frauenzeitschriften leben seit Jahren davon, den Ladies zu erklären, wie sie es endlich hinkriegen. Weil es gut ist, richtig ist, wichtig. Weil es Erfolg verspricht, beim anderen oder eigenen Geschlecht. Aber ganz banal ist Sexiness etwas, das einen attraktiv machen soll, begehrenswert. Reproduktionswürdig? Jedenfalls spricht schon das Wort vom Sex, der dahintersteht. Den man vielleicht irgendwann mal haben kann, wenn man nur sexy genug geworden ist.

Es liegt eine perverse Ironie in dieser narzisstischen Selbst-bezogenheit. Denn irgendwo zwischen hottem Haircut und coolem Styling wurde der oder die andere vergessen. Und so kreisen die metrosexuellen Narzissten und die überstylten Neurotikerinnen um sich selbst und träumen von gutem Sex. Oder von der großen Liebe. Oder der neuen Acne-Jeans.

Fakt ist jedoch, dass in einer pornographischeren Gesell-schaft die Leute weniger Sex haben. Mit anderen Leuten. Die Erwartungen steigen, die Geburtenrate sinkt. Eine kluge Freundin hat einmal gesagt:

»Früher hat man gelernt, den anderen zu befriedigen. Bücher wie das Kamasutra beschäftigen sich mit der Lust des Partners. Man versuchte zu geben, zu verführen. Seitdem Pornographie derart präsent geworden ist, wachsen vor allem die Männer nur noch mit Vorstellungen von Selbstbefriedigung auf. Man erregt sich am anderen, aber nur zur Steigerung der eigenen Lust.«

Sie kann wunderbar erklären, wie das alles auch mit dem Katholizismus zusammenhängt, der das Subjekt zur ständigen Selbstkontrolle und damit auch Selbstbezüglichkeit zwingt, aber auch ohne dies ist ihre These sehr überzeugend.

Es wird vermittelt, dass die eigene Lust und als Vorstufe die eigene Hotness im Vordergrund zu stehen haben. Und so sind wir ästhetisiert und entfremdet. Der männliche Rückzug und die am Ende stehende Paarungsverweigerung sind das Ergeb-nis der veränderten Geschlechterrollen und des Zwangs zum Sexappeal. Die wissen doch gar nicht mehr, wo sie hinsehen sollen, die armen Kerle. Und sie sollen männlich sein und sexy und einfühlsam!

Martin, der Knabe mit dem schwulen Freundeskreis, erzählte mir von einem Kumpel, der eine besonders enge Bindung zu seinen Exfreundinnen hatte. Und auch zu Frauen, mit denen mal was lief oder mit denen schmerzlicherweise gar nichts lief. Der scheint seine ganzen weiblichen Traumata um sich herum versammelt zu haben. Jedenfalls kuschelt der oft mit seinen Ladies. Und eines Tages kam er ganz aufgelöst zu Martin und sagte:

»O Gott, gestern hab ich beim Kuscheln eine Erektion gehabt, was soll ich nur machen?«

Ich musste ziemlich lachen, aber es war auch Bitterkeit in mir. Quo vadis, Männlichkeit?

1.3 Back to Baby

Wir sollen also alle sexy werden und hot und geil, verdammt noch mal. Wie reagiert man darauf? Entweder mit Rückzug oder mit forscher Aufdringlichkeit. Es gibt aber noch einen anderen Weg, den verunsicherte Männlein und Weiblein einschlagen können, um sich wieder näherzukommen, wo doch alles so schlimm entfremdet und sexuell aufgeladen ist. Kuschelparties! Erwachsene Menschen liegen auf dem Boden herum und fassen sich ganz zärtlich an, geführt von einem professionellen Kuschelleiter. Es kommt sogar zum Küssen (dem so genannten »Lippenkuscheln«), aber Geschlechtsverkehr ist tabu, und die Kleider sollten nach Möglichkeit anbehalten werden.

Auf dem Kuschelparty-Forum schreibt *dancing_dolphin*: »Wenn es ein netter Mann ist, dann habe ich auch nichts dagegen, ein warmes weiches Weib mit ihm zu ›teilen‹. Und so ein Mann kann sich durchaus auch mal gut anfühlen, denn sexuell kann, darf, soll es ja eh nicht werden …

Obwohl mein Traum eher in die Richtung ginge, zwischen zwei wunderbaren Frauen zu liegen und zu kuscheln …, auch wenn ich dann nicht dafür garantieren kann, dass entgegen der Geschäftsordnung doch auch mal erotische Gefühle hochkommen könnten. Macht nichts, man(n) kann die Dinge ja auch einfach mal so ›stehen‹ lassen, ohne etwas damit zu tun …«

Die Bilder, die man dazu im Internet findet, wirken wie ein christliches Besinnungscamp auf Ecstasy. Der offiziellen Website zufolge geht es bei Kuschelparties darum, »einen sicheren und geschützten Raum anzubieten, um unsere Sehnsucht nach Kontakt und Berührung zu erfüllen«. Sollte es doch zu erotischer Aufheizung kommen, ertönt eine Glocke, die Kursleiterin vermerkte jedoch, das sei noch nie vorgekommen, die Teilnehmer ließen einfach stattdessen ihre »Kuschelenergie« raus. Auch Kuschelwochenenden sind schon im Angebot, und vielleicht gibt es ja auch bald Kuschelhotels, in denen man mal in der Mittagspause mit einer professionellen Kuschelhostess so richtig knuddeln kann!

Die Bilder haben mir ein wenig Angst gemacht. Vielleicht würde einer der Teilnehmer auch ein T-Shirt anhaben, auf dem stünde: »Ohne Dich ist alles doof.« Oder an einem Rucksack würde eine kleine Diddl-Maus baumeln, und die Leute könnten ihre eigenen Tassen mitbringen, mit Bildern von Werner und Donald Duck.

Es gibt diesen Trend zur Infantilisierung. König Gunter meinte, das hätte schon in den Fünfzigern angefangen, mit dieser bigotten Häuslichkeit, und wäre dann in den Achtzigern zu einem ersten Höhepunkt aufgelaufen. Es war die Ära der »Kleines-Arschloch«-T-Shirts, der Smileys, der Mickymäuse allüberall.

Ein Drittel der momentan bei H&M angebotenen Damenunterwäsche trägt einen herzigen kleinen Snoopy an irgendeiner herzigen kleinen Stelle. König Gunter meinte, das sei nicht so sehr die schleichende Infantilisierung, sondern eher ein Achtziger-Retro-Ding. Doch als ich ihm von diesem gewissen Schaf erzählte, diesem wolligen schwarzweißen Schaf, das sagt: »Ohne Dich ist alles doof«, da leuchteten seine schönen Augen vor Abscheu.

»Ich hab das erst an Weihnachten kennen gelernt; meine

Nichte hat von irgendjemandem eine Tasse mit dem Schaf drauf bekommen. Kinder fahren voll darauf ab.«

»Kinder? Als ich heute durch ein Einkaufszentrum streifte, ging vor mir eine Frau, die hatte eine Tasche mit dem Schaf. Die war sicher über dreißig!«

Ich schluckte. Das Schaf verursachte mir körperliches Unwohlsein. Diese durchgestrichenen Dinge, Sonne doof, alle anderen doof, Himmel doof. Aber es war einprägsam. Teufelszeug.

»Na ja, irgendwie ist es ja auch witzig, dass es ausgerechnet ein Schaf ist. Vielleicht hat sich der Erfinder was dabei gedacht?«

»Das Schaf ist ein post-ironisches Objekt, mein Lieber. Es gibt keine Anschauung, die das Schaf rechtfertigen könnte. Es ist böse.«

Er lächelte.

»Ist dir eigentlich mal aufgefallen, dass die Sachen in den Achtzigern noch echte Vorlagen hatten, Snoopy, Donald Duck, Werner. Das waren Comics oder Filme. Diddl, Hello Kitty, das Schaf oder die flauschigen kleinen Tiere als Schlüsselanhänger haben keine Geschichte. Sie sind Ikonen des schlechten Geschmacks, die bezugslos im Raum stehen, die nur darauf warten, einen ahnungslosen Menschen mit ihrer Scheußlichkeit zu erniedrigen.«

Mittlerweile schrie ich fast. König Gunter klopfte mir beruhigend auf den Rücken.

»Alles wird gut, alles wird gut.«

»Und kannst du dich noch an diese Büchlein erinnern, dieses, ääh, Ding, wo so ein flauschiges Häschen sagt: ›Weißt du eigentlich, wie lieb ich dich hab?‹ Und dann kommen lauter Beispiele, und dann …«

Auf dem Klo kam ich wieder zu mir. Es war Zeit, einen doppelten Vodka zu trinken.

Als ich wieder an der Bar stand und mich beruhigt hatte, holte ich mein Handy heraus. Das ist ein altes Ding, das ich mit einigen der neuerdings so beliebten Anhänger versehen hatte. So ca. fünfzehn Stück. Mir baumelten zwei Hello Kitties entgegen, eine rosa Winkekatze aus Porzellan und ein Snoopy auf einer Leuchtdiode. Ich räusperte mich. Vielleicht war ich ja auch nicht ganz frei von Retro-Kitsch. Von diesen tröstlichen kleinen Inseln aus heiler Welt und Nostalgie und Sentimentalität, die fast jeder irgendwo versteckt hat. Dieser Kitsch ist eigentlich völlig bezugslos und wird nur geadelt durch die Bedeutung, die diese Dinge für uns haben. König Gunter hat eine Sammlung von Plastiktieren in seinem Bücherregal. Bei SusiPop kann man beobachten, wie ihr Blick manchmal zärtlich über den Herzchen-Armbandanhänger streift, den sie des Öfteren trägt. Flexter hat irgendwo in seinem Regal eine vertrocknete Rose, man weiß nicht, woher.

Die Frage ist, ob es guten Kitsch gibt und bösen Kitsch. Wenn die tendenziell immer geschmacklosen Objekte etwas zu tun haben mit einem selbst, mit der eigenen Vergangenheit, wenn es einzelne sind und wenige, dann handelt es sich vielleicht um guten Kitsch. Aber selbstreferenzielle Scheußlichkeiten wie das Schaf, die Hello-Kitty-Welle, die nie zu Ende geht, die strange Emily, Paul Frank und solche Dinge, das ist doch Kinderzeug. Tröstliches vorpubertäres Kinderzeug, das aus irgendeinem Grund mit dem Goldstaub der Trendiness beglitzert wurde. Ab dem Alter von, sagen wir einmal, fünfundzwanzig (?) sollten Frauen keine PUCCA-Taschen haben, keine Taschen mit dem Schaf, sollten Männer außer Haus keine T-Shirts von den Simpsons tragen, keine Werner-Tassen mehr besitzen und auf keinen Fall Shorts tragen/besitzen/in Betracht ziehen, die mit kleinen Comicfiguren bedruckt sind. Ausnahmen bestätigen nur die Regel. Irgendwo in den Tiefen meines Wäscheschrankes ist noch der Snoopy, mit dem ich als Kind spielte. Ich liebe ihn. Dort, wo er ist.

Im Sommer 2005 schrieb Fred Grimm im Magazin der *Süddeutschen Zeitung* den Artikel »Schluss mit Süß«. Süß sind Yvonne Catterfield, Annett Luisan und Bridget Jones. Aufregend hingegen Ava Gardner und Lauren Bacall. Erwachsen. Erotisch. Mitte zwanzig waren die damals. Und heute? Wo sind unsere Ikonen, Deutschland, 2006/07?

Wenn es um den ewigen Regress geht, sind die Frauen ganz vorne mit dabei. Man nennt sie dann Girlies. Lolita als Leitbild. Jung, knackig, unschuldig. Lolita war zwölf. Die heutigen Lolita-Frauen sind Ende zwanzig. Bis Mitte dreißig. Und wollen nur spielen. Süüüß. Man will ihnen über den Kopf streicheln und ihnen zusehen, wie sie an ihren Haaren zupfen. Man will sie aus ihrer blendend weißen Unterwäsche schälen und ganz zärtlich zum x-ten Mal entjungfern. Man will ihnen keine Verantwortung übertragen, ihnen keine Macht geben und wahrscheinlich auch keinen Firmenwagen. Man will sie nehmen, aber nicht ernst nehmen.

Diese Re-Infantilisierung ist eine Begleiterscheinung der ewigen Adoleszenz. Sie ist auch eine Reaktion auf die Pornographisierung der Gesellschaft, weil sie es Erwachsenen erlaubt, sich wieder kindlich zu fühlen. Geschützt. In einem Kokon aus Babysymbolen lassen sich die unerreichbar schönen Körper besser aushalten, man ist ja noch jung, trägt keine Verantwortung, und alles ist so flauschig. Wie im Mutterleib. Die einzige Bedrohung der pubertären Existenz geht von der bösartigen Biologie aus, aber Botox, Bellytuck und Brust-OP versprechen Abhilfe.

Fred Grimm schreibt auch, dass mit dieser süßen Süßigkeit oft eine fundamentale Orientierungslosigkeit einhergehe.

Frauen Ende zwanzig, die »irgendwas mit…« antworten, wenn man sie nach ihrem Berufswunsch fragt. Die unfähig sind, ihre Beziehungen zu koordinieren, die unpünktlich sind, vergesslich und immer so eine kleine Schnute ziehen, wenn sie mal wieder was verbockt haben. Verwirrung als Volkskrankheit. Das ist eine Seuche der post-modernen Welt. Und ein wunderbarer Weg in die akademische Arbeitslosigkeit.

Verwirrung bedeutet Adoleszenz, erinnern wir uns noch, als alles neu war und seltsam, und die Mädchen und die Jungs, und das ganze Zeug. Ich bin ja heilfroh, dass ich nicht mehr sechzehn bin. Ich genieße es, nicht mehr so verwirrt zu sein. Keine bedruckten T-Shirts mehr anzuhaben. Organisiert, pünktlich und diszipliniert zu sein. Das ist so ein gutes Gefühl, dass man sich eigentlich auf sich verlassen kann, ganz ernsthaft, wenn man mal wieder morgens nach Hause wankt.

1.4 Pornos

Aber wie fing alles an? Wo kommen die Bilder her, denen man zu gleichen oder die man zu verdrängen versucht? Die ersten Pornos entstanden wahrscheinlich zeitgleich mit den ersten Filmen. In meiner Videothek gibt es noch »Oldie-Ficks«, Zwanzigerjahre-Erotika, exotische Tänze. Heute hat die Darstellung der pornographischen Bilder einen Grad der Explizitheit erreicht, der diese Filme aus den Zwanzigern beschaulich wirken lässt. Wie haben sich die Pornos und die pornographische Ästhetik verändert?

Vince, der über die Jahre ein großes Wissen bezüglich des Sujets gesammelt hat, sagt: »In den Achtzigern und frühen Neunzigern hatten die Pornos noch Stories. Und die Schauplätze standen im Vordergrund, man sah zum Beispiel eine Insel, die nur Privatleute betreten durften, oder irgendwelche Villen. Das hing damit zusammen, dass damals noch auf Film gedreht wurde und die Produktion einfach in größerem Stil stattfand. Ende der Neunziger gab es dann die ersten themenbezogenen Compilations. Beispielsweise: dicke Titten.«

Seine Hand streicht zärtlich seine linke Wange hinab. Die dunklen Augen glänzen.

»Das war ganz toll, damals. Nehmen wir mal an, jemand steht auf große Dinger, da waren pro Porno vielleicht ein, zwei Szenen dabei. Aber jetzt konnte man auf einer VHS *vier Stunden* Möpse am Stück sehen. Es war großartig. Und der Anfang vom Ende der ›klassischen‹ Stories.«

Ich spiele mit meinen Haaren und denke darüber nach, was ich mir gerne komprimiert reinziehen würde.

»Ende der Neunziger, mit der totalen Verbreitung des Internets, hatte die Porno-Industrie plötzlich ein Problem. Durch das Internet konnten Amateure, die sich für ein paar Hunderter eine Kamera gekauft hatten, selbst Filme produzieren und sie einer potenziell immensen Öffentlichkeit zur Verfügung stellen. Und da hat die Industrie natürlich reagiert. Wenn ein Amateur einen Film pro Woche machen konnte, dann konnten sie einen pro Tag produzieren. Und seit es digitale Aufnahmen gibt…«

Das klingt überzeugend. Niemand kann schätzen, wie viele Millionen Stunden Material im Netz zur Verfügung stehen. Mittlerweile kann man sogar mit seiner Handycam Sequenzen aufnehmen und sie problemlos online stellen.

Vince erzählt weiter:

»Und jetzt? Jeder Porno, der je gedreht wurde, ist im Internet verfügbar. Man muss nur wissen, wonach man sucht, beispielsweise einem neuen Star oder so, und wenn man die Titel hat, geht man zu einem peer-to-peer-Netzwerk und *BAM*.«

Sein Lächeln sieht nach ganz viel *BAM* aus.

»Ich denke, dass die Scham immer noch eine große Kraft besitzt. Wie peinlich es mir war, Pornos in der Videothek auszuleihen! Ich denke, dass dies, neben der Möglichkeit, sich das ganze Zeug umsonst runterzuladen, einen der großen Reize des virtuellen Zugangs ausmacht«, sage ich.

Er nickt.

»Es ist alles online verfügbar. Und es ist so hygienisch. Nur du, eine Packung Taschentücher und der Bildschirm. Trotzdem glaube ich, dass jeder Mann eine echte Frau vorziehen würde. *Ich* würde eine echte Frau vorziehen.«

Das ist eine der ganz großen Fragen, wenn es um Pornos

geht. Können sie die Sexualität ersetzen? Warum noch raus-
gehen, wenn die Erfüllung jedweder Phantasie nur einen Klick
weit entfernt ist? Denn die scharfen Weiber blicken nicht nur
zurück, sind willig und immer bereit. Natürlich gibt es auch
Frauen, die auf Pornos stehen, aber das handelsübliche Angebot, von den Andrew-Blake-Filmen und ähnlicher Pionierar-
beit mal abgesehen, ist männerorientiert. Was finden die an
Pornos, die Kerle? Abgesehen von unproblematischer Triebabfuhr und sofortigem Zugang zu den attraktivsten Frauen?

Julien ist einer der schönsten Menschen, die ich kenne. Sieht
aus wie direkt aus einem präraffaelitischen Gemälde gefallen.
Er ist groß, seine Haare fallen in halblangen sanften Wellen
über sein gutgeschnittenes Gesicht, sein Körper ist perfekt. Er
ist wohl der einzige meiner Freunde, der tatsächlich ein Sixpack hat.

Und er ist so wohlerzogen! Ein echter Gentleman. Einmal
fuhren wir winters in einen Club, und die Eisprinzessin hielt
an, um die Scheiben des Wagens von Eis zu befreien. Wortlos
stand er auf, nahm ihr den Kratzer aus der Hand und tat, was
getan werden musste. Seitdem bekommt die Eisprinzessin
immer glänzende Augen, wenn sein Name fällt. Doch auf ver-
schlungenen Wegen erfuhr ich von seinen dunkleren Seiten.
Julien hat eine Porno-Obsession. Ich meine, der Junge sieht aus
wie ein Engel, verhält sich wie einer, und dann so was.

Wir sitzen beim Essen, und er erklärt, dass ihn eigentlich
die pornographische Ästhetik fasziniert. Der pornographische
Blick. Den Beginn dieses Blicks verortet er bei den Pin-ups
der Fünfzigerjahre. Wie das erste Playboy-Cover, 1953, das
Marilyn Monroe zeigte. Er erzählt, wie die amerikanische Regierung den Soldaten, die nach Vietnam geschickt wurden,
Pin-ups mitgab, um so das unrechtmäßige Besteigen der Asia-

tinnen zu unterbinden. Hier zeigt sich ein früher Zusammenhang zwischen expliziter Darstellung und der dadurch möglichen Substitution des Sexuellen. In Vietnam hat das jedoch nicht so gut geklappt.

Als ich ihn frage, was ihn an Pornos fasziniert, spricht er von der pornographischen Zerstückelung des Körpers, die ihn an barocke Gedichte erinnert. Von der selbstreferenziellen pornographischen Ästhetik. Und natürlich von der Erregung, die Pornos auslösen. Ich beobachte den schönen Mund, der Wörter sagt wie: Klitoris; Masturbation; Öffnungen.

Was mich fasziniert ist der Umstand, dass Julien Pornos ganz natürlich findet. Es macht keinen Unterschied für ihn, ob man Menschen beim Lachen, beim Weinen oder beim Geschlechtsverkehr zeigt. Er denkt auch, dass sich diese Tendenz verstärken wird, dass wir irgendwann visuell derart saturiert sein werden, dass die Trennung zwischen intimen und öffentlichen Tätigkeiten nicht mehr von Belang sein wird.

Es gibt diese Ermüdung, sicher. Trotzdem erzeugen sexuelle Darstellungen dieser Art immer noch ein erhöhtes Aufmerksamkeitspotenzial, das ich biologisch begründet sehe. Vince weigert sich mittlerweile, Straßenbahn zu fahren, weil ihn brustoffensive Werbung unangemessen belästigt. Und dieser Mann hat schon viele Brüste gesehen in seinem Leben. Werden wir irgendwann einfach nicht mehr hinsehen? Jeder ist gelangweilt, diese Titten und Ärsche hängen einem schon derart zum Hals raus, aber fast jeder guckt hin. Und wenn wir eines Tages gar nicht mehr hinschauen, sollten wir hoffen, dass die künstliche Fortpflanzung wie am Schnürchen läuft. Oder dass wir im Privaten wieder einen besseren Weg gefunden haben, uns zu begehren.

Die pornographische Ästhetik hat sich im Lauf der Jahre zu dem Hyper-Realismus hin entwickelt, der heute Mainstream ist. Julien nennt das die »Naturalisierung der Zuschauerposition«. Vince meint, dass er eigentlich nie derart tief in gewisse Löcher blicken wollte. Julien spekuliert über Mikrokameras, die in die Körper eindringen. Er erzählt von einer speziellen Variante der »Gonzo-Pornos«[*], bei denen der Mann, niemals die Frau, beim Penetrieren eine Kamera in der Hand hält und an sich herabfilmt. Der Hyper-Realismus der zeitgenössischen Produktionen ist die Lösung des ewigen Authentizitätproblems. Klaus Walter schreibt in seinem Artikel »Öffnen und Sprengen«[**], dass dieses Echtheitsproblem dem Porno eingeschrieben sei wie die Erbsünde. Wenn man schon seinen kostbaren Saft verströme, dann solle es angesichts echter Lust passieren. Die authentizitätserzeugende Kameraführung ist ein Teil dieses Lust-Faksimiles, der Cum-Shot ein anderer. Wie die immer ihre Schwänze aus diversen Körperöffnungen ziehen müssen! Diese Frauengesichter, in die dann immer gespritzt wird!

Es gibt auch Pornos, welche die ominöse weibliche Ejakulation, das so genannte »Squirting« zeigen. Das sind dann hochbezahlte Extremsportlerinnen, deren feuchter Lustbeweis den Betrachter in Nahaufnahme von der weiblichen Erregung überzeugt. Das ist das Problem, das auch Klaus Walter verortet. Wie macht man die weibliche Lust im Porno sichtbar? Mit ein bisschen Stöhnen und Glücklich-das-Sperma-Ablecken ist es nicht getan. Und seit den Diskussionen der Sechziger Jahre über den G-Punkt und den vaginalen Orgasmus hat sich ein

---

[*] Mittlerweile unterscheidet man zwischen sogenannten »Features« und »Gonzos«. Features haben noch einen Handlungsrest, es wird auf irgendeine, auch allerbilligste Weise versucht, das Warum des Aktes zu begründen. Bei Gonzo-Pornos steht nur der Sex im Vordergrund, immer, überall, mit einer zunehmenden Tendenz zur Gewalttätigkeit. Siehe auch Martin Amis, »Pornoland«.

[**] Klaus Walter, »Öffnen und Sprengen«, *taz*, 09.01.2006

Misstrauen eingeschlichen gegenüber dieser weiblichen Körperöffnung. Ist das denn auch echt?

Die Lösung? Analsex. Die implizierte Mischung aus Lust, Schmerz und Unterwerfung garantiert einen Zugang zur Frau, der absolut ist. Und so gehört ein wenig Arschfickerei in jeden handelsüblichen Porno, und wenn das Weibchen dabei noch ein bisschen das Gesicht verzerrt, umso besser. Alle Zweifel werden ausgeräumt bei der Doppelpenetration, der »Fixierung im phallischen Schraubstock«.

Zum Thema Analsex im Porno gibt es auch eine andere Anschauung, die Toni Bentley in ihrem Buch »Ich ergebe mich« vertritt. Sie hat nach Gott gesucht und ihn in ihrem Arsch gefunden.

Der Arsch ist angesagt: Er ist der Spielplatz für Anarchisten, Bilderstürmer, Künstler, Entdecker, kleine Jungs, geile Kerle und Frauen, die verzweifelt versuchen, wenn auch nur für kurze Zeit, die Macht zurückzugeben, die von der feministischen Bewegung so hart erkämpft und so teuer bezahlt wurde. Beim Arschfick kann eine Frau mit zu viel Macht – und ein Mann mit zu wenig – das Gleichgewicht wiedererlangen. (Ich denke, deswegen kommt der Arschfick auch in so vielen Hetero-Pornos vor: Scharen von Männern, Feminismusflüchtlinge, sehen sich diese Filme steif und voller Hoffnung an.)

Cum-Shot, Analsex und Nahaufnahme dienen der Erzeugung eines pornographischen »Hier und Jetzt«, denn die glaubhafte Darstellung von Lust vor der Kamera ist ein hartes Geschäft. Gut beobachten lässt sich das beim Genre der Amateur-Pornos, die Darsteller wirken oft wie Sexarbeiter, verwirrt, manchmal ein bisschen angeturnt und gleichzeitig erstaunt über die eigene Erregung. Die eigene Erregung, das ist auch eine weitere Legende des Geschäfts. Ob Jenna Jameson oder Gina Wild, gekommen sind sie alle. Sagen sie.

Auch die Porno-Darstellerinnen haben sich verändert. Die Illusion von echter Lust ging zwar immer schon mit dem Versuch ästhetischer Perfektion einher, diese lackierten Nägel, das zementierte Make-up. Aber mittlerweile sehen die ja alle aus wie Pop-Stars, und die Popstars sehen aus wie Pornostars, wobei der Einfluss der pornographischen Ikonographie größer zu sein scheint als der des Pop. Wahrscheinlich schlingert beides in eine große Ununterscheidbarkeitszone.

Julien erzählt von einer Modestrecke im *ZOO-Magazin*, bei der Bestsellerautorin/Pornostar Jenna Jameson modelte. Es gab keinen Unterscheid zwischen ihr und den anderen Models. So durchmischen sich die pornographische und die kulturelle Sphäre immer mehr, während die pornographische Ikonographie visuelle Allgegenwart ist.

Welchen Einfluss üben Pornos auf unser Leben aus? Klar, erst mal geht es nur um den Einzelnen und den Bildschirm. Pornos sind eine recht einsame Angelegenheit, üblicherweise, sonst gibt es ein Erregungsproblem.

Julien verwies auf einen Freund, der den berühmten Porno »Pink Prison« auf einem Filmfestival gesehen hatte, mit zweihundert anderen Zuschauern. Und da hat man dann so nach ein paar Minuten einen Harten oder ein feuchtes Höschen, das Gescharre nimmt zu im Saal, und man kann einfach nichts machen. Wir schüttelten uns.

Üblicherweise folgen Pornos einem immer ähnlichen *Script*. Denn die Choreographie muss der Erwartungshaltung, die sich um die Echtheitsfrage dreht, genügen: Zuerst ein wenig fummeln, dann werden Schwänze gelutscht, dann werden Vaginas oral bearbeitet, dann wird penetriert, und dann wird ejakuliert. Sichtbar, also außerhalb des Körpers. Diese Routinen finden sich in allen Mainstream-Pornos. Gibt es hier einen Zusammenhang mit dem Begriff des »guten Sex«, der inflationär in handelsüblichen Frauen- und Männerzeitschriften gebraucht wird?

Die Eisprinzessin erzählte mir neulich von diesem bezaubernden jungen Mann, den sie kennen lernte. Der war natürlich bildschön, die Eisprinzessin hat einfach diesen Schöne-Jungs-Fetisch, jedenfalls, man kam sich näher. Und eines Abends kam es dann zum Intimsten, und der junge Mann hatte wohl zu viele Pornos gesehen oder irgendetwas Grundlegendes über Sex nicht verstanden; die Eisprinzessin meinte nur, dass sie irgendwann aufgestanden sei mit dem Hinweis, sie ziehe es vor, auf der Couch zu nächtigen. Schrecklich. Endlich hat meine neurotische Freundin mal wieder Aussicht auf Beischlaf, und der Kerl vergeigt es! Sie meinte, sie wäre sich vorgekommen wie in einer Sexfabrik. Der Junge spulte einfach ein paar Routinen ab, Griffe hier, anfassen dort, und jetzt wird gestöhnt!

Pornos vermitteln ein verzerrtes Bild, vor allem der weiblichen Lust. Und Jungs, die sich zu viel von dem Zeug reinziehen, bevor sie Erfahrungen mit echten Frauen gesammelt haben, entwickeln manchmal komische Vorstellungen. Was dazu führen kann, dass die Dame lieber auf der Couch schläft.

In Nordamerika werden Orgasmen auf der Leinwand meist von lautem Stöhnen begleitet. Und junge Mädchen gewöhnen sich schon früh daran, eben diesen »Beweis« zu erbringen. Und können sich vor lauter Schauspielerei oft nicht auf das Wesentliche konzentrieren. Ihre eigene Lust.

Pornos beeinflussen nicht nur unser Sexleben, sondern auch die Art unserer Wahrnehmung. Pornos machen Menschen zu Sexobjekten, und der pornographische Blick tut das Gleiche.

Als ich mit Vince beim Essen saß, sagte er, er könne die Brustgröße jeder Frau im Raum bestimmen und ihre Ärsche beurteilen. Dieses »Scannen« passiert ganz automatisch und richtet sich nach dem aktuellen Porno-Pop-Mainstream plus persönliche Vorlieben.

Walter Benjamin beschrieb in seinem Kunstwerk-Aufsatz, wie die ersten, »chock-artigen« Bilder auf der großen Leinwand die Wahrnehmung der Menschen auf die ebenfalls »chock-artigen« Umstände in der Großstadt vorbereiteten. Dieses Training der Wahrnehmung scheint auch bei Pornos und den pornographischen Strategien stattzufinden, und wir werden mit einem hochsensiblen Beurteilungsradar entlassen, der unablässig Informationen über diverse Attraktivitäts-Potenziale bereitstellt. Das Abschätzen vor allem weiblicher Reize hat zwar eine jahrhundertealte Tradition, das ständige Scannen von Sexiness jedoch scheint eine neue Errungenschaft zu sein. Und die Frauen scannen mit!

Vince erzählte ganz erschrocken, wie irgendwelche Ladies auf ihn zutraten, seine Arme befühlten, seinen Bauch betrachteten, schnurrten und ihn mitnehmen wollten. Er war angewidert von dieser offensichtlichen Objektivierung und meinte nur: »Aber, aber, ich bin doch Vince.« Das Scannen reduziert uns auf unseren Anteil an dem, was gerade als hot und sexy gilt. Der Blick schweift über Oberflächen.

Die andere Seite dieses Blicks ist die Klonproduktion. Da ein ästhetisches Ideal bezüglich größtmöglicher Sexiness ständig kommuniziert wird, sind Anweisungen zur Gestaltung des Körpers allgegenwärtig geworden.

Pornos, Pornos, warum Pornos?

Eine Bekannte von Martin, eine schöne Schauspielerin, besitzt eine umfangreiche Pornosammlung und führt sich vor ihren Auftritten immer einen daraus zu Gemüte. Eine Bekannte von mir hat ebenfalls eine riesige Sammlung sehr expliziter Pornos; ab und zu schaut sie sich welche an, eher beiläufig.

Der letzte Porno, den ich gesehen habe, war »Bella Loves Jenna«. Ich war neugierig geworden auf eine Arbeitsprobe von Jenna Jameson, nachdem ich ihre Autobiographie gelesen hatte. Ich muss sagen, ich fand ihn gar nicht schlecht. Irgendwie. Jedenfalls besser als diesen Amateur-Porno von neulich und viel besser als »Forbidden Tales«, der zwar einen Porno-Preis gewonnen hatte, aber stinklangweilig war. Man will schon was sehen, wenn man einen Porno guckt. Und ich will mehrere Protagonisten, ordentliche Penetration und den Hauch einer Handlung.

Als ich König Gunter davon erzählte, sagte der:

»Ja, aber einen Porno zu sehen kann auch etwas Schreckliches haben, wenn man seine eigenen Geschlechtsteile gerade nur beim Pinkeln betrachtet.«

»Oder wenn das Letzte, das in einem steckte, das Gerät des Gynäkologen war.«

Und wie peinlich das war, das mit dem Ausleihen. Die abweisenden, feindseligen Blicke der Männer, die mich wie einen Eindringling in *ihrer* Pornoabteilung beobachteten. Die Videotheksangestellten wiederholten nicht, wie sonst üblich, den Titel des Films. Der Gesichtsausdruck des Angestellten, als ich den Film am gleichen Abend wieder abgab! Ich sah mir den Jenna-Porno vor einer Party an. Das kann ich eigentlich niemandem raten. Irgendwann kroch ich sehr betrunken nach Hause, weil ich in dem Versuch, die Bilder zu verdrängen und endlich damit aufzuhören, alle Anwesenden zu scannen, ca. fünfzehn Drinks in mich hineingeschüttet hatte.

Tendenziell ist das Porno-Business jedoch Männer-Business. Das Verhältnis von Vaginas, Titten und gespreizten Frauenmündern zu penetrationsbereiten Schwänzen beträgt in jeder klassischen Videothek von mir geschätzte 85:15. Männer produzieren Pornos, Männer konsumieren Pornos. Neuerdings sind Porno und Pornoverherrlichung zwar auch bei den Ladies zum Lifestyle-Accessoire geworden, aber das echte dreckige Angebot richtet sich immer noch an die Kerle. Haben Männer ein Voyeurismus-Gen, das uns Frauen abgeht? Versuchen Frauen jetzt, diese evolutionäre Ungerechtigkeit durch exzessive Nachahmung auszugleichen? Und wenn Pornographie tatsächlich ein Ersatz sein kann für Sexualität, wichsen die sich alle bewusstlos? Denn irgendwie muss man ja reagieren auf die Erregung, die ein Porno unweigerlich erzeugt.

Mit der Marktwerdung unseres sexuellen Umgangs haben sich auch in unsere intimste Körperlichkeit kapitalistische Beurteilungs- und Einordnungszwänge gedrängt. *Hot or Not*, das ist hier die Frage. *Hot* ist gut, begehrt und beischlafwürdig. Aber *Not*? Gehe nicht über Los, sondern begib dich direkt zum Schönheitschirurgen, dann darfst du vielleicht in zwei Runden (wenn die Narben verheilt sind) wieder mitspielen. Aber bis dahin? Was passiert mit den optisch weniger genügenden Wettkampfteilnehmern?

1.5   Pornoindustrie und sexuelle Elite

Dieser Normierungsdruck könnte in letzter Konsequenz zu etwas führen, das sich als Problem der »sexuellen Elite« bezeichnen ließe. Man muss sich das wie mit dem Fußball vorstellen. Fast alle finden Fußball interessant, aber zunächst werden global die wirklichen Talente herausgefiltert und in Mannschaften gesteckt. Dann gibt es noch kleinere Ligen, und auch sonst spielen viele Menschen Fußball. Im Verein. Oder privat. Aber eigentlich schaut die ganze Welt zu, wenn die wirklich Großen sich auf dem Rasen tummeln. Und so könnte es auch mit dem Sex enden. Es gäbe einige Pornostars, die international verfügbar wären, visuell meine ich, und der Rest der Welt würde sich auf diese perfekten Körper ergießen. Wieder und wieder. Meister der gefaketen Lust. Eine Top-Mösen-und-Schwänze-Mannschaft.

Andererseits scheint diese Produktion perfekter Körper eine biopolitische Strategie zu sein. Der/die Fitteste überlebt nicht mehr nur, sondern wird gezüchtet. Denn Hotness und Reproduktionsverheißung hängen eng zusammen. Die pornoinspirierte Klonproduktion der westlichen Welt gestattet es uns, das allgemeine Attraktivitätsniveau und somit die implizierte Anziehungskraft auf einen noch nie dagewesenen Stand zu heben. Eine seltsame Ironie liegt in dem Umstand, dass wir oft zu sehr mit unserer Selbstoptimierung beschäftigt sind, um einander noch zu begehren. Oder dass wir zu verwirrt sind, um an Fortpflanzung zu denken.

Houellebecq hat in seinem Roman »Ausweitung der Kampfzone« die Grausamkeit einer marktgewordenen Sexualität beschrieben. Wenn klassische Attraktivitätsgeneratoren wie Status, Solvenz und Zuverlässigkeit nicht mehr von Bedeutung
sind, wird das Individuum auf seine Oberfläche reduziert. Der
Autor beschreibt einen Loser, Michel, und einen erbarmungs-
würdigen Superloser, seinen Freund Tisserand. In der Beziehung der beiden werden die Hierarchien sichtbar, die selbst
vor den Verlierern nicht haltmachen. Der Abgeklärtere, Zyni-
schere, Erbarmungslosere ist der Mächtigere. Die schonungs-
lose Einsicht in die Unmöglichkeit eines persönlichen Glücks
verschafft Michel einen Vorsprung vor Tisserand, der noch
eine schwärende Hoffung mit sich herumträgt. Die Logik der
Einsamkeit, der Michel sich bedingungslos unterwirft, endet
für ihn in Betäubung. Die narkotischen Angebote der Psychia-
trie versprechen ein schmerzloses Vergehen der Zeit.

Ein weiteres Buch, das sich mit der männlichen Verlierer-
seite beschäftigt, ist »Fleisch ist mein Gemüse« von Heinz
Strunk. Ich erinnere mich, wie ich »Ausweitung der Kampfzone« las. Ich war alleine in einer fremden Wohnung, es war
Herbst; das Buch hat meine Laune nicht verbessert. Houelle-
beqcs Bücher stellen einen Gradmesser für die eigene emotionale Lage dar, sagt die Eisprinzessin. Wenn man darüber
lachen könne, gehe es einem gut; stehe es hingegen nicht sonderlich gut um einen, sollte man besser von der Lektüre Abstand nehmen.

Bei Herrn Strunk weinte ich auch, aber vor Lachen. Scho-
nungslos gewährt der Autor Einblick in eine Jugend jenseits
von cool. Wo die Akne blüht und die Hoden schmerzen. Mit
seinen Loser-Kollegen von der Musi-Truppe feilt er an dem
Hass auf die »Biester« und der besten Technik fürs »Entsaften«.
Auch hier sieht man, wie die Jungs zunächst gerne eine Frau

statt ihrer Hand an sich heranlassen würden, sich aber die stete Zurückweisung in die Verbitterung eines echten Onanisten verwandelt und einer aus der Band sich als Erwachsener sein Traumhaus baut: biesterfreie Zone.

Auch im Alltag gibt es eine sexuelle Elite. Eben die Hotten. Der Einfluss des Kults um Äußerlichkeiten schafft neue Hierarchien, wobei alte Formen sozialer Ungerechtigkeiten wieder zum Vorschein kommen. Die geradezu faschistischen Anforderungen produzieren neue Außenseiter. Jean-Claude Guillebaud kommt bei der Analyse von Aristophanes' sexueller Utopie »Weibervolksversammlung« zu folgendem Schluss: »dass eine Staatsform dieser Art (größtmögliche sexuelle Freiheit, Matriarchat) eine womöglich noch größere Ungerechtigkeit in sich birgt: die unweigerliche Bestrafung aller hässlichen Menschen, die durch die Brutalität der freigesetzten Begierden disqualifiziert würden, während die Schönen und Starken die einzigen Nutznießer sämtlicher Wohltaten der neuen Freiheit wären«.

Eine pornographische Gesellschaft definiert sich über das Sexuelle oder vielmehr den Verweis auf Sexuelles. Die pornographische Freizügigkeit bedeutet das temporäre Ende der sexuellen Moral. Diese schützte meist den Erhalt der Familie; ein Ideal, das in unserer Lebenswirklichkeit viel von seiner alten Bedeutung eingebüßt hat. Das nun frei flottierende Begehren erzeugt eine allgegenwärtige Bewertungssituation. Und nur Götter und Nutten dürfen wirklich mitspielen. Das bedeutet, dass entweder nur sehr billige oder extrem hochwertige Produkte auf dem Markt eine Chance haben.

Und der Rest? Wohin mit dem Frust und der aufgestauten Geilheit? Ich glaube, dass Frauen und Männer da unterschiedliche Bewältigungsstategien haben. Vielleicht liegt es auch daran, dass die Unterdrückung der weiblichen Sexualität, kulturgeschichtlich betrachtet, eine lange Tradition besitzt. Wenn ich frustriert bin, gehe ich manchmal shoppen. Essen. Sport, an den besseren Tagen. Masturbation kann auch entspannen, eine neuere Studie hat einen Anstieg der weiblichen Onanie konstatiert. Normalerweise jedoch konsumieren Frauen dazu keine Pornos.

Und die Männer? Da scheinen die pornographischen Bilder wirklich Abhilfe zu schaffen. Vorerst. Vince sagt, mit den Bildern sei es fast so wie mit einer Droge. Die Halbwertszeit ist schnell erreicht. Und neuer Stoff muss her.

Der pornographischen Ästhetik haftet immer etwas Künstliches an, außer dort, wo ein dreckiger Look erzeugt werden soll. Und das beeinflusst auch die Erwartungshaltung. Wir wollen Jessica Alba in »Sin City« oder Daniel Craig in »Casino Royale«. Darunter machen wir es einfach nicht mehr. Denn es gibt sie wirklich, die Körpergötter wandeln unter uns, warum sich mit weniger zufriedengeben?

Zufriedengeben ist sowieso ziemlich *out*. Die Hotten machen es vor, meistens miteinander. Das Problem der Wahl des passenden oder begehrenswerten anderen ist eine elitäre Frage, die nur von einer bestimmten Gruppe gestellt werden kann. Der Rest ist frustriert, und in dieser Situation stellt Pornographie eine Entlastung dar, ein kleines Glücksversprechen. Für die Männer. Mich hingegen hat selbst Andrew Blake, der berühmte »Pornos-für-Frauen«-Regisseur, noch nicht dazu gebracht, Pornos gut zu finden. Oder erotisch. Die meisten Frauen kriegen glänzende Augen, wenn es um den »Letzten Tango in Paris« geht. Oder »8 $1/2$«, »Caligula«. Ebenso ist der ganze Bereich der »Romantic Comedy« eher frauenaffines Gebiet. Interessanterweise geht es dabei vor allem um Liebe, nicht um Sex. Und es kommen auch keine Sexszenen vor, nur ein brustbedecktes »Zusammen-im-Bett-Sein«. Die Suche nach dem visuellen Kick scheint Männer und Frauen in verschiedene Richtungen zu treiben.

Das männliche Begehren ernährt eine Industrie, deren Umsätze in den USA höher sind als die von Hollywood und weltweit in die Milliarden gehen. Mit der Erschließung des Internets und anderer technischer Errungenschaften hat sich die Industrie an allen wichtigen Schnittstellen eingenistet. Pornoproduktionen sind ungemein effektiv. Da werden Fotos geschossen und beiläufig kleine Videos gedreht, die sich dann zusätzlich als MMS-Content anbieten lassen. *Multi-Level-Exploitation* nennt man das, Wertschöpfung auf allen Ebenen. Offenbar ist die Pornoindustrie einer der wenigen Wirtschaftszweige, wo Frauen, also weibliche Akteure, mehr verdienen können als Männer. Das meiste Geld verdienen die schon bekannten Darstellerinnen beim Strippen, Lapdancen oder wenn sie sich mit einem Fan fotografieren lassen. Sicher gibt es auch noch immer die klassische Geschichte von den zwei knackigen Kerlen, die in irgendwelchen, meist im Osten gelegenen Clubs Frauen aufreißen und denen dann 5000–6000 Euro bieten, um ein Filmchen zu drehen. Aber die Klischees von den zur Entblößung gezwungenen Frauen sind schon lange nicht mehr zutreffend. Obwohl der Markt immer noch größtenteils von der Ausbeutung und Erniedrigung der weiblichen Darstellerinnen lebt. Von Zwangsprostitution mal ganz abgesehen.

Mit der fortschreitenden Annäherung von Porno und Pop hat die Industrie ihr dubioses Image verloren. Diese Entwicklung lässt sich auch bei den neuerdings recht beliebten »Ich-war-Nutte-und-habe-noch-ganz-viel-Selbstachtung«-Büchern beobachten. Wenn Pornostars zu Bestsellerautoren werden, zu Moderatoren von Prime-Time-Fernsehshows oder zu nationalen Ikonen des sexuellen Dialogs wie Taka Kato in Japan, dann sinkt auch für junge Menschen die Hemmschwelle, sich beim Ficken filmen zu lassen. Oder davon zu erzählen, wie es ist, Sex gegen Geld zu tauschen.

Vince erzählte mir von einer schönen jungen Frau, die immerhin genug Intelligenz besessen hatte, an der Harvard Law School aufgenommen zu werden, und die eines Tages beschloss, das alles hinzuschmeißen und Pornos zu drehen. Sie stellte sich vor, wie sie sich die nächsten dreißig Jahre totarbeiten würde, für einen Bruchteil des möglicherweise zu verdienenden Geldes, besann sich ihrer süßen Jugend und entzückenden Schönheit und machte sich auf den Weg nach L.A., Sektion Pornywood. Dort verdiene sie jetzt ein Heidengeld mit gefilmtem Geschlechtsverkehr, und es gehe ihr wirklich gut, sagt Vince.

Aber es geht auch anders, künstlerisch, feministisch. Das nennt sich dann »Alternative/Indie-Porn« und versucht mit Mitteln des Porno den Mainstream-Porno subversiv zu unterwandern. Das reicht von einer abweichenden Ästhetik bis hin zur theoretischen Aufwertung durch einen akademischen Kontext. Der ehemalige Pornostar Annie Sprinkle prägte in den Achziger Jahren den Begriff »Post Porn«. Was passiert nach dem Porno, was ist der »neue« Porno, gibt es »guten« Porno? So hieß dann auch ein Symposium, das im Rahmen des ersten Berliner Pornofilmfestivals stattfand.

Ich saß in einer Ecke und sah mich um. Viele Frauen mit kurzen Haaren, viele junge Leute, über allem ein Hauch von Akademie und intellektuellem Bemühen. Alles fing an mit einem Vortrag zu Beatriz Preciados »Kontrasexuellem Manifest«, das die Spanierin 2003 veröffentlichte. Die Derrida-Schülerin sucht nach einem Ort, an dem sich das Begehren

entfalten kann, ohne sofort den üblichen Vermachtungsmechanismen oder Geschlechterzuordnungen zum Opfer zu fallen. Und sie findet: den Dildo als Klitoris/Penis-Surrogat und den Anus. Wenn Dildo und Penis gleichbedeutend sind, eigentlich jeder Körperteil als »Dildo« fungieren kann und gleichzeitig der Anus in den Fokus der Aufmerksamkeit rückt, haben theoretisch Männer und Frauen wieder die gleichen Voraussetzungen. Preciado will zum Punkt »hinter der Macht«, dorthin, wo ein Individuum Gestalt gewinnen kann, unnormiert. Kontrasexualität existiert nur in der Annäherung, Vollzug und Dauer müssen notwendig scheitern. Aber bis dahin…
Enjoy!

Zwei schwule Filmemacher zeigten Ausschnitte, der eine, Todd Verow, zog sich gleich mal nackt aus und referierte anhand seiner wirklich ziemlich kunstvollen und, ja, auch anturnenden Bilder (da war es wieder, das Erregungsproblem), wie man sein eigener Pornostar/-regisseur wird. Er formulierte fünf Regeln für angehende Aspiranten:

1) Nimm zwei Darsteller, die sich nicht lieben.
2) Pass bloß auf, dass sie nicht ohne Kamera poppen.
3) Gib nicht so viele Anweisungen.
4) Lass die Kamera laufen, laufen, laufen.
5) Vergiss die Gesichter nicht, denn dort findet die Erregung statt.

Bruce La Bruce hingegen hinterfragte lässig seinen Status als Art-Porn-Filmer und seine Eingebundenheit in den Mainstreamkontext. Er unterschied zwei Arten von Frauen in der klassischen Industrie, die einen, jungen, selbstbewussten hätten »Pussy Power«; doch die andere Sorte sei noch immer furchtbar verstrickt in Selbst- und Fremdausbeutung. »Guter«

vs. »schlechter« Porno, gibt es das? Bruce La Bruce sprach von einem »eigenen moralischen Kompass«, den man entwickeln müsste, um in der Industrie zu arbeiten.

Dann gab es noch den kunstvollen Vortrag von Murat Aydemir, der über den Unterschied bzw. die Gleichsetzung von männlicher Lust und Cum-Shot nachdachte. Denn auch das männliche Begehren ist unsichtbar. Die pornographische Sichtbarkeitsdiktatur setzt das »Kommen« meist mit dem Ende des Aktes gleich, aber in Wirklichkeit ist die Ejakulation oft nicht das Ende des Begehrens. Der Vortragende sah die Lösung beispielsweise in der Ejakulation in der Schwerelosigkeit[*], bei der sich das Sperma ungehörigerweise weigert, die gebildeten Tröpfchen in einen willigen Mund zu bugsieren. Es schwebt frei umher, so wie des Mannes Lust. Oder man verwendet Sperma[**] wie Jackson Pollock Farbe bei seinem Action-Painting, und das Ejakulat wird so zur Spur, namenlos auf die Existenz eines Individuums verweisend. Dieser »bas matérialisme« (niederer Materialismus, Bataille) ist uncodierbar, ein form- und zweckloses Geheimnis. *Well, cum on, guys!*

So reihte sich Vortrag an Vortrag, Tobaron Waxmann zeigte seine Filme und Aktionen, die sowohl von der jüdisch-orthodoxen Tradition als auch von Transgender-Aufführungen beeinflusst sind. Lee Edelmann ließ uns daran teilhaben, wie man »The Devil's Dick«[***] herstellt. Es gab ein amüsantes Panel zu Pornographie im Netz und neuen Richtungen wie *schamanic porn, zero and one porn* (digitaler Porno, *open source porn*), und

[*] Das illustrierte er anhand des »Private«-Pornos »Operation Uranus«.
[**] Das lässt sich bei dem Gay-Porno »Flying Solo« beobachten.
[***] Das werde ich nie vergessen. Leider. Des Teufels Schwanz ist eine Art Dildo, gebildet aus gefrorenem Sperma. Das alles findet im *Bareback*-Kontext der homosexuellen Szene statt, denn im Zeitalter von Aids kann Sperma tödlich sein. *Bareback* heißt, dass man kein Kondom verwendet.

die Theorie zur senilen Sexualität von »Bifo«. Dabei geht es um die Entdeckung der Langsamkeit, um Ironie, Einzigartigkeit und darum, dass wir es sind, die den Dingen, auch der Sexualität, Bedeutung verleihen.

Ich habe nicht alle Vorträge und Shows gesehen, die spanischen *girlswholikeporno.com* habe ich auch verpasst, aber zum Schluss kam sie wieder: Annie Sprinkle[*]. Und hielt mit ihrer Lebensgefährtin (und Gattin) Elisabeth Stevens einen Vortrag: »Post Porn Love«. Annie, Sexguru und Performance-Künstlerin und, wie sie betont, einziger Pornostar mit Doktortitel, lebt seit ein paar Jahren mit Elisabeth zusammen; diese ist Künstlerin und Akademikerin. Da saßen sie nun, die beiden Ladies. Elisabeth ist eine bullige Frau mit Glatze, eindeutig *on the butch side*. Annie trug lange rote Haare und rosa Wallagewänder.

Ihr Kunstprojekt, angelegt auf sieben Jahre, besteht neben der Verbindung von Liebe, Kunst und Leben darin, dass sie jedes Jahr aufs Neue heiraten werden, jedes Mal in einer anderen Farbe, den Chakren entsprechend. Das Projekt heißt *The Love Art Lab*[**].

Irgendwann sagte Annie Sprinkle, dass die wahre Subversion des Pornos die Liebe sei. Die beiden erzählten aus ihren Leben, von ihrem Zusammenleben, wie sie sich kennen lernten, wie Elisabeth versuchte, ein Kind zu bekommen (was nicht gelang. Sie sagte dazu: *»My dear post porn modernists, if you want to have children, do it when you are young!«*), wie sie sich stattdessen einen Hund zulegten, von Annies Brustkrebs und wie sie auch diesen Schrecken in Kunst verwandelten, indem sie Chemo-Mode entwarfen und sich Elisabeth aus Solidarität die Haare rasierte. Dann zog Annie an ihren Haaren und entblößte ihren ebenfalls kahlen Kopf.

[*] *www.anniesprinkle.org*
[**] *http://loveartlab.ucsc.edu/*

Diese Ladies, sie waren wunderbar. Ganz zum Schluss zeigten sie noch ein Video, das aus einem über vierstündigen Kuss entstand.

Vor einem weißen Hintergrund sind die Oberkörper zweier nackter kahlköpfiger Frauen zu sehen und ein Oberarm, in dem der Name der jeweils anderen tätowiert ist. Die beiden wirken wie fette prächtige Buddhas, und sie küssen sich und küssen sich und hören nicht auf damit, sich zu küssen. Zwei Menschen, einfach zwei nackte Menschen, die sich lieben. Das werde ich auch nie vergessen.

1.6 Technische Visionen

Vor einiger Zeit saß ich mit Flexter beim Kaffeetrinken. Flexter ist Ende zwanzig, aber ihn umgibt eine Aura permanenter Jugendlichkeit und guter Laune. Er hat etwas Welpenhaftes, Übermütiges. Jedenfalls ist er groß und hübsch und immer gut angezogen. Ein bisschen metrosexuell sogar. Manchmal arbeitet er als Fotomodell.

Er ist einer meiner liebsten Trinkkumpane. Wir haben uns schon manches Mal, mit roten Augen und des Sprechens kaum mehr mächtig, auf die Schultern geklopft und uns versichert, wie lieb wir uns haben.

Beim Kaffee erzählte ich von einer unglücklichen Liebesgeschichte und ihrem unrühmlichen Ende, schrecklich war das, und Flexter hörte relativ mitfühlend zu. Irgendetwas schien ihn jedoch abzulenken.

»Was ist los?«, fragte ich.

Er strahlte.

»Ja, am Wochenende hab ich's richtig krachen lassen. Also da war so eine, in diesem Club, mit der hatte ich schon mal was. Und die war da auch und hat mich voll angemacht.«

Er lachte verzückt.

»Und die hatte ihre Freundin dabei, die hat mir auch gut gefallen, fast besser. Wir waren ziemlich dicht und so, und die Mädels haben mich echt angemacht. Alle beide!«

»Ja, Flexter, und weiter?« Ich dachte an mein momentanes Elend. Scheißleben.

»Irgendwann sind wir dann bei mir gelandet. Und – wir hatten einen Dreier. Zuerst mit beiden, aber ich mochte die eine eh lieber, und dann hat sich die andere schlafen gelegt, und dann...«

Wow. Bei anderen Leuten passierte gerade wirklich was. Flexter gluckste.

»Und...und...ich hab ein Video gemacht, sieh mal.«

Er zog sein neues Multimedia-Handy aus der Tasche, suchte ein wenig herum und präsentierte ein pixeliges, aber recht deutliches Video. Man sah eine männliche Gestalt, deren eine Hand in die Luft ragte (Richtung Handy-Kamera vermutlich), während ein anderer Teil seines Körpers in einer ebenfalls stehenden Frau steckte, und eine weitere Frau irgendwie mitmachte.

»Toll, Flexter.«

Er schnurrte. Das waren Erinnerungen! Das konnte man noch seinen Enkeln vorführen: »Wie Opa damals..., glaub du's nur, hier, ich kann's beweisen, schau mal...« Ich fand das alles irgendwie süß. Und ein bisschen abschreckend.

Durch die neuen technischen Möglichkeiten sind wir alle zum Gestalter unserer eigenen Vergangenheit geworden. Diese Tonnen von Fotos und digitalen Videoclips, die ich schon besitze! Die totale Dokumentation. Dass sich diese auch auf unser Sexleben beziehen kann, ist naheliegend.

Sex und Technik. Future-Sex. Das Futuristischste, was ich je zustande gebracht habe, war eine erotische SMS zu schreiben. Beim Telefonsex versagen mir die Worte. Ich bin noch verdammt weit davon entfernt, mich beim Poppen aufzunehmen und es meinen Freunden zu zeigen. Ich glaube auch nicht, dass ich da jemals hinkomme. Aber vielleicht sollte ich mich mal updaten. Mit der neuen *Cosmopolitan*, Titelthema: »Hot Sex mit High Tech. Wie Sie mit Handy, iPod & Co Ihre Lust ankurbeln.« iPod? Hatte der einen Vibrationsalarm?

Der erste Vorschlag ist, Pornos auf dem Videobeamer laufen zu lassen. Findet sich ja in jedem Haushalt. Man soll die CD in den Computer stecken und vom Beamer »großpumpen« lassen. Das pumpt *ihn* sicher auch groß.

Dann wird vorgeschlagen, »visuelle Effekte« zu projizieren. Dafür soll man seinen »Süßen« bitten, den Video-Beamer mit dem eigenen Rechner zu koppeln. Ist ja auch zu kompliziert für uns Frauen, diese Technik. Lieber mit tropischem Öl einschmieren und auf die Lichter warten.

Ein Tipp für den iPod sind erotische Hörspiele, die man sich reinziehen kann »beim Sterneschauen, einer gegenseitigen Massage oder während Sie sich einen Hardcore-Streifen ohne Ton auf Video ansehen«. Da ist wirklich für jeden was dabei!

Ich wusste es. Flexter war einfach ein Trendsetter. Doch was die vorschlugen war wirklich innovativ. »Gruß der Sünde.« Mit der Kamera des Handys nehme man ein Detail des Körpers auf, beispielsweise die Hand, und schicke es »ihm« zu. Textvorschlag: »Diese Hand will deinen Ladyrocker verwöhnen, so wie du es magst.« *Ladyrocker?*

Mit Hilfe des Camcorders kann man »heiße Szenen für die ganz persönliche Pornosammlung« produzieren. Vorgeschlagen werden erotische Masturbationen bei Kerzenlicht/im Halbdunkel, die Frau dann samt Kamera (und die Speicherkarte muss drinbleiben, gell!) an den »besonderen Mann« verschenkt. Es wird aber auch darauf hingewiesen, dass man CDs brennen kann. Das wird sonst teuer mit den vielen Kameras.

Weiter geht's mit der »Erotik eines Palmtops«. Mit der Lautsprecherfunktion hat man die Hände frei beim Telefonieren. Toll! Mein Telefon hat auch einen Lautsprecher. Jetzt brauche ich nur noch jemanden am anderen Ende der Leitung.

Jedenfalls bieten die technischen Möglichkeiten neue Begegnungs- und Inszenierungsräume. Das steigert die sexuellen Wahlmöglichkeiten. Online-Dating. Internetpornographie. Live-Streaming. Die Eisprinzessin träumt vom Androidensex. Bei Spielbergs »A.I.« spielt Jude Law einen Sexroboter. In einer Szene bedient er eine Kundin, und im passenden Moment drückt er auf seinen Bauch, woraufhin ein romantisches Lied ertönt. Das finden wir echt avantgardistisch, die Eisprinzessin und ich. Wenn sich alle Männer in metrosexuelle Narzissten verwandeln, muss auf neue Weise für die Befriedigung der weiblichen Lust gesorgt werden.

Wenn sie denn da ist, die weibliche Lust. Für den Mann, der will, aber nicht kann, gibt es mittlerweile Viagra. Aber was macht man mit den Frauen, die müde sind, lustlos und einfach nur so tun, als fänden sie das alles geil?

Eine Studie des Schweizer Institut de Santé au Travail hat herausgefunden, dass Frauen zwar angeben, von erotischen Bildern des eigenen und des fremden Geschlechts angeturnt zu sein; auf der körperlichen Ebene ließ sich jedoch keine signifikante Erregung feststellen. Anders bei den Männern, die sind, so scheint es, dem Busen-Bombardement hilflos ausgeliefert. Und auch bei erotischen Bildern des eigenen Geschlechts beginnen sie ein wenig zu schwitzen, der Blutdruck schnellt in die Höhe, und es wird seltener geblinzelt. Aber diese Frauen. Alles nur gefaket? Beweist das nicht eine gewisse Verlogenheit der Neo-Chauvinistas? Sind mir die schönen Brüste, die ich letzthin besoffen pries, eigentlich ganz egal?

Dem Mysterium der weiblichen Lust ist auch die Pharmaindustrie auf der Spur. Was dem Mann sein Viagra, soll dem Weib sein »Name steht noch nicht fest« sein. Fieberhaft forscht das US-Unternehmen Palatin an einer Lustdroge für die Frau.

Einfach eine Pille einwerfen, und schon legt sich das Weibchen auf den Rücken, lubriziert und will besprungen werden.

Weil man sich halt nie sicher sein kann, bei den Frauen. So kann auch der jämmerlichste Versager sich noch als potenter Macho-Hengst fühlen. Ist ja auch zu viel verlangt, alles selber machen zu müssen. Da muss man die Frau ansprechen, Konversation betreiben, abschleppen, sie entkleiden, sie berühren, ihre Erregung spüren und steigern, man muss sich schon verdammt anstrengen, bis man endlich zum Zug kommt. Aber jetzt: Von null auf penetrationsbereit in unter zehn Minuten. Warum habe ich nur das Gefühl, dass sich das alles Männer ausgedacht haben?

Natürlich, Viagra ist ein Segen, ein perfektes Produkt für eine Gesellschaft, die immer älter wird, dabei aber immer jünger aussieht. Da passt der Look endlich wieder zur Performance. Aber bei Viagra geht es ums Können. Bei der Variante für die Frau geht es ums Wollen. Steht uns eine Renaissance der paarungsbereiten Weibchen ins Haus? Ist das nicht das Mittel, das den Porno endlich Wirklichkeit werden lässt? Er hat den stundenlangen Hammerständer, und sie ist so was von bereit, seinen *Ladyrocker* zu rocken. Gibt es bald künstlich aphrodisierende Lebensmittel? Geil-Mach-Grießbrei, Ständer-Suppe, Nippel-Nougat?

Die Sexualisierung unseres Alltags ist sicher ein großer Ansporn für die Pharma-Unternehmen, Produkte zu entwickeln, die das unter der Last der Bilder ermüdete Erregungspotenzial wieder ordentlich anheizen. Es ist Zeit für Innovationen. Die Pheromone klangen zwar verheißungsvoll, hielten aber nicht wirklich, was sie versprachen. Ich habe kürzlich auf MTV einen kleinen Nerd gesehen, der sich zum Frauenhelden pimpen lassen wollte. Der erzählte ganz dackeläugig, dass das teure Pheromonparfüm bei ihm nicht gewirkt habe. Nein, es ist an der Zeit für neuere und bessere Substanzen. Denn versagen will niemand. Vor allem nicht, seitdem dabei immer häufiger gefilmt wird.

In Prag gibt es ein ganz neues Bordell-Konzept, *Big Sista** genannt. Die Schwester vom Großen Bruder. Die großzügigen Räumlichkeiten sind voll mit scharfen Girls – und Kameras. Der Besucher muss einen Vertrag unterzeichnen, dass er sich einverstanden erklärt, gefilmt zu werden. Dafür darf er dann für umgerechnet 11 Euro so lange bleiben, wie er will. Und so viele Frauen beglücken, wie er kann.

Der Clou dabei ist, dass alles aufgezeichnet wird. Das Geschäft läuft nicht mehr nur über die Körper, sondern in erster Linie übers Live-Streaming im Internet. Die Frauen haben auch eigene Shows, sie strippen und chatten mit ihren virtuellen Verehrern, und immer wieder kann man sie in Action erleben. Wenn man sich selbst immer wieder in Action erleben will, muss man sich nur die DVD reinziehen, die, mit der eigenen Performance bespielt, am Ende des Besuchs bei *Big Sista* ausgehändigt wird.

Die italienische Zeitschrift *Panorama* berichtet, dass viele der dortigen Klienten Italiener sind. Die haben nur ein kleines Problem: Sie neigen dazu, sich in die Mädchen zu verlieben. Aber das wird schon werden.

Nicht nur Männer werden im *Big Sista* bedient. Um Frauen kümmert sich hingebungsvoll Jan, ein zweiunddreißigjähriger Prager. Und auch Paare sind allerherzlichst willkommen, ohne Eintritt zu zahlen, versteht sich; gerne können sie sich auch noch eine Schöne mit aufs vollverkabelte Zimmer nehmen. Denn es geht nur ums Netz, um die ständige Produktion von

* *www.bigsista.net*

72

neuer heißer Amateurware. Die Mädchen, die bei *Big Sista* arbeiten, so berichtete *Spiegel TV*, werden extra geschult, ihrer Doppelrolle als Prostituierter und Pornostar gerecht zu werden.

Und den deutschen und österreichischen Männern, die im Zuge der Reportage befragt wurden, machte es nicht das Geringste aus, ihre pumpenden Bemühungen mit der ganzen Welt zu teilen. Denn neben dem Live-Streaming verdient *Big Sista* das meiste Geld mit der Produktion von DVDs und Fernsehfeatures. Auch den italienischen Männern ist es ganz und gar nicht unangenehm, beim Ficken gefilmt und veröffentlicht zu werden. Antonio, Bankangestellter aus Kalabrien, sagte in der *Panorama*: »Wenn sie mir eine Karriere à la Rocco Siffredi anbieten, werde ich darüber nachdenken.«

Liveübertragung? Da gibt es noch ganz andere technische Errungenschaften. Im aktuellen Beate-Uhse-Katalog finden sich Maschinensex-Pornos. Da sind Dildomaschinen, die »Heather Hot« oder » Lucy LickIt« bis zum Superorgasmus penetrieren. Wahrscheinlich hat die ein Technikfreak aus alten Presslufthämmern zusammengebaut. Tatsächlich sehen die ziemlich dreckig aus, diese Maschinen. Große bedrohliche Ungetüme, mit verschiedenen »Armen«, an denen Penetrationswerkzeug befestigt ist. So lässt sich auch der maschinelle Schraubstock, sprich, die Doppelpenetration herstellen. Und sicher ist noch einer übrig für die stets hungrigen Münder. Seit »Deep Throat« wissen wir ja, dass die Klitoris manchmal im Rachen sitzt.

Ein Freund hat mir mal ein Bild gemailt, darauf ist eine schöne nackte Frau zu sehen, die auf etwas Rosafarbenem sitzt. Erst bei näherem Hinsehen fallen die dezenten, ebenfalls rosafarbenen Dildos auf, die sich neben ihren Hüften befinden. Und die Fernbedienung. Und *worauf* sitzt sie genau?

Mittlerweile gibt es Vibratoren, die kann man nach seiner Lieblingsmusik takten. Und bei 180 bpm so richtig abgehen. Mensch und Maschine. Ein großer Traum.

Der technische Fortschritt führt zu verschiedenen Formen der Virtualisierung. Zum einen das Auslagern von Begegnungsräumen, erotischen Dialogen und Partnersuche ins Netz. Zum anderen gibt es eine Kultur des Animierten. Vorreiter dieser Entwicklung sind die Japaner, die auf eine lange Mangatradition zurückblicken können. In einem meiner Lieblingsmangas, »Urotsukidoji – Legend of the Overfiend«, kommen komplexe Maschinenmenschen vor, die schöne Mangamädchen packen und virtuos in sie eindringen. Das Sich-Erregen am Künstlichen hat in Japan eine ganze Subkultur geboren, die »Otakus«. Das sind männliche Jugendliche, die sich fast ausschließlich im Netz aufhalten, dort mit Gleichgesinnten kommunizieren und ihre Masturbationsphantasien mit animierten Frauen ausleben. Das befreit von dem lästigen Ansprechen, und man kann sich gleich aufs Wesentliche konzentrieren. In dieser Community kommt es zu exklusiven Wichs-Wettbewerben, ein Gewinner kam auf achtundvierzig Mal pro Tag. Als ich das einem Freund erzählte, schüttelte der den Kopf und begann zu rechnen. Dann schüttelte er energisch den Kopf.

Als Motor dieses virtuellen Rückzugs sieht ein japanischer Psychiater die Angst der Otakus vor dem echten Gespräch. Angst vor Zurückweisung, Angst vor den Erwartungen der Mädchen. Doch da ausschließlich virtueller Sex selbst für einen Otaku auf Dauer nicht taugt, gibt es mittlerweile Sexpuppen, die den Gipfel der androidischen Annäherung darstellen. Alle Komponenten sind frei wählbar, Figur, Haare, Größe der Vagina. Der Erfinder bastelt schon an einem Sprach-Chip und träumt davon, dass die Puppen auch Unerwartetes tun könnten. Da die Dinger ziemlich teuer sind und die Otakus meist recht jung und weniger solvent, gibt es mittlerweile Love-Hotels für Sexpuppen. Wie im richtigen Bordell, nur ist der Platz kleiner, da sich nur einer bewegt.

Aber der Westen holt auf. Computerspiele mit erotischen Interaktionsmöglichkeiten sind schwer im Kommen. Das reicht von Software-Modifikationen, die Nacktheit zeigen, wo vorher anständige Pixel waren, bis hin zu Spielen explizit sexuellen Inhalts.

Ein Freund erzählte mir von seinem Kumpel, einem begeisterten »World-of-Warcraft«-Spieler. In dem vielfältigen Kosmos des Internet-Rollenspiels hat sich, wie wäre es anders zu erwarten, auch eine kleine sexuelle Dienstleistungsgesellschaft gegründet. Online-Nutten. Die Möglichkeit, mit einem Mitspieler zu chatten, verwandelt sich in ein erotisches Angebot. Man zahlt mit virtuellem Geld und kann sich dafür virtuell einen blasen lassen. Aber diese sexuellen Inserts sind nur der Anfang eines neuen Spieletyps, der *Multi Massive Online Erotic Roleplaying Games*. MMOERG.

Thomas Lindemann berichtete im Juli 2005 in der *WamS* über die »Saison der virtuellen Liebe«. Es war der Sommer, in dem Spiele wie »Singles 2 – Wilde Zeiten«, »Seven Sins« oder »Lulu 3D« auf den Markt kamen. »Singles 2« ist eine Lebenssimulation, in der ein erfolgloser Musiker versuchen muss, seine Freundin zurückzuerobern. Eine Art romantisches Strategiespiel. »Lulu 3D« ist schon deutlich sexueller, man steuert die scharfe Braut, deren Titten mit der neuartigen »Bouncing-Boobs-Technology« animiert werden, durchs Rotlichtviertel. Und versucht durch den geschickten Einsatz von Lulus sexuellen Reizen an wichtige Informationen zu kommen.

Cybersex. Seit William Gibsons »Neuromancer« eine futuristische Verheißung für Technikfreaks und arg Frustrierte.

Auf dem langen Weg zum virtuellen Orgasmus ist man im Sommer 2006 schon ein gutes Stück weiter. In der *Süddeutschen Zeitung* berichtet Tobias Moorstedt von den neuesten Entwicklungen der »Zärtlichen Konsolen«. Die neue Generation der Spiele, die verstanden werden als »Angebote für den frustrierten Player der Gegenwart, dem es an Kapital mangelt in Form von Body, Status, Style und Money«, bietet neben exzellenter Grafik, die vielleicht sogar einem versierten Otaku gefallen würde, auch explizit sexuelles/pornographisches Geschehen. In dem Spiel »Virtual Hottie« dirigiert der Spieler mittels Maus und Joystick eine Sexszene, die er aus der Ich-Perspektive erlebt. Für dieses Spiel ist auch eine »Röhre« geplant, die, an passender Stelle angebracht, die virtuellen Sensationen auch körperlich erfahrbar macht. Sie soll drei Modi besitzen: Vibration, Massage, Saugen. Da kommt »Joy« in den »Joystick«!

Die Online-Sex-Simulation »Naughty America: The Game« hingegen illustriert eigentlich nur einen Sex-Chat. Mittels eines zur Verfügung gestellten Avataren kann man das virtuelle Geschehen auch bildlich umsetzten. Toll! Da treffen sich dann Horst und Petra in den Weiten des Netzes und haben einen virtuellen Prothesenfick.

Es wird emsig geforscht und entwickelt, wie man die lästige soziale Interaktion endlich umgehen kann. Auf der einen Seite steht das androidische Fragment, vom Vibrator bis hin zur japanischen Sexpuppe, auf der anderen die totale visuelle Stimulation. Es ist nur eine Frage der Zeit, bis beides eine fruchtbare Verbindung eingeht, wie es bereits angedacht ist mit der »Röhre«. Und schon sind wir Gibsons Ganzkörperanzug ein Stückchen näher gekommen.

Aber – täusche ich mich, oder ist das schon wieder hauptsächlich männliches Terrain? Wo bleibt das Pornospiel mit interaktivem Vibrator? Wo die Nippelklammern mit berührungskoordinierten Stromstößchen? Es gibt noch viel zu tun!

Menschen und Maschinen. Man kann auch den Menschen zur Maschine machen, wie de Sade es tat in »Die 120 Tage von Sodom«. Das ist das Durchspielen von Machbarkeiten unter den Bedingungen der totalen Gewalt. Über die Körper. Foucault nannte ihn einen »Buchhalter der Ärsche«. De Sade schaffte ein endgültiges Kompendium des theoretisch Durchführbaren. Weil es ein intellektuelles Konzept ist, überschreitet es die Grenze des Pornographischen hin zum Obszönen. Etwas, das nur im Geist stattfinden kann. Ein Entgrenzen des Menschlichen mit den Mitteln der Sprache, das den Leser an seine eigenen Grenzen führt, ihn zwingt, sich zu positionieren. Deshalb ist das Obszöne erotisch, nicht pornographisch. Trotzdem hat de Sades Werk pornographischen Charakter. Dieser Detailreichtum! Er hat an alles gedacht, alles wurde gefickt, was nur irgendwie penetrierbar war. Alles eruiert, aus dem sich wohl Lust gewinnen lasse. Im Internet finden sich Porno-Alphabete, die hätten seinem methodischen Geist vielleicht gefallen. Dort sind alle denkbaren Vorlieben, Situationen, Konstellationen gelistet, und der User ist nur noch einen Klick weit entfernt von: Auto-Sex. Bi-Sex. Cat-Sex (fragen Sie nicht).

Und es gibt die Standbilder, die massenweise bei der Pornoproduktion abfallen. Diese Bildersammlungen, von denen man immer hört, die ungefähr fünfundneunzig Prozent aller Männer irgendwo versteckt auf ihrer Festplatte besitzen sollen. Bilder? Wie langweilig. Wo bleibt denn da die hochgeschätzte Penetrationsbewegung? Gut, die aktuelle Verfilmung von »Elementarteilchen« hat wieder mal eine grandiose Wichs-Szene.

Wie der abgehalfterte Lehrer Bruno sich auf einen seiner Schülerin ähnlichen Zeitungsausschnitt einen runterholt; aber wenigstens war da noch ihr Aufsatz dabei.

Diese Frage ging mir so im Kopf rum, also das mit diesen unbewegten Bildern, als ich Nina traf, eine alte Freundin. Die eröffnete mir dann, dass sie sich das auch immer schon gefragt und deshalb eine kleine Umfrage in ihrem umfangreichen männlichen Bekanntenkreis durchgeführt habe.

»Weißt du, was die mit den Bildern machen? Also, die werden erst mal thematisch geordnet, nach Stellungen, Pornostar oder Haarfarbe.«

Das klang einleuchtend. Ich hatte schon des Öfteren eine männliche Sortierungstendenz beobachtet. Imaginäre Listen. Ideosynkratische Ordnungssysteme.

»Und dann, wenn man beispielsweise ganz viele Bilder von Lucy LickIt hat, also welche, bei denen sie angezogen ist, andere im Badeanzug, andere nackt und in Action, dann kann man sich selbst Filme zusammenbasteln.«

Das klang noch viel einleuchtender. Ordnung und technische Anforderungen.

»Da sieht man dann das Mädel angezogen, dann ganz kurz nackt, nur eine Sekunde, dann wieder lange im Badeanzug. Und so fort.«

Wir lächelten verständnisvoll. Das klang ziemlich spannend, wenn ich auch bezweifle, dass viele Männer sich die Mühe machen, ihr Material zu animieren. Trotzdem, das Ordnen, das Erstellen thematischer Archive, die Kreation eines »Schatzes«, das konnte ich mir gut vorstellen. Mit meinen Kleidern geht es mir ähnlich. Das Sortieren, Umgestalten, Weghängen und Hervorholen. Das ist mir nahe.

Als ich König Gunter davon erzählte, sagte er: »Ich habe meine Bildersammlung gerade gelöscht.«

Ich fixierte ihn scharf.

Er seufzte, ganz ernst, und schüttelte den Kopf.

»Ich glaube das nicht, das mit dem Animieren. Es ist eher so, dass sich beiläufig was ansammelt. Vielleicht sortiert das jemand, aber es ist eigentlich nicht wichtig.«

Ich dachte darüber nach, warum ich keine Bilder auf dem Rechner habe, warum es mich einfach nicht interessiert. Ist das etwas Weibliches? Etwas Persönliches? Wohl eher Letzteres, schon als Teenager hatte ich keine Starposter in meinem Zimmer hängen.

»Nein, man hat das ganze Zeug auf der Festplatte, und irgendwie weiß man auch, dass es widerlich ist, dass die Weise, wie die Frauen dargestellt sind, demütigend ist und billig. Aber man verdrängt es, bis eine kritische Masse erreicht wird. Das konfrontiert einen dann mit dem, was es eigentlich ist. Und dann löscht man es.«

Er griff nach seinem Glas, trank und schaute mich an: »Und dann fängt man wieder an zu sammeln.«

2.0 Die erotischen Strategien

Er steckt seinen Finger in den Mund und fährt damit über ihre rechte Brustspitze. Dann beugt er sich nieder und nimmt sie in den Mund, und träge beobachtet sie, wie sein dunkler Kopf sich von ihrem Fleisch abhebt, genießt dabei die Lust, die seine Berührung ihr bereitet. Er liegt halbaufgerichtet in ihrem Schoß, und langsam lässt sie ihre linke Hand seinen Rücken hinunterfahren, um dann, mit einer bestimmten Wendung, an seine Vorderseite zu gelangen. Sie streichelt seinen Schwanz durch den Stoff der Jeans, wölbt ihre Hand über seiner Erektion. Zärtlich drückt er sie nieder, nun liegen sie parallel zueinander, kurz herrscht Stille, während sie die Knöpfe seiner Hose öffnet, er lacht, leise. Dann richtet sie sich auf, drückt sich von seinem Körper weg, er liegt auf dem Rücken, streichelt sie. Sie beugt sich über seinen Leib, die linke Hand um seinen Schwanz, er lässt seine Hand sinken, sieht sie an. Sie sieht ihm in die Augen, während sie ihren Kopf senkt und ...

War das pornographisch? Erotisch? Worin besteht der Unterschied?

Also, das war doch der Beginn einer expliziten Sexszene. Was wird wohl als Nächstes passieren? Wird sie seinen Schwanz in den Mund nehmen? Wird er ihr dabei zusehen? Was wird er danach machen? Schlafen sie noch miteinander?

Vielleicht ist es erotisch, dort aufzuhören, wo noch Fragen offen bleiben. Denn Pornographie lässt nichts ungezeigt. Die Referenz ist direkt, brutal und kalkulierbar. Und diese Großaufnahmen!

Pornographie objektiviert, sie macht Menschen zu Sexobjekten. Sie spricht uns auf eine unpersönliche Weise an. Erotik beginnt dort, wo wir beginnen. Wo der Sex uns etwas angeht, uns oder unsere Phantasie. Erotik subjektiviert uns. Und spricht vom Sex, den wir tatsächlich haben.

Bei allem Pornographischen nehmen wir nur als Zuschauer teil, mögen wir noch so angestrengt wichsen. Erotik heißt, dass man wirklich Sex hat. Mit einem anderen Menschen. Denn es kann doch nicht angehen, dass wir immer schöner und jünger und sowieso geiler werden und ewig unbeschlafen nach Hause gehen. Dass der Sex uns entzogen wird und vorgeführt als Endziel, das außerhalb dessen liegt, was wir erreichen können. Außer, wir kaufen diesen neuen Bikini. Oder haben endlich einen Waschbrettbauch. Oder eine neue Nase.

Die pornographischen Strategien entfremden uns von unserer eigenen Lust, weil sie diese ständig auf das Billigste bedienen. Es heißt erotische Strategien, nicht Erotik, weil es um einen bewussten Akt geht. Die Rückeroberung unserer eigenen Sexualität. Unserer sexuellen Phantasie. Und unserer Lust. Denn das, es ist fast peinlich, es zu sagen, ist etwas Kostbares.

Und immer persönlich. Während die Frage »Was ist sexy?« stereotype Antworten produziert, die dem Porno-Pop-Mainstream entsprechen, sind die Antworten auf die Frage nach dem Erotischen so vielfältig wie die Menschen, denen man sie stellt.

Was ist erotisch? Der Gesichtsausdruck meiner Liebsten, wenn sie kommt. Das Stöhnen. Wie sie sich das Haar aus dem Gesicht streicht. Der schelmische Ausdruck in seinen Augen, kurz bevor sie sich verdunkeln. Ihr Kleid, und ihre Beine in ihrem Kleid.

Meist sind wir gerade von der Abweichung angezogen, von dem, was nicht der Norm entspricht. Ein Bäuchlein. Haare an unpassenden Stellen. Das kleine Stückchen Fett zwischen den

Achseln und dem Ansatz der Brüste. Ein Muttermal. Der begehrte Mensch setzt sich aus diesen kleinen Einzelheiten zusammen. Der erotische Blick wird oft von den Unterschieden, nicht den Gemeinsamkeiten bestimmt. Obwohl wir natürlich alle gläubig auf die Knie fallen, wenn uns wahre Schönheit streift. Aber tendenziell lebt Erotik, hier im Sinn sexueller Anziehungskraft und Spannung verstanden, von Asymmetrie. Berühmt sind Geschichten à la »Salz auf unserer Haut«, in denen ein/e gebildete/r Protagonist/in auf einen animalischen Widerpart trifft und endlich sexuelle Erfüllung erlebt. Die Reibungen, die sich aus unseren Verschiedenheiten ergeben, sind oft das Geheimnis erotischer Anziehungskraft.

Im Reich des Pornographischen gibt es die paradoxe Kopplung von Entblößung und Prüderie. Die Pornostars sind nackt, aber unberührbar, das Masturbieren vor dem Computer ist einsam. Alles wird gezeigt, aber der Zuschauer bleibt seltsam keusch. Unbeteiligt.

Erotik hingegen ist schamlos, im Sinn der Freiheit. Das Aushalten der eigenen Nacktheit, das Sehen und Gesehenwerden unserer Körper. Und der Mut, seine sexuelle Identität mit einem anderen zu teilen. Trotz aller Unvollkommenheit.

Und dort findet auch etwas statt wie Liebe, ein Begehren, das auf die Individualität eines anderen gerichtet ist, sich verliert in den Schattierungen einer Iris, dem Schwung eines Schlüsselbeins.

Erotik hat nichts mit Monogamie zu tun, es geht auch nicht um die Forderung nach Liebe, jedenfalls nicht um »die große Liebe« oder »den/die Richtige(n)«. Partnerschaft ist eine Option, nicht mehr, nicht weniger.

Die Erotik gibt dem Individuum die Lust zurück, zu seiner freien Verfügung, und richtet sie nicht ab zur marktorientierten Geilheit. Erotik stellt die Frage nach dem würdigen Begehren, denn begehren wollen wir, müssen wir, um nicht schon vor der Zeit zu vertrocknen. Aber wie retten wir unsere Sexualität vor dem immer subtiler werdenden Zugriff des Pornographischen? Wie werden wir das Wissen wieder los, das sich ständig bezüglich unserer sexuellen Existenz generiert? Wie wird man die Bilder wieder los, diese perverse Perfektion der Körper und Gesten? Was tut man gegen den Normierungsdruck? Wie können wir begehren und begehrt werden, wenn beides nicht perfekt ist? Und warum bin ich schon wieder nicht zu meinem Pilates-Kurs gegangen?

Erotik ist auch anstrengend, da muss man sich nichts vormachen. Schon der Volksmund sagt: »Wer ficken will, muss freundlich sein.« Und verführerisch. Hier wird ein anderer Markt generiert, eine Tauschbörse der persönlichen Phantasien.

Ein Freund sagte, als ich ihn fragte, was für ihn erotisch sei: »Deine Hände. Die Bewegungen, Gesten, die du mit deinen Händen machst. Deine langen roten Fingernägel.«

Ich errötete. Er war ein *guter* Freund.

»Aber, wenn du auf einer Party stehst, was reizt dich dann an einer Frau? Wonach hältst du Ausschau?«

Er überlegte.

»Natürlich muss sie schön sein, gut aussehen. Mir gefallen. Aber eigentlich suche ich nach einer, die aussieht, als wäre sie nicht wirklich da. Die irgendwie gleichzeitig anwesend und abwesend ist. Etwas Deplaziertes hat, das gleichzeitig ungeheuer lässig ist.«

Das passte zu ihm.

Vielleicht ist das ein Wesentliches des Erotischen. Es passt zu den Menschen, ist ihnen eigen.

Martin sagte, dass für ihn das Erotische immer auf einen selbst bezogen sei, auf die eigene Vergangenheit. »Na ja, vielleicht auch auf meine Pubertät. Ich fände es erotisch, mir zu ›Dr. Sommer – Mein erstes Mal‹ einen runterzuholen.«

Das passte auch.

Es gibt die These, dass Pornographie auch ein Moment der Freiheit beinhalte. Dass es ein Kennzeichen repressiver Staatsformen sei, Sexualität und ihre Darstellung zu unterdrücken. Dass jeder das Recht haben sollte, seine eigenen Phantasien zu befriedigen. Pornographie befreit die Sexualität und schafft ein Angebot, das auch die abseitigsten Gelüste befriedigt.

Martin Amis schreibt in »Pornoland«, dass man sich nur lange genug mit verschiedenen Pornos beschäftigen müsse, um etwas zu finden, das mit dem eigenen Begehren korrespondiere. Es bliebe nur zur hoffen, dass einem das nicht passiere, während man gerade einen Film über einen koprophagen Schweinefarmer sehe oder über einen Leichenbestatter.

Damit spricht er von dem Perversen in uns. Und der Angst davor. Und dem beruhigenden Gefühl, es nicht entdecken zu müssen. Denn auch eine befreite Sexualität hat Grenzen. Selbst das gegenseitige Einvernehmen zwischen Armin Meiwes, dem »Kannibalen von Rothenburg«, und dem, dem er den Penis abschnitt, den sie gemeinsam verspeisen wollten, schützte Meiwes nicht vor Strafverfolgung.

Doch hier geht es um etwas anderes. Was macht die totale Entblößung, die zum Status quo unserer westlichen Welt geworden ist, was machen die Alleserlaubtheit und die Pornographisierung mit *unserer eigenen* Sexualität? Konstituierte sich der Sex nicht jahrhundertelang durch Verbot und Überschreitung, wie es auch Bataille in seiner »Erotik« formulierte, wie es noch seinen Niederschlag fand in der wollüstigen Intimität der Beichte? Die allgegenwärtige Enthüllung dessen, was einst »erkannt« werden musste, geht mit der Ahnung eines Verlustes einher. Etwas wurde aufgegeben, ein Geheimnis wurde gelüftet, und siehe: DER KAISER IST NACKT.

Eines Winters begleitete ich meine Freundin Elisa, die einen Dokumentarfilm über Nomaden drehen wollte, auf eine Reise nach Marokko. Das im Dezember recht kühle Marrakesch verließen wir zügig und nahmen einen Bus nach Zagora, einer Stadt am Anfang der Wüste. Dort kamen wir mit zwei jungen Marokkanern ins Gespräch, Abdoul und Nadschi. Kurz darauf stiegen wir gemeinsam aus dem Bus und machten uns auf den Weg nach M'Hamid, einem kleinen Wüstenkaff, in dem Abdoul seine Tourismus-Agentur »Sahara-Services«* betreibt. M'Hamid lebt von Touristen. Und Kamelen und dem ganzen Rest. Sie verkaufen dort Postkarten, alte Silbersachen und blaue Tücher in der Farbe der Tuareg.

Viele Leute hier behaupten, Tuareg zu sein, erklärt Nadschi, sein schönes junges Gesicht mit den übermütigen Augen wird wunderbar betont durch das strahlende Blau. Abdoul ist älter, zurückhaltender. Ein Mann Mitte dreißig. Er sieht gut aus, hat ein warmes Lächeln, das Zähne entblößt, die von roten Schlieren überzogen sind. Sein Englisch ist ziemlich gut.

Es lässt sich gut sprechen in der Wüste. Es ist Vollmond, das weiße Licht überstrahlt die Sterne, Abdoul kocht, irgendwo draußen balgen Elisa und Nadschi. Ich unterhalte mich mit Abdoul, er hat einige Zeit in England gelebt. Wir sprechen über seine Welt und meine. Es ist eine dieser Unterhaltungen, bei denen man nie sicher sein kann, ob man sich wirklich versteht. Wir sprechen über Politik, Freiheit, Lebensumstände und die Möglichkeit von Glück.

Irgendwann sagt er, dass es darum gehe, dass das Geheim-

---

* *www.saharaservices.info*

nis verloren gegangen ist. Ich weiß genau, was er meint, vielmehr, ich ahne es. Das ist wohl so mit Geheimnissen. Man kann nur in Andeutungen von ihnen sprechen.

Am nächsten Tag treffen wir eine Berberfamilie, Abdoul hat das organisiert, wir dürfen ihr Zelt betreten, draußen weidet das Vieh. Die Frau sitzt still dabei, nur der Mann spricht, ein alter Mann mit einem faltendurchzogenen, ewigen Gesicht. Elisa filmt, wir trinken Tee, die Frau steht auf und sieht nach den Kindern. Es riecht nach Tieren und Menschen und Wolle. Am Abend erzählt Abdoul von der Tradition der Berber, ihrer einfachen Strenge, ihrem Leben nach den Gesetzen des Korans. Und er spricht von der Verhüllung der Berberfrauen, nicht einmal im Dunkel würden sie sich ausziehen.

»So ein Berber«, sagt er dann, »der würde schon kommen, sähe er nur einen bloßen Unterschenkel.« Ich lache, und Abdoul auch.

»Es gibt immer weniger Berber«, sagt Abdoul später. »Die Ländergrenzen in der Sahara erschweren das Reisen. Und viele ziehen in die Nähe der Städte, wegen der Schulen. Und wegen der anderen Dinge.«

Die Unterscheidung zwischen pornographisch und erotisch ist eine willkürliche, ein schmaler Grat, subjektiv. Wo fängt Raffinesse an? Wann beginnt Zärtlichkeit, Hingabe? Vielleicht sollte man fragen, was das Pornographische *nicht* ist. Es ist nicht liebevoll, nicht ironisch, nicht humorvoll. Es ist kühl, künstlich, perfekt. Es erschafft eine perverse Natürlichkeit, weil der Körper zerstückelt wird, fragmentarisiert, und die einzelnen Teile, wie Brüste, Schwänze und Öffnungen, auf eine Weise zusammengesetzt werden, die Echtheit suggerieren soll. Das alles dient der Sichtbarmachung und Normierung von Lust, der Verlagerung einer inneren Empfindung auf äußeres Geschehen. Lang lebe der Cum-Shot!

Die Idee des Erotischen ist also zuerst eine Negativ-Folie. Was ist Sexualität außerhalb dessen, was im Porno dargestellt werden kann? Und wie kann man Sexualität darstellen, auf nicht pornographische Weise? Und was ist der Bereich des Sexuellen, der sich ganz der Darstellung entzieht, das Geheimnisvolle? Das, was auch heute noch erkannt werden muss, immer wieder neu, wovon man vielleicht schreiben kann, aber nicht sprechen?

Vergnügen ist ein Wort, das ich selten gehört habe bei meinen Gesprächen über Pornographie. Oder Leidenschaft, Begehren, Erfüllung. Meist ging es um Erregung, Downloads, die neuesten Pornostars oder Genres und darum, den eigenen Zustand am Anteil des pornographischen Zeugs auf der Festplatte zu bestimmen: »Na ja, nur noch zehn Items, gute Zeit. Zweihundert? Eher schlechte Zeit.«

Seit der Leistungsdruck auch ins Privateste eingedrungen ist, ist die eigene Performance hinterfragbar geworden. Alles begann mit dem Kinsey-Report. Und plötzlich war da die Frage: Bin ich normal? Ist es pervers, was ich hier tue? Warum haben die anderen so viel Sex? Und Orgasmen?

In einem Feld, das vorher größtenteils den Einzelnen überlassen war, in ein dämmriges Halbdunkel gehüllt, wurde auf einmal Wissen produziert, Tonnen von Fakten. Durchschnittsgrößen von Penissen. Weibliche Orgasmushäufigkeiten. Sex-Statistiken. Diese Erzeugung einer sexuellen Norm ist ein Lieblingsthema von Frauenzeitschriften. Die schreckliche Legende vom »guten Sex«. Hier hat man wieder mit den Tücken der Semantik zu kämpfen, denn natürlich gibt es tollen, aufregenden, außergewöhnlichen Sex, über den würde man mit den gleichen Worten sprechen. Doch der »gute Sex« ist ein lustfeindliches Trimm-Dich-Produkt.

Der »gute Sex«, auf den in den üblichen Medien Bezug genommen wird, hat ziemlich viel Ähnlichkeit mit einem soliden Mainstream-Porno.

Die Zeitschrift *Glamour* lockte ihre Leserinnen mit der Überschrift »Super Sex für jeden.« Der erste Tipp kommt gleich zur Sache: »Nachhilfe bei den Profis nehmen.« Pornos als inspirierendes Anschauungsmaterial. Wenn etwas komme, das leichte Schauer auslöse, solle man es sich merken und nachmachen. Man solle sowieso häufiger an Sex denken, eigentlich jederzeit. Das hilft ganz sicher. Und filmen soll man sich auch noch, die Hauptrolle in »Vier Hände für ein Halleluja« sei ein guter Weg, Hemmungen abzubauen. Paris Hilton, Pamela Anderson und Colin Farrell machen es doch auch. Und wenn alles nicht hilft: Einfach die Niete loswerden, die es im Bett nicht bringt. Laut Professor Habermehl ist ein neuer Partner der häufigste Auslöser für großartigen Sex.

Natürlich schreiben die Frauenzeitschriften dann auch immer, dass es nur auf das Persönliche ankomme, dass jeder Sex gut sei (ach, wenn man wenigstens welchen hätte), dass es um die eigene Entfaltung gehe. Aber die *Scripts* schwingen immer mit. Hat er auch ordentlich geleckt? Ist man auch gekommen, am besten mehrmals? Hat es lang genug gedauert? Es wird ein sportliches Phantasma kreiert, und wehe dem, der nicht ordentlich fit ist. Der »gute Sex« wurde zu einer Verheißung, einem Endziel, und wir hecheln alle hinterher.

Hat man genug gefühlt? War es geil genug? War man selbst geil genug? Denn es gibt immer etwas zu verbessern. Und Tipps und Tricks sind die Dinge, die auf den Titeln der Magazine stehen. »So bringen Sie Ihr Liebesleben in Schwung.« »Heiße Tricks für professionelle Verführerinnen.« »So bringen Sie SIE zum Orgasmus. Garantiert«. Der »gute Sex« ist, so verstanden, nur eine perfide Variante des allgegenwärtigen Normierungsdrucks.

Doch es geht weiter. Höher. Besser. Ach, was sag ich, extrem existenzieller. *Lifechanging Sex*, kurz LCS genannt. Nicht mit LSD zu verwechseln. Tatsächlich hatte ich einmal LCS auf LSD. Mit einem Mann, den ich sehr geliebt habe. Diese absolute Intensität, das Plastischwerden des Gefühlten, die schönen bunten Farben. Die Lust selbst gewann Materialität, und gegen Ende sah ich die Schiffe. Große Boote, altertümlich, mit geschwungenem Bug, die langsam in einen Hafen einfuhren. Sieben Schiffe, unerbittliche Barken, in einem absoluten Raum. Muss ich erzählen, dass jedes Schiff ein formgewordenes Symbol für einen Höhepunkt war, eine perfekte Metapher? Die Symbolik von Wasser und endlosem Raum ist mir noch öfter begegnet. Wenn Körper selbst zu Schiffen werden, mit der Wirbelsäule als Mast und der Haut als Segel. Navigationen im Sternenmeer der Lust.

Gut, aber meine Ficken-auf-Drogen-Geschichten sind nichts im Vergleich zu dem, was wir uns im Allgemeinen unter LCS vorstellen dürfen. »Danach ist alles egal«, schreibt die *Amica* in ihrer Titelgeschichte zum Thema. Das »Leben wird aus den Angeln gehoben«. Und es »ist gut möglich, dass man radikale Konsequenzen zieht, weil das andere Leben, das man in sich spürt, endlich gelebt werden will«.

Jetzt müssen wir also nicht nur hoffen, endlich überhaupt mal wieder Sex zu haben, der auch noch, schlimm genug, »gut« sein muss, nein, die Jagd ist eröffnet. Irgendwo da draußen lauert der Haupttreffer, die Million im Lotto, der ganz große Jackpot. Bitte denken Sie daran, wenn Sie das nächste Mal vor die Tür gehen.

Denn: »Es kann jeder sein: der Kunde, der Masseur, ein Vater vom Kindergarten, und, besonders (!) tragisch, der Mann der besten Freundin, der unvorhersehbar mit einer Berührung, einem Blick ein ganz anderer wird.«

Neulich unterhielt ich mich mit SusiPop, wir waren nach dem Besuch einer Vernissage noch etwas trinken gegangen. Sie trug ein rotes Oberteil mit raffiniertem Ausschnitt, ihre Nägel und ihre Lippen hatten dieselbe Farbe. An ihrem schmalen Handgelenk baumelten Herzchen, Schlüssel, kleine Schuhe, und von Zeit zu Zeit klimperte es, wenn sie sich theatralisch durch die dunklen Haare fuhr. Zunächst beschwerte sie sich über ihren Job, das dauerte immer etwas, aber dann konnte man sich wunderbar mit ihr unterhalten.

Ich trank einen Schluck Rotwein und sagte:

»Für mich ist das Erotische in vielen Teilen das, was nicht Porno ist. Das andere, Geheimnisvollere. Das, was man nur im Vollzug entdecken kann. Geleitet von der eigenen Lust. Sex ist etwas Wunderbares, manchmal kommt es mir vor, als wäre es ein unbekannter Planet, den es zu erforschen gäbe.«

Sie nickte:

»Ja, das Erotische ist auf das eigene Begehren gerichtet. Früher, als es in Deutschland noch keine Muskel-Männer gab, stand ich auf die schlaksigen Boys. Aber mittlerweile… Ich mag kräftige Unterarme, sehnige. Das Begehren wird immer wieder neu codiert, die erotische Attraktion ist im Fluss.«

Wir beobachteten den hübschen neuen Kellner.

»Auch die Lust selbst wandelt sich. Es gibt immer Perspektiven. Das, was mich gerade reizt, ist seine Lust. Die Lust des anderen. Sich darauf einzulassen, seine Erregung zu spüren. Das Gesicht zu beobachten. Ich bin nicht mehr so egoistisch, na ja, vielleicht stimmt das auch nicht, es macht mich ja an.«

Kurz musste ich an halb geöffnete Augen denken, geschwollene Lippen, kindliche Schönheit, maskenlos. Der Poesie der Ekstase ist mittlerweile eine Website* gewidmet, die nur

---

* *www.beautifulagonie.com*

die Gesichter zeigt von Menschen im Moment ihres Höhepunktes. Das ist das Intimste und auf seltsame Weise Erotischste, das ich je in den Weiten des Netzes fand.

»Ich habe mit vielen Männern geschlafen, als ich jünger war.«

Nicht, dass sich das groß geändert hätte, dachte ich, und schaute meine hinreißende Freundin an.

»Damals habe ich nie die Augen aufgemacht beim Sex. Wir haben uns ineinandergeschoben, aneinandergerieben, es war fast wie ein Auffressen. Und so öffnet sich plötzlich der innere Raum, etwas, das nur hinter den Augen passiert.«

»Ja, den Genuss der visuellen Stimulation habe ich auch erst später entdeckt. Das hat vielleicht auch immer etwas Pornographisches. Den Schwanz beim Eindringen zu beobachten. Sich in die Augen zu sehen. Das Pornographische ist in diesem Fall die Lust an der Bildwerdung. Der Sichtbarkeit. Denn diese orientiert sich am Porno. Das kann sehr erregend sein.«

»Sehen heißt projizieren, sagt Lacan. Es bricht die Verschmelzung.«

Ihre Augen sehen in die Ferne, so nah. Ich greife nach meinem Glas und sage:

»Ich liebe diese kleinen Plateaus. Wenn sich die Lust aufbaut, eine Pause machen. Ich habe Männer mit meinen Zigaretten zur Verzweiflung getrieben. Und auch während der intensiveren Phase des Aktes löst mich das visuelle Element immer aus der tiefen Konzentration. Ich brauche die Verschmelzung, ja Auslöschung, um zum Höhepunkt zu kommen. Ich muss in diesem inneren Raum sein, der sich dann weiten kann ins Unendliche, manchmal ist das wie eine gotische Kathedrale.«

Ich muss grinsen. Bei mir gibt es eine Kopplung zwischen

dem Sexuellen und dem Heiligen. Ficken als Gebet. Und schon Peaches sagte: *Fuck the Pain Away.*

Auch in der erotischen Literatur gibt es eine starke Verbindung zwischen dem Heiligen und dem sexuellen Geschehen. So konnte man leicht frivole Vergnügungen und Kritik an der Obrigkeit unter einen Hut bringen. Die tugendsame Justine und die lasterhafte Juliette, geschaffen von Marquis de Sade, schlagen sich ständig mit perversen Mönchen und lüsternen Kardinälen herum. Und auch Josephine Mutzenbacher, die berühmte Wiener Dirne, sammelt erste Erfahrungen im klerikalen Bereich:

> Es wurde an den Beichtstühlen gebetet. Ich kam zu einem ältlichen fetten Kooperateur mit einem großen runden Gesicht. Ich kannte ihn nur so vom Sehen, und er schien mir nachsichtig zu sein, weil er immer so freundliche Miene machte.
> Zuerst beichtete ich meine kleinen Sünden. Doch er unterbrach mich mit der Frage: »Hast vielleicht gar Unkeuschheit getrieben?«
> Zitternd sprach ich: »Ja.«
> Er legte seine harten Wangen dicht an das Gitter und frage: »Mit wem?«
> »Mit dem Franzl.«
> »Wer ist das?«
> »Mein Bruder.«
> »Dein Bruder? So! So! Und vielleicht noch mit wem?«
> »Ja.«
> »Also?«
> »Mit dem Herrn Horak.«
> »Wer ist das?«

»Der Bierversilberer in unserem Haus.«

»Mit wem noch?« Seine Stimme bebte.

Ich musste das ganze Namensregister herzählen.

Er rührte sich nicht, als ich fertig war. Nach einer Pause frage er: »Wie hast du Unkeuschheit getrieben?«

Ich wusste nicht, was ich antworten sollte. Da herrschte er mich an: »Also, wie habt ihr's denn gemacht?«

»Mit … na …«, ich stotterte, »mit dem, was ich zwischen den Füßen …«

Er schüttelte den Kopf: »Habt ihr gevögelt?«

Mir kam das Wort in seinem Mund merkwürdig vor, aber ich sagte: »Ja.«

»Und hast du's auch in den Mund genommen?«

»Ja.«

»Und hast du dir's auch in den Arsch stecken lassen?«

»Ja.«

Er schnaufte und seufzte und sagte: »Ach Gott, ach Gott, mein Kind …, Todsünden …, Todsünden …«

Die junge Sünderin wird daraufhin zu einer speziellen Beichte bestellt, im Zuge derer sie die Gelegenheit bekommt, sich durch Wiederholung der Sünden von denselbigen zu reinigen.

Was die Autorenschaft angeht, wird viel gemunkelt. Mal sollen es Originalzitate von Josephine sein, die eine historische Hur' gewesen ist, mal soll Felix Salten, Schöpfer des herzallerliebsten »Bambi«, verantwortlich zeichnen. Vince meinte dazu, dass auch die Mutzenbacher so niedlich, drollig und possierlich sei, dass man sich das durchaus vorstellen könne.

Ich muss anmerken, dass ich einen meiner besten erotischen Träume hatte, nachdem ich die Jugenderinnerungen der Mutzenbacherin gelesen hatte. Hier sei auch noch Pietro Aretino empfohlen, ein italienischer Dichter und Schriftsteller der Renaissance. In dem Buch »Die Gespräche des göttlichen Pietro Aretino« lässt er Nanna von dem lasterhaften Treiben der Mönche erzählen:

Nun, der ehrwürdige Vater rief die drei Mönchlein heran und lehnte sich auf die Schulter des einen, der ein schlank aufgeschossener, zart gebauter Jüngling war. Von den beiden anderen ließ er sich das Hähnchen aus dem Nest holen – das aber ließ traurig das Köpfchen hängen. Doch der gewandteste und hübscheste von den beiden Brüderchen legte es auf seine flache Hand und streichelte es mit der anderen Hand, wie man einer Katze den Schwanz streichelt, bis sie vom Schnurren ins Fauchen gerät und sich schließlich nicht mehr halten lässt. Da richtete sich dann auch das Hähnchen stolz empor. Der wackere General aber kriegte die hübscheste und jüngste von den Nonnen zu packen, schlug ihr die Röcke über den Kopf zurück und ließ sie mit der Stirn auf die Bettstelle aufstützen. Dann hielt er mit seinen Händen sanft ihre Hinterbacken auseinander – es sah aus, wie wenn er die weißen Blätter seines Meßbuches aufschlüge – und betrachtete ganz hingerissen ihren Popo. Der war aber auch weder ein spitzes Knochengerüst noch ein wabbeliger Fettklumpen, sondern gerade die richtige Mitte: ein bißchen zittrig und schön rund und schimmernd wie beseeltes Elfenbein. (…)Ich war von all der Wonne des Zuschauens ganz aufgelöst und streichelte mein Mäuschen mit der Hand, wie im Januar die Katzen auf den Dächern den Steiß aneinanderreiben.

Eignet sich auch hervorragend zum Vorlesen.

Das würdige Begehren, darum kreisen die erotischen Strategien. Das geht vom Flirt zur Verführung, vom Akt bis hin zu den kleinsten Gesten. Die Übermittlung des Einzigartigen, auch bezüglich der sexuellen Existenz. Das, was nur am eigenen Leib vollzogen werden kann, muss sich wehren gegen die Einschreibungen des allgegenwärtig Pornographischen.

Fast niemand ist perfekt, total versiert und supergeil. Aber jeder hat das Recht auf Lust, Genuss und zärtliches Vergnügen, zu seinen eigenen Bedingungen.

Pornos sind mechanisch, meist ausgerichtet auf die schnellstmögliche Erzeugung von Lust. Doch echter Sex ist ein Spiel, das man zusammen spielt, mit immer neuen Regeln, die sich aus den wechselnden Formationen ergeben. Oder wie ein Kunstwerk, das man zusammen gestaltet. Manchmal ist es auch ein ganz und gar angenehmer Sport, um Himmels willen, es geht doch nur ums Vögeln.

Vor Pornos sitzt man oft wie das Kaninchen vor der Kobra, gebannt, die Verführung ist einseitig. Beim erotischen Spiel fließt das Begehren, und die Macht verteilt sich mehr oder weniger gleichmäßig. Hingeben. Genommen werden. Verführen. Nehmen. Doch Lust ist schamlos. Und abgründig, je nach Gusto.

Wenn Tony Bentley die Freuden des Analverkehrs beschreibt, ist man jenseits der Schicklichkeit. Allerdings, seit die in »Sex and the City« davon angefangen haben, ist es nicht mehr ganz so verpönt. Und in den Pornos kommt das sowieso dauernd vor. Wenn Catherine Millet davon schreibt, wie sie auf einer Tischplatte lag, mit einem Schwanz in ihrer Möse und einem anderen in ihrem Mund, von den zarten Eicheln, die währenddessen über ihre Brüste streichelten, dann ist man dort, wo die individuelle erotische Phantasie beginnt.

Die Selbstauslöschung, welche Pauline Réages Protagonistin in »Die Geschichte der O.« an sich vollziehen lässt, ist eigentlich schon auf der Seite des Unerklärbaren, Abartigen.

Doch unsere Lust und unsere sexuelle Identität sind eine Sache des Geschmacks, beurteilungsfrei; Lust ist geradezu ein Geschmacksurteil im kantischen Sinn, mag sie nun hetero-, homo- oder multisexuell sein. Die einzige, aber unabdingbare Forderung ist gegenseitiger Respekt und Zustimmung. Und Vergnügen, verdammt noch mal.

SusiPop erzählte mir einmal, wie sie einen Liebhaber, den sie noch gar nicht lange kannte, in Paris besuchte. Sie hatten sich in Berlin kennen gelernt, er war ein Künstler, den die Galerie, in der sie arbeitet, betreute.

»Wir waren etwas trinken, wir haben uns großartig unterhalten, er hat mir gefallen. Ich ihm auch. Er war nur einige Tage in Berlin, und während dieser Zeit hatten wir einfach phantastischen Sex. Eine wunderbare kleine Affäre.«

Ja ja, SusiPop. Wie sie das nur immer macht.

»Dann musste ich nach Paris fahren, um dort diese niederländische Malerin zu treffen, du weißt schon, und habe ihn gefragt, ob ich bei ihm wohnen kann. Natürlich konnte isch.« Sie lächelte vergnügt.

»Sein Appartement war im neunten Stock eines Hochhauses, mit einer riesigen Panoramafront. Irgendwann standen wir beide vor dem Fenster und vögelten ganz entspannt. Er stand hinter mir. Wir schauten beide aus dem Fenster und bemerkten plötzlich, dass unten zwei Jungs standen, die hochschauten und klatschten. Wir lachten, beide, und machten einfach weiter. Ich glaube, in diesem Moment beschlossen wir, dass wir uns mochten.«

2.1 Verführung

Neulich saß ich mit einem Mann in einem japanischen Restaurant. Irgendwann sagte er:

»Ich finde, Verführung ist eine ambivalente Sache. Ich schätze sie im Privaten, zwischen zwei Menschen, aber als Strategie halte ich sie für...«, er suchte nach dem richtigen Wort, »für irgendwie abstoßend.«

»Verführung ist immer schon ambivalent gewesen«, sagte ich, »besonders als Strategie. Das hat ja manchmal fast etwas Teuflisches, vielmehr, der Teufel verführt auch. Trotzdem habe ich einen anderen Begriff von Verführung, ich denke, Verführung ist etwas Positives. Man zeigt sich von seiner besten Seite.«

Er blickte mich aus seinen dunklen, langwimprigen Augen an.

»Ich habe eine Zeitlang unterrichtet, an der Uni. Meistens einen Haufen junger Mädchen. Darunter waren immer eine, zwei, die Verführung als Strategie gebraucht haben. Ich fand das widerlich. Und ich habe ihnen schlechte Noten gegeben.«

»Aber ist das schon Verführung? Haben die nicht einfach nur versucht zu schleimen?«

»Bei Verführung geht es um gerichtete Aufmerksamkeit. Schleimen ist mehr eine Geisteshaltung, denke ich, während Verführung den bewussten Gebrauch von gutem Aussehen, Intelligenz und Charme darstellt. Über all diese Dinge kann man verfügen, auch unbewusst, doch sobald man sie einsetzt, um etwas zu erreichen, tut man es mit Absicht.«

Ich spielte mit meinen Haaren und sah ihn lange an.

»Ich weiß nicht,« sagte ich, »was ist dann der Unterschied zwischen Menschen, die Verführung als Strategie benutzen, und sozialen Maschinen? Ich kenne solche Leute, sie sind besonders begabt darin, jedem, den sie treffen, ein gutes Gefühl zu geben.«

»Soziale Maschinen richten sich immer an die gesamte Gruppe, während Leute, die Verführung als Strategie benutzen, sich auf einen oder eine konzentrieren. Sie produzieren Glamour. Es geht darum, vom anderen geliebt und bewundert zu werden.«

Ich nickte und sagte: »Trotzdem habe ich eine andere Idee von Verführung. Jedenfalls dort, wo sie nicht Strategie ist. Nehmen wir also an, dass ich jetzt von der privaten Verführung spreche. An diesem Ort halte ich Verführung für etwas Produktives, Kreatives. Der Einzelne nimmt sich zusammen, gestaltet sich hin zu einem anderen.«

Der Sake kam. Wir stießen an. Ich sagte:

»Vielleicht ist meine Idee noch zu unschuldig. Ich denke mir Verführung als eine ästhetische Übermittlung der eigenen Persönlichkeit, die keinen weiteren Zweck hat. Diese Zwecklosigkeit ist das eigentlich Unschuldige.«

»Ich denke, dass man Verführung immer bewusst einsetzt. Ich glaube nicht an diese Unschuld.«

»Doch«, beharrte ich. »Wenn man jemandem gefallen möchte, ohne ihn zu zwingen. Oder wenn man ein Begehren bewusst inszeniert, mit keiner anderen Absicht als dem Begehren selbst. Aber du hast auch Recht, Bezauberung hat immer auch eine dunkle Seite.«

Er grinste und streichelte langsam meinen Handrücken. »Sehr dunkel.«

»Ich denke, Verführung ist dann interessant, wenn man sie

mit der Plumpheit eines zu offenherzigen Dekolltés vergleicht, mit der banalen Aufforderung eines zu kurzen Rockes. Gerade das Inszenierte, Verhüllende und dadurch auch mit der Erwartung Spielende ist viel erotischer. Eine gewisse – Verzögerung.«

Verführung kreist um die Frage des Begehrens. Wie inszeniert man sich als begehrenswert? Auf welche Weise bekommt man Aufmerksamkeit und hält gleichzeitig die Spannung aufrecht?

Verführung hat immer etwas Magisches, das ist ihre dunkle, strategische Seite. In seinem Buch »Die 24 Gesetze der Verführung« beschreibt Robert Greene, wie man Menschen manipuliert und gefügig oder abhängig macht. Verführung kann die Instantproduktion von Charisma sein, und es gibt einen Punkt, an dem das Gegenüber willenlos wird, erstarrt. Ein voyeuristischer Bann, wie er beispielsweise beim Strippen stattfindet. Verführung als erotische Strategie ist eine Technik oder eine Art des Weltzugangs, die nicht bewusst auf Manipulation abzielt. Sie stellt eher eine Einladung als eine Überwältigung dar.

So verstanden wäre Verführung die sinnlich-ästhetische Übermittlung von Persönlichkeit. Oder eine Art Grundgeste, eine individuelle Schwingung. Ein Lächeln kann die verführerischste Sache der Welt sein. Blicke, Handbewegungen, Körperformen. Wie man eine Zigarette raucht. Das Eidechsengesicht von König Gunter. Wie sich die Eisprinzessin manchmal durch die Haare fährt, ganz unbewusst. Das wunderbare, tiefe Lachen von SusiPop. Die schmalen Hände von Vince, wenn er sie endlich mal stillhält.

Es gibt die langsame Verführung, die fast beiläufige, und es gibt das punktgenaue Zugreifen – und einiges dazwischen. Ich persönlich schätze die Verführung, die sich Zeit lässt, das

Changieren zwischen der Gewissheit des Begehrens und Begehrtwerdens und einer selbstsicheren Lässigkeit. Ich habe auch festgestellt, dass vor allem die Lässigkeit, die immer wieder wie ein zarter Schleier über die eigene Performance gezogen wird, bei beiden Geschlechtern am besten ankommt.

Die *Hit-and-Fuck*-Variante ist vielleicht sogar die schwierigere. Ich bin daran schon schrecklich gescheitert. SusiPop beherrscht sie meisterhaft, sie ist einfach irgendwo, und irgendwann wird die immer schon latent vorhandene sexuelle Energie einfach aufgedreht und *Wham. Hit-and-Fuck* erfordert neben einer sofort abrufbaren Glamour-/Geilheitsproduktion auch Durchhaltevermögen und ein sicheres Auge. Das Letztere ist dann gefragt, wenn die Reihen sich, spätnachts, schon lichten und man zum einen seine Mission nicht vergessen darf und zum anderen sehr auf der Hut sein muss vor dem gefährlichen Phänomen des »Schönsaufens«.

Das ist uns allen schon passiert. Und vor allem – das *Schöndenken* ist noch viel gefährlicher.

Manchmal muss man aber auch auf der Hut sein vor dem Saufen an und für sich. Eines Sommers machte ich mich mit König Gunter, Flexter und der Eisprinzessin auf den Weg zur »Nation of Gondwana«, einem Open-Air-Festival außerhalb Berlins. Wir trugen dicke Sonnenbrillen, waren alle gut gelaunt, keiner hatte besondere Herzschmerzen oder sonstigen Kummer. Es war Zeit, das Leben zu genießen.

Davor hatten die Eisprinzessin und ich bei einem Ausflug Waldmeister entdeckt und noch in Berlin Vodka und Sekt gekauft. Denn die Legende besagt, dass Waldmeister eine euphorisierende, geradezu halluzinogene Wirkung besitzt. Wir rasteten auf einer mitgebrachten Decke, schauten dem Sommervolk zu, und ich fing an, die Drinks zu mixen. Zuerst hatte ich eine ordentliche Ladung von dem grünen Zeug in die Vodkaflasche gesteckt und diesen dann mit Sekt vermischt. Wir prosteten uns zu: »Auf das süße Leben.«

Das Open Air war klein, fast familiär. Man sah auch ab und zu Kinder, und es nervte nicht. Ich beobachtete ein kleines Mädchen auf seinem Fahrrad. Sein hellbraunes Haar schimmerte im Licht. Die ist aber süß, dachte ich milde. Flexter goss schon sein zweites Glas voll. Ich hatte gar nicht bemerkt, dass er das erste schon geleert hatte. König Gunter war aufgestanden, er hatte eine Bekannte entdeckt. Vielmehr, er war entdeckt worden. Die Eisprinzessin fing schon an, giftige Blicke in seine Richtung zu werfen, sie ist einfach zu biestig manchmal.

Dann tauchte vor unseren Augen ein blondes Elfchen auf, grazil, zart. »Hast du die gesehen?«, flüsterte die Eisprinzessin. »Die ist ja wunderschön. Mit der würde ich gerne knutschen.« Das Elfchen verschwand wieder. Wir tranken weiter. Es war ungefähr sechs Uhr abends, das Licht wurde langsam golden.

»Lass uns tanzen gehen«, sagte die Eisprinzessin, und ich erhob mich und folgte ihr. Sie liebt elektronische Musik, nein, eher Techno. Dann steht sie da und wiegt ihre langen Arme im Takt und bewegt sich nur ein bisschen. Ich hänge lieber an der Bar ab. Meistens. Aber heute war es ein großes Vergnügen, zu tanzen. Die Musik war mittelmäßig, aber sie hatte Bass, und die Leute waren begeistert, auf eine unaufdringliche Art. Es roch nach Gras. Man traf Bekannte.

Flexter wankte vorbei und goss sich Vodka nach. Täuschte ich mich, oder sah er schon ein bisschen grün aus? Die Eisprinzessin tanzte selbstvergessen, doch strategisch günstig in der Nähe des Elfchens. König Gunter hatte sich auch zur Tanzfläche begeben, er saß an deren Rand auf unserer Decke und unterhielt sich mit einer kuhäugigen Brünetten. Das Licht wurde immer goldener. Ich war wirklich gut gelaunt. So friedlich. Und glücklich. Das war doch nicht etwa der Waldmeister?

Die Eisprinzessin hatte sich unterdessen daran gemacht, das Elfchen zu verfolgen. Es schien ihr ernst zu sein. Davor hatte sie sich noch ein Glas eingeschenkt. Flexter war in der Zwischenzeit neben König Gunter niedergesunken und regte sich kaum. Dort verblieb er eine ganze Weile, bewegungslos. Dann erhob er sich hastig, beugte sich ein wenig vor und kotzte auf die Decke und den Rasen. Die Brünette machte, dass sie wegkam.

König Gunter schleppte den halb Bewusstlosen schließlich zum Auto, während sie immer wieder stehen bleiben mussten. Flexter war vergiftet. Am Auto angekommen merkten wir dann, dass die Eisprinzessin auch schon da war. Vielmehr, sie kam gerade aus dem Wald. Und röchelte. »Mir ist so schlecht.« Sie legte sich auf die Vordersitze, Flexter kollabierte auf der Rückbank. Ab und zu huschte die Eisprinzessin noch waldwärts, Flexter war komatös.

König Gunter und ich gingen die Decke waschen und amüsierten uns über diese jungen Dinger, die nichts vertragen. Alkohol ist gefährlich, besonders, was die Jagd angeht. Erst sinken die Hemmungen, und dann sinkt man selbst. Wenn es schlecht läuft, neben die Schüssel.

Das Elfchen tanzte noch immer. Leider allein.

Einmal lernte ich Bernd, den Bildhauer, kennen. Wir unterhielten uns ganz ausgezeichnet, und an einem bestimmten Punkt dachte ich mir: Ich hab Lust, mit dir ins Bett zu gehen. Aber nicht heute. Ich hatte ja Zeit.

An dem zweiten Abend, die Beute sondiert und das Setting perfekt für ein bisschen *Hit-and-Fuck*, machte ich alles falsch. Ein Grauen.

Zuerst ließ ich ihn eine halbe Stunde warten. Dann tauchte ich auf, gutgelaunt, und bestellte erst mal König Gunter, Flexter und die Eisprinzessin in die Bar, in der wir uns befanden. Auch einen Drink bestellte ich, und noch einen, und noch einen. Bernd, der Bildhauer, fand das nicht so gut. Außerdem wurde schnell klar, dass wir unterschiedliche Interessen hatten. Ich suggerierte ständig unterschwellig meine leichtfertige Bereitschaft, während er über seine Exfreundin sprach und über Liebe und Beziehung im Allgemeinen.

Ich trank mehr. Irgendwann kamen dann die anderen; Bernd, der Bildhauer, und die Eisprinzessin vertieften sich sofort in eine angeregte Unterhaltung. Er fand sie ganz bezaubernd. Und sagte irgendwann:

»Ach, ihr beiden zusammen, das ist wirklich großartig.«

Ich war mittlerweile ziemlich blau, König Gunter amüsierte sich prächtig und flirtete leichterdings mit einem schönen jungen Reh, Flexter war schon wieder abgehauen, weil er sich mit Vince treffen wollte, um noch richtig auszugehen.

Dann ging Bernd, der Bildhauer, und verabschiedete sich mit einem züchtigen Wangenküsschen. Die Wange der Eisprinzessin hatte er länger geküsst. Ich war still und trank meinen Drink aus, den wievielten auch immer, und dann stand ich irgendwann draußen vor dem Auto der Eisprinzessin und schrie in den grauen gleichgültigen Himmel:

»Ich bin so frustriert. So scheiße frustriert!«

Aber es war mir klar. So würde das nie was werden. Verführung ist die Kunst, sich über die eigenen Bedürfnisse und die des anderen klar zu werden und dementsprechend zu handeln. Jemand, der eine Beziehung sucht, wird sich nicht auf einen One-Night-Stand einlassen. Meistens jedenfalls nicht. Außer SusiPop versucht es, natürlich.

Verführung ist ein Prozess, der eigentlich nie aufhört, eine Lebensweise. Eine Form der Kommunikation, die unsere ganze Existenz transportiert. Denn nirgendwo legen wir uns so bloß und versuchen gleichzeitig, uns ins beste Licht zu rücken, wie bei dem Versuch, einen anderen von unseren Reizen zu überzeugen.

Aber wie stellt man das an, das mit dem Flirten?

Ich bin einfach schlecht im Abschleppen, das muss mal gesagt werden. Die langsame Verführung zwischen zwei Menschen, die sich ihres gegenseitigen Begehrens schon sicher sind, ist mehr mein Ding. Oder das nachlässige Warten, wenn ich weiß, dass alle Hingabe nur eine Frage der Zeit ist.

Lässigkeit scheint sowieso ein Wesentliches aller Verführung zu sein. Ich war ja ein bisschen unrelaxt, damals mit Bernd, dem Bildhauer. Dieser Entschluss »Da geh ich jetzt hin und nehme ihn/sie/einen/eine mit nach Hause«, das ist nichts für Weicheier. Oder Verwirrte. Darüber wird endlos viel geredet, aber nur wenige bringen es.

Und manchmal bricht es einem fast das Herz, dabei zuzusehen, wie es jemand versucht und scheitert.

Vince war in der Krise. Damals war er gerade sechsunddreißig geworden, und Frustration, Zukunftsangst und Anflüge zynischer Bitterkeit schlugen über ihm zusammen. Da half auch Koksen kaum. Nur saufen, ein bisschen. Und der feste Vorsatz, endlich mal wieder zu vögeln. Möglichst eine Zwanzigjährige, es war einfach unfassbar, dass man schon so alt war.

Vince sieht gut aus, wirklich. Besser gesagt, er kann gut aussehen. Wie bei den meisten empfindsamen Menschen besteht auch bei ihm ein direkter Zusammenhang zwischen Befindlichkeit und Style.

Damals sah er schlimm aus. Die Hose war zerknittert, das Hemd hatte die falsche Farbe, und darin steckte ein schwitzender Thirty-Something, der sich unter allen Umständen seiner Virilität versichern wollte. Ein Grauen.

Wir waren auf einer Privatparty. König Gunter hatte das aufgetan, und Vince, die Eisprinzessin und ich begleiteten ihn. Es ging darum, eine mögliche Anwärterin zu begutachten, eine Fotografin, die König Gunter bei der Recherche für einen seiner Artikel kennen gelernt hatte.

Es war schon ziemlich spät, als wir ankamen. Wir sorgten erst mal für etwas zu trinken. Die Eisprinzessin und ich hatten uns in eine Ecke zurückgezogen, um in Ruhe die Lage zu sondieren, doch schnell wurde klar, dass nichts Passendes dabei war. Aber wir hatten ja uns. Und konnten in Ruhe unsere Freunde beobachten. König Gunter sah toll aus an diesem Abend. Er trug ein dunkles Poloshirt und unterhielt sich anscheinend ausgezeichnet mit einer hübschen Dunkelhaarigen. Wir hatten sie begrüßt, es war die Fotografin. Die Eisprinzessin nörgelte etwas an ihr herum und verbreitete sich verächtlich über die geschmacklose Einrichtung, aber schnell wurde sie abgelenkt.

Vince torkelte durch den Raum. Auch er trug etwas Dunkles; er ging ganz in Schwarz, was wohl angemessen sein sollte. Und er hatte sich für Hosenträger entschieden. Sein Gang hatte etwas Fatalistisches. Junge Frauen erschauerten kurz, wenn er vorbeiging, und blickten schnell in eine andere Richtung. Was nichts half. Eine süße Blondine mit einem kecken T-Shirt, das irgendwie glitzerte, versuchte noch, sich hinter einer Freundin zu verstecken, aber es war zu spät. Lustig fasste Vince sie um die Taille, stieß sein Glas gegen das ihre und begann sie zuzulabern.

Die Eisprinzessin trank hektisch einen Schluck. Und starrte.

Seit sie und Vince einmal flirthalber aneinandergeraten waren, hatte sie eine gewisse Ungnädigkeit ihm gegenüber entwickelt. Der Oberkörper der Blonden bewegte sich automatisch von ihm weg, aber er setzte nach. Dann stieß er mit ihrer Freundin an, die wohl schon dachte, dass sie irgendwie davongekommen sei. Er versprühte eine schwitzende gute Laune, aber selbst ich konnte sehen, dass er eigentlich nur mit den Titten der Blonden redete. Die Mädels schafften es irgendwie davonzukommen.

Vince zog weiter. Hey, er war doch Vince-Man, der DJ. Das war doch eigentlich schon genug. Nicht heute Abend. Man hätte ein Diagramm des Versagens zeichnen können anhand seines Zick-Zack-Kurses. Er sprach mit Lippen, Ärschen und Brüsten. Jeder zweite Gang führte zur Bar. Die Leute redeten schon. Die Eisprinzessin amüsierte sich. König Gunter war kurzzeitig verschwunden.

Vince hatte endlich das schmerzliche Schaulaufen aufgegeben und vegetierte in einer Ecke. Ich langweilte mich, aber es war lustig, die Eisprinzessin zu beobachten, wie sie Vince beobachtete. Ich trank zu viel. Irgendwie schafften wir es alle nach Hause.

»Also, diese Fotografin, ich weiß nicht«, sagte König Gunter. Wir gaben ihm Recht. Beschissene Party.

Die eigene Erscheinung ist Teil der verführerischen Lebensweise. Sich zu kennen, zu wissen, was zu einem passt, die eigenen Vorteile zu betonen. Es geht darum, welches Bild man von sich projiziert, auf welche Weise man Kontakt aufnimmt.

Dabei bezieht sich die Erscheinung nicht nur auf Äußerliches, sondern auch auf den momentanen Gemütszustand, die Energie, die man ausstrahlt. Denn Kommunikation findet auch außerhalb der Sprache statt; und die riechen es, die Männer und Frauen, wenn man mal wieder dringend poppen sollte. Wenn es einem guttäte. Wenn man seine Freunde schon seit Wochen mit dem eigenen Frust belästigt und auch sie sich nichts sehnlicher wünschen, als dass man endlich mal wieder genommen werde.

Meist kommt man in diesen Zustand nach dem Ende einer Beziehung. Man will sich der eigenen Attraktivität versichern, ist noch ganz fragil und angeschlagen und wartet darauf, dass das Leben wieder gut zu einem ist. Leider ist das Leben gemein, und Frust ein starkes Anti-Aphrodisiakum, und so wartet man, bis man verzweifelt. Doch hat man sich endlich damit abgefunden und geht gemess'nen Schrittes in den blassgrauen Niederungen der Resignation umher, wohlwissend, dass man den Rest seines Lebens in Keuschheit verbringen wird, da …

Auf einmal passiert etwas. Und man ist wieder im Geschäft.

Andererseits wirkt nichts anziehender als ein befriedigtes Lächeln. König Gunter versuchte einmal, sich von einer schwierig-schmerzlichen Geschichte zu erholen, und fing an, ein bisschen herumzuvögeln. Plötzlich fanden sich Heerscharen von Frauen, die an sein Fenster klopften, auch die Eine, Unentschlossene darunter, und er hatte die Qual der Wahl.

Das Begehrtwerden kommt in Wellen, die oft wenig mit dem eigenen Zustand korrespondieren. Wenn wir glücklich sind und befriedigt, wittern das die Menschen, und es macht uns attraktiv. Der säuerliche Geruch fortlaufender Frustration hingegen wird meist gemieden. Und gerade dann hätte man es doch so nötig!

Eigentlich ist Verführung der fortlaufende Versuch, Schönheit zu produzieren und diese auch im anderen zu entdecken. Schönheit hat hier sowohl eine ästhetische als auch eine existenzielle Dimension.

Der hässliche, kleinwüchsige Sartre, der ein zweifelhaftes Verhältnis zu persönlicher Hygiene hatte, schlief mit den schönsten Frauen. Intelligenz ist verführerisch, Humor, Geist. Es ist verführerisch, sich in seinem Körper wohlzufühlen, gleichgültig, wie er beschaffen ist. Und es ist ungemein verführerisch, wenn man wahrgenommen wird.

Komplimente sind der Schlüssel zur menschlichen Evolution, schrieb Norman Spinnrad. Sie entdecken das Besondere, Einzigartige an einem Menschen und benennen es. Sie machen den anderen kostbar, und damit auch sich selbst. Das gilt natürlich nur für Komplimente, die ein spontanes, aber echt empfundenes Entzücken über einen anderen ausdrücken. Und irgendwie originell sind. »*Wow*, hast du 'nen geilen Arsch« ist vielleicht lieb gemeint, aber nicht überzeugend.

Ehrlichkeit und ein liebevolles Verhältnis zu seiner Umwelt sind Grundvoraussetzungen dafür, einen anderen Menschen zu verführen, ohne ihn zu manipulieren. Wenn man die Memoiren Giacomo Casanovas liest, fällt die Behutsamkeit auf, die respektvolle Freude, mit der er über seine Eroberungen berichtet. Er entblößte nie die Frauen, mit denen er schlief. Auch nach der Verführung nahm er noch Anteil an ihrer Existenz, trug Sorge. Das ist auch die einzige Möglichkeit, ein polygames Leben zu führen. Man trifft sich in gegenseitigem Einvernehmen, erfreut sich aneinander und trennt sich in gegenseitigem Respekt. Viele große Verführerinnen beherrschen diese Kunst. Auch wenn Catherine Millet, Annie Ernaux oder, endlich mal keine Französin, Toni Bentley darüber schreiben, wird stets die Würde des anderen gewahrt. Ein liebevolles Eingedenken hält die Balance zwischen Vergangenheit und Zukunft.

SusiPop beherrscht das meisterlich. Ihre Geschichten lassen viel Raum zwischen dem, was gewesen ist, und dem, was erzählt wird. Sie schafft es, zugleich mitteilsam und unglaublich diskret zu sein. Und so vergnügt sie uns immer wieder mit den besten Stories, die inspirierend sind und liebevoll, aber stets im Unklaren lassen, wie es denn genau gewesen ist.

Was auffällt beim Thema Erotik und Verführung ist die Präsenz der französischen Literatur. Die haben das irgendwie ziemlich gut drauf, diese Franzosen:

> Als Kind bekam ich immer Komplimente für meine großen Augen; sie sind dunkelbraun und fielen auf. Mit dem Größerwerden verloren meine Augen in meinem Gesicht proportional an Bedeutung, und es schlug in mir eine große narzisstische Wunde, als ich feststellen musste, dass man im Erwachsenenalter nicht mehr so viel Aufhebens darum macht. Also setzte ich als möglichen Anziehungspunkt auf meinen Mund, den ich schön geschwungen fand. Ich habe mir angewöhnt, ihn weit aufzumachen, wenn ich die Augen schloss, wenigstens in bestimmten Situationen, während ich mir gleichzeitig eine Vorstellung von meinem Hintern machte, eine Rundung, die umso auffälliger ist, als meine Taille schmal ist.

Das schreibt Catherine Millet, die einen lässigen Pragmatismus im Umgang mit der eigenen Körperlichkeit demonstriert, der ungemein anziehend ist. Das Anerkennen der ästhetischen Dimension besteht im Betonen der eigenen Vorteile und der schonungslosen Beurteilung der jeweiligen körperlichen Unzulänglichkeiten. Daraus resultiert Selbstgewissheit, die verführerisch ist. Jeder von uns hat schönere und weniger schöne Stellen.

Meine Brüste sind klein. Als ich ein Teenager war, führte ich alle sexuellen Zurückweisungen auf meinen Mangel an Oberweite zurück. Ich züchtete ein entzückendes Trauma, und es fällt mir schwer, mich daran zu erinnern, wann ich es ablegte. Ich weiß nur, dass ich irgendwann damit anfing, mich oben ohne zu sonnen, dass Männer, meine Brüste in ihren Händen wiegend, ihre Schönheit und Eigentümlichkeit priesen, dass Zungen meine Nippel freisprachen von allem Verdacht. Und vor allem – es sind meine. Sie passen zu mir. Mittlerweile habe ich wohligen Frieden geschlossen. Ich mag hingegen die Farbe meiner Augen und den Schwung meiner Lippen. Und ich liebe es, mich zu schminken.

Das ist noch ein süßer Naturalismus, der da aus mir spricht. Welch erregende Vorstellung, Schöpfer seiner selbst zu sein, die Faktizität des Fleisches selbst in die Hand zu nehmen. Aber meine einzige Vorstellung von Vollkommenheit war stets, vollkommen ich selbst zu sein. Meinen Körper zu bewohnen, anstatt ihn zu verändern. Ich könnte diese Fremde nicht zulassen, die alles Operieren mit sich bringt. Die Fremde, die Farben und Puder auf meinem Gesicht anrichten, ist mir ungleich vertrauter.

Wenn ich oben bin, achte ich darauf, den Kopf nicht zu weit zu senken. Selbst wenn ich mein Gesicht nicht sehr ausdrucksvoll ist, finde ich, dass es an Profil verliert, und ich will meinem Partner keine Hängebacken präsentieren, falls er die Augen offen hat.

Die ästhetische Forderung bis zum Akt selbst zu tragen muss nicht jedermanns Sache sein. Jedoch beinhaltet diese Inszenierung des Erlebten, diese Verfeinerung der Performance eine anziehende Ebene der Selbstgestaltung. Die im Widerspruch steht zu dem großartigen Vergnügen, sich einfach fallen zu lassen. Zumindest wenn es um den Höhepunkt geht, kann ich mir nur schwerlich vorstellen, mir über meinen Gesichtsausdruck Gedanken zu machen.

Gleichzeitig verweist dieses zweite Zitat aus »Das sexuelle Leben der Catherine M.« auf die visuelle Dimension des Erotischen. Hier hat auch die pornographische Ikonographie einen interessanten Platz. Es kann ungemein erregend sein, eine visuelle Erwartung zu befriedigen. Und sich ganz und gar in der Lust an der Bildwerdung zu suhlen.

Wenn man jemanden verführt, erschafft man einen gemeinsamen Raum, ein Feld knisternder Energie. Man kreiert *Complicité*. Hier umfasst eigentlich nur die französische Wortvariante die Dimension des Liebevollen, Spielerischen, um die es geht. *Complicité* betrifft sowohl das Geschehen außerhalb als auch innerhalb des Schlafzimmers. Ich habe es erlebt, dass sich sogar die Dinge mitverschworen, aneinandergeschmiegte Pullover, Stifte in zweideutigen Posen, sich verhakende Schlüssel, sich umarmende Bücher, zärtliche Arrangements von genossenem Essen, sie alle schreien: Vereinigung!

Die gesamte Umwelt nimmt Anteil an echtem Begehren. Der Philosoph Walter Benjamin sprach von der Allegorie, welche die missachteten Dinge dem Vergessen entreißt und ihnen für einen Augenblick, in einer bestimmten Konstellation, Ewigkeit verleiht. Denn zur Allegorie werden die sich umschlingenden Kleider, kleine Kunstwerke aus hastig abgestreiften Schlüpfern, zusammengerollten Socken und achtlos beiseitegetanen Oberteilen. Flüchtige Installationen des Begehrens.

Auch Räume tragen die Spuren dessen, was in ihnen getan wurde, der Akte. Gerne sitze ich in meinem Wohnzimmer auf dem grünen Sessel, der selbst schon Erinnerungen birgt, und male mir die unsichtbaren Pfade aus, den morphologischen Nachhall, Schicht um Schicht, bis der ganze Raum erfüllt ist von den Spuren meines Fleisches. Zeugen meiner Existenz. Es ist eine Art Weihe meiner Räumlichkeiten, eine *Complicité* mit dem Küchentisch, ein spöttisches Lächeln dem blauen Teppich meines Flures gegenüber, eine nachlässige Würdigung meiner Badewanne.

Complicité hat auch etwas mit Liebe zu tun. Mit Liebe und einem gemeinsamen Blick auf die Welt, so kurz er auch dauern mag.

Ich erinnere mich, dass ich mich darüber einmal mit Stefano unterhielt, einem großen Verführer. Stefano ist über sechzig, ein reicher, geschmeidiger und ungemein charmanter Italiener, der sein Leben mit Reisen, Kunst und Frauen verbracht hat.

»Von allen Frauen«, sagte er, »habe ich die immer am meisten geschätzt, bei denen sich etwas wie *Complicité* entwickelt hat. Das bedeutet auch, dass man gemeinsam die Schönheit einer anderen Frau beurteilen kann. Ein geteiltes Verständnis.«

»Oder die Schönheit eines Mannes«, sagte ich.

Stefano betrübte es, wenn man ihm achtlose Jagdgeschichten erzählte, mochten sie auch von einer Eroberung berichten.

»Sag doch, dass es wenigstens ein kleine Liebesgeschichte war, *une petite histoire d'amour.*«

Denn Verführung bedeutet auch, sich ein wenig in den anderen zu verlieben, sich in etwas ihn oder sie Betreffendes zu verlieben, denn um zu verführen, muss man bezaubert sein von dem, was man da vorfindet. Es ist ein Leichtes, mehrere Menschen gleichzeitig zu lieben, zu begehren, aber diese Dimension der jeweils besonderen Zärtlichkeit ist das, was zwei Menschen miteinander verbindet, mag es sich auch nur um ein flüchtiges Abenteuer handeln. Vielleicht ist es auch eine besondere Art von Sprache, die man gemeinsam entwickelt, die zwei Körper immer miteinander entwickeln, wenn man sie lässt.

Und es ist abstoßend, vor allem in diesem Bereich, auf Routinen zu treffen. Schnell ist man bei der gemeinsamen Masturbation. Wenn man nur seine eigenen Projektionen fickt und den anderen als Erfüllungsgehilfen für die eigene Lust gebraucht. Wenn das Begehren nicht auf den anderen und seine Lust gerichtet ist, sondern nur darauf, was die Gegenwart eines fast austauschbaren Körpers mit einem selbst anstellt. Eine Art absoluter Einsamkeit bei größtmöglicher körperlicher Nähe.

Wir unterscheiden uns in unserer jeweiligen Art und Weise, diesen gemeinsamen Raum zu erzeugen. Ich denke manchmal, dass dies die unterschiedlichen Waren sind, die wir anzubieten haben. Und hier verschwimmen auch die Grenzen zwischen Persönlichkeit und Strategie.

Die Eisprinzessin beherrscht es meisterhaft, stets in einer kühlen Distanz zu verharren, eine ständige Abwesenheit bei gleichzeitiger Zuwendung. Und der andere ist bemüht, den frei werdenden Raum mit seinem Begehren zu füllen, in das er sich dadurch umso mehr verstrickt. Gleichzeitig weiß sie sehr genau, was sie will. Hübsche Jungs. Sie hat viel Erfahrung mit dieser speziellen Spezies. Sie offeriert einen inneren, leeren, gleichmütigen Raum, in welchen die schönen Männer alles hineinprojizieren können, was sie suchen. Und dann lächelt sie gleichgültig und sagt kluge, seltsame Dinge oder analysiert die Anwesenden oder erzählt ungemein unterhaltsame Geschichten, und die Männer sind ganz und gar hingerissen.

König Gunter ist sowohl bestimmt als auch spontan. Zum einen sieht er gut aus, und dem begegnet er genau mit dem richtigen Verhältnis aus Pflege und Nachlässigkeit. Außerdem ist er klug und gebildet und witzig. Wenn er lächelnd an der Bar steht, ist das allein schon sehr anziehend. Zum anderen sucht er sich die Frauen sehr genau aus und ist gleichzeitig ungemein sensibel für weibliche Aufmerksamkeit. Das führt zu einem endlosen Strom aus romantischen Geschichten, »Hast du gesehen, wie sie mich beobachtet?«, »Sie hat eine Hand so lange auf meinem Hals gelegt« und so weiter. Gerade diese spezielle Aufmerksamkeit ist sehr verführerisch. Wahrgenommen werden. Auch beim Flirten muss man erst mal Platz schaffen in sich, und den anderen dann wortlos auffordern, näher zu treten.

Oder man sieht toll aus und schwitzt Schönheit aus allen Poren. Zwei Freunde von mir sind Barkeeper, hübsche Jungs, das ist eine unschlagbare Kombi. Die Drinks rüberreichen und lässig so tun, als wüsste man nicht, wie sexy man eigentlich ist. Gerne schaue ich ihnen dabei zu. Einmal saß ich in einem Club herum, wo die beiden bedienten, und es kam ein sehr junges blondes Ding auf mich zu, die neue Freundin eines Bekannten. Leider hatte sie ein bisschen Ecstasy geschluckt und fing an, mir stolz von ihrer Bekanntschaft mit den beiden zu erzählen.

»Ja, die kenn ich«, sagte sie und grinste.

»Aha«, sagte ich.

Ecstasy ist ein wenig unvorteilhaft für die Mimik. Bei allem Fun, man sieht einfach dümmlich aus.

»Ich war mit beiden im Bett«, verkündete sie dann vertraulich.

Wow, dachte ich mir, nacheinander oder gleichzeitig? Die Welt ist einfach ungerecht. Vielleicht sollte ich mal an einer Bar arbeiten.

»Der eine hat dann einfach nicht mehr angerufen«, sagte sie. Wie das nur passieren konnte. Gott sei Dank tauchte ihr Freund auf und nahm sie wieder mit. Ich ging zur Bar und musterte die beiden. Wirklich verdammt sexy.

Flexter wiederum ist charmant und verspielt. Gut gelaunt. Anhänglich und ein bisschen sentimental, vor allem, wenn er getrunken hat. Er signalisiert dann Bereitschaft und will mitgenommen werden. Er hat mir von Pflanzenkapseln erzählt, die aphrodisierend wirken sollen, und von den großartigen Abenden, die ihm das schon bescherte. Dadurch geht er eine Art Pakt ein mit den Stunden, die vor ihm liegen.

Bereitschaft. Ein wichtiger Teil der Verführung. Man muss in der Lage sein, auf das Unerwartete zu reagieren.

SusiPop beispielsweise ist eigentlich immer bereit. Nicht für Männer, sondern für Ereignisse. Für die Möglichkeit, etwas zu erleben. Sie ist klug und schön und unkompliziert, auf den ersten Blick und für die erste Nacht wenigstens, und von besonderer Saftigkeit. Die Männer können einfach nicht mehr, wenn meine bezaubernde Freundin auf Beutezug geht. Sie ist fast immer total relax. Sie liebt Sex. Sie sucht sich die Männer aus und lässt diese dann den ersten Schritt machen. Ihr Lachen ist wunderbar. Ihre Trefferquote liegt bei über neunzig Prozent.

Ein anderes zentrales Element ist die Bestimmtheit. Es gibt wenig, das mehr abturnt als Unentschlossenheit. In Catherine Breillats Film »Romance X« gibt es eine Szene, wo die Protagonistin in der Wohnung ihres Vorgesetzten ist. Sie ist jung und schön, und er ist ein recht unscheinbarer Mann mittleren Alters. Sie lehnt in einem Türrahmen, und plötzlich, auf einmal, ist seine Hand unter ihrem Rock. Und er sagt:

Hier … Du kannst es gar nicht fassen, meine Finger an deiner Muschi … Und doch tue ich es. Ich habe nicht einmal Lust, und du bist schon feucht. Weil du es nicht fasst, dass ich es bin. So läuft das. Schöne Frauen lassen sich gerne von hässlichen Männer nehmen. Das sagt natürlich keiner. Eine

Bewegung ist nötig. Und diese Bewegung ist nicht Mann und Frau… Das wäre zu simpel. Diese Bewegung ist das Schöne und das Hässliche. Schönheit nährt sich vom Schändlichen, reibt sich an ihm. Und ich bin da, ich profitiere davon. So läuft das. Ich bin ein Geschenk.

Erotik lebt von den Reibungen, die sich aus Gegensätzen ergeben. Was soll schon groß passieren, wenn Ken mit Barbie ins Bett geht? Unsere Vorlieben, vielmehr, das geheime Theater, das sich hinter unseren Augen abspielt, weisen oft weit fort von dem, was wir zu sein scheinen.

Und man muss wissen, was man da tut. Eine Hand unter meinem Rock, die nicht wüsste, wo und wie sie mich zu berühren hätte, würde größte Empörung auslösen. Nur das Kundige führt zur lustvollen Kapitulation.

Vor lauter Sexywerden vergisst man gerne, dass Sex an und für sich eine sportliche Kunst ist. Und dass es der Hingabe, des Könnens und der Leidenschaft bedarf, hier eine befriedigende Performance abzuliefern.

Aber wir müssen gar nichts abliefern, oder? Nieder mit dem Leistungsdruck! Der Fotograf Terry Richardson sagte einmal: »Sex bedeutet, niemals Entschuldigung sagen zu müssen.«

Das hat mir gut gefallen, dieses Zitat. Ich erwähnte es einem Mann gegenüber, der daraufhin lachen musste. »Aber wenn ich beispielsweise schon nach drei Minuten zum Samenerguss komme, was einfach meistens nicht reicht für den weiblichen Orgasmus, dann sage ich schon Entschuldigung. Gerade, wenn es nur um Sex geht, hat man schon Erwartungen an den anderen. Und eine kleine Verpflichtung, diese auch zu erfüllen.«

Das gefiel mir auch.

Bei aller Verführung, die auf das Begehren eines anderen gerichtet ist, gibt es immer einen Punkt des absoluten »Hier und Jetzt«. Ob man nun einen Fremden mit seinen Reizen zu bezaubern sucht oder einen schon Vertrauen erneut davon überzeugen will, es gibt den magischen Moment. Elvis sagt dazu:

When we kiss my heart's on fire
Burning with a strange desire
And I know each time I kiss you
That your heart's on fire too
So my darling please surrender
All your love so warm and tender
Let me hold you in my arms, dear
While the moon shines bright above
All the stars will tell the story
All the love and all this glory
Let us take this night of magic
And make it a night of love
Would you please surrender to me
Your lips, your arms, your heart, dear
Be mine forever
Be mine tooooonight.

Die fordernden Bässe, die triumphierenden Trompeten und der selbstgewisse Loop unterstreichen die Unbedingtheit des Wollens. Mag seine Stimme noch so schmeicheln, von der magischen Nacht und den Sternen singen, die Sache ist klar. Hoffentlich.

Cock- oder Pussyteasing finde ich unfein. Hier geht es nicht darum, ein offenherziges Outfit zu tragen, das heuchlerische Dummköpfe zu der Aussage verleiten könnte: »Aber sie wollte

120

es doch auch.« Man kann flirten, verführerisch sein, sich aufreizend kleiden oder gebärden, alles kein Problem.

Was aber auch nicht ganz richtig ist. Vor allem, seit wir alle so unfassbar sexy geworden sind. Und diese abgeklärte Attitüde verinnerlicht haben. Flexter erzählte mir von diesem scharfen Girl, das er in einer Berliner Sommernacht traf. Ihre Augen blitzen, die Ohrringe funkelten, das Top war knapp und die Sprache frivol. Sie landeten in der Bar 25, Flexters Kumpel hatte es auf sich genommen, sich mit der minder hübschen Begleitung zu unterhalten, und Flexter versuchte unterdessen, die Sache, die doch so klar und einfach schien, unter Dach und Fach zu bringen.

»Sie war so sexy. So frech«, sagte er. »Sie hat mich echt angemacht am Anfang. Was soll man denn da denken?«

Aber die Kleine wollte nicht küssen. Geschweige denn etwas anderes. Sie saß neben meinem armen Freund, der sich seiner Eroberung so sicher gewesen war, und fing an, von ihren alten Geschichten zu erzählen. Von ihren Verletzungen, dem Versuch, wieder bei sich zu sein. Flexter hörte zu, genervt; ab und zu glitzerte ihr Top noch im künstlichen Licht.

»Ich hab mich so gut unterhalten«, sagte sie am Ende.

Flexter nickte gequält und machte, dass er davonkam.

Es gibt diesen Moment, in dem man eine Vereinbarung trifft. Es kann sehr böse sein, heiße Küsse zu tauschen und sich danach zu verweigern.

Wir saßen schon recht eng beieinander, an diesem Frühlingsabend, ich und der schöne junge Mann mit den dunklen grünen Augen. Ich verzehrte mich vor Verlangen, es war eine betäubende Mischung aus Geilheit, Eroberungswillen und absolutem Hingerissensein.

Er wusste es. Was die Sache nicht einfacher machte. Ich lächelte grimmig mit meinem roten Mund und bestellte noch einen Vodka. Die Bar hatte sich schon geleert, nur noch Leute mit Mission, welcher Art sie auch sein mochte, verblieben an der großen Bar oder an den Tischen.

Zu uns setzte sich unaufgefordert ein jovialer Ami, der versuchte, ein Gespräch anzuknüpfen. Er platzte mitten hinein in unser subtiles Taktieren, denn das Begehren war durchaus nicht einseitig. Wir rückten näher zusammen. Er legte eine Hand an meine Hüfte, und ich umfasste seine Schulter. Wir küssten uns, endlich küssten wir uns, für eine ganze Weile. Das stopfte diesem aufdringlichen Amerikaner das Maul, das sich an uns festlabern wollte. Instant-Intimität ist ein guter Schutzschild. Und äußere Einflüsse sind ein guter Katalysator.

Wir ließen voneinander. Und orderten noch einen Drink. Mut, Mut, wie viel Mut es immer braucht, sich hinzugeben. Aber diesmal war es nicht genug. Schon zog er sich wieder zurück, ich nippte hastig an meinem Longdrink, es half nicht, nur noch ein müdes sanftes Streicheln, das manchmal aufwallte. Dann küssten wir uns wieder, wilder, es schien, als wären wir uns einig. Immer leerer wurde es, und auch wir begannen, uns zu erheben.

Vor der Türe, wieder fand eine gewisse Entfernung statt, sagte ich:

»Komm mit zu mir.«

Er zierte sich.

»Jetzt komm schon.«

Er lachte, ein wenig heiser, und sah mir in die Augen. »Herrgottsack«, sagte ich, meiner bayerischen Herkunft gedenkend, »jetzt komm endlich mit.«

»Nein«, sagte er nach einer Weile, »ich kann nicht.«

»Au revoir«, sagte ich, drehte mich um und stieg in ein Taxi, das dankenswerterweise vorbeifuhr. Späte Würde kleidet, ein wenig. Ich kochte vor Wut. Und vor Verlangen. Das war doch alles nicht zu fassen.

Manchmal sind der Respekt vor dem anderen und die Anerkennung seiner sexuellen Reize ein und dasselbe. Oder wie die Protagonistin in »Romance X« sagte: »Von einem Mann, der eine Frau bumst, heißt es im Volksmund, er ehrt sie. Paul entehrt mich.« Und sie weinte in der Dunkelheit, bis sie aufstand, sich anzog und auf die Jagd ging.

Trotzdem, es ist doch nur ein Spiel, das man spielt. Und der Reiz einer Verführung liegt eben oft in der Verzögerung. Manchmal auch in Erwartungen, die nicht erfüllt werden. Denn sie könnten sich irgendwann doch erfüllen. Gerade das, was sich entzieht, erscheint umso wertvoller. Und es ist schändlicherweise wahr, dass ein wenig Zurückweisung am richtigen Ort das Begehren umso mehr entfachen kann.

Ich würde es beim nächsten Mal besser anstellen. Wichtig war, nicht zu vergessen, dass Männer ein Problem mit fordernden Frauen haben. Es gibt die Theorie, dass die Frauen immer die seien, die aussuchten, im ersten Sekundenbruchteil unter den anstürmenden, na ja, wenn man einen phantastischen Tag hat, also unter den anstürmenden Horden den einen bestimmten, der sich dann um sie bemühen dürfe.

Aber das wollen sie, die Männer. Sich bemühen. Erobern. Mögen sie sich auch als Kavaliere empfinden, sie brauchen das Gefühl, dass sie die Entscheidung getroffen haben, dass sie es sind, die die Beute erlegen. Die meisten Männer hassen es, sich als Beute zu fühlen. Und sind gelangweilt von Frauen, die allzu offensichtlich ihr Interesse bekunden. Das stand leider nicht in den Emanzipationshandbüchern, und ich beispielsweise muss mir das immer wieder vorsagen.

Kunstvolle Verführung lässt dem anderen immer den Raum,

seine Weiblichkeit/Männlichkeit zu inszenieren. Für mich war es Zeit, rumzustehen und gut auszusehen. Und ein wenig Desinteresse zu signalisieren. Denn kostbar werden uns nur die Wege, die wir selbst zurücklegen müssen. Und nur das, was uns nicht ganz gehört, scheint es wert, sich darum zu bemühen.

Totale Preisgabe und gar zu kuschlige Intimität sind der Tod aller sexuellen Spannung. Der Wärmetod, so nennt es mein Vater. Der französische Philosoph Baudrillard sagt dazu:

Man kann sich nur darauf besinnen, dass Verführung auf der Bewahrung der Fremdheit beruht, auf der Unversöhnlichkeit. Man darf sich nicht mit seinem Körper versöhnen, noch mit sich selbst, man darf sich nicht mit dem anderen versöhnen, man darf sich nicht mit der Natur versöhnen, man darf das Weibliche nicht mit dem Männlichen versöhnen, noch das Gute mit dem Bösen. Darin lieg das Geheimnis einer fremdartigen Anziehungskraft.

2.2 Verfeinerungen

Die üppige Frau, vorgestellt als Devillia de Dallas, singt mit rauchiger Stimme: »*Have you already guessed my name?*« Sie trägt ein schwarzes Negligé, einen federgeschmückten schwarzen Hut mit kleinem Schleier, armlange Handschuhe und Strapse. Die kleine Bühne des Bethnam Green Working Men's Club wird beleuchtet von einem Herz aus gelben Glühbirnen.

Devillia entledigt sich ihres Negligés und langsam, sinnlich-professionell auch ihrer Handschuhe. Dann spielt sie mit den Trägern ihres BHs, zieht ihn aus und zeigt dem Publikum ihre ringgeschmückten Nippel, an denen lange Troddeln hängen, unentbehrliches Accessoire jedes burlesquen Strips. *Good old nipple-tassels.* Sie wendet sich ab, das Publikum ist gespannt, für einen Moment scheint ein Feuer auf, und als sie sich wieder umdreht, stehen die Enden des Nippelbehangs in Flammen. Sie schwingt ihre Brüste, und die Troddeln ziehen feurige Kreise vor ihrem schwellenden Dekolleté. Im Uhrzeigersinn, und dann andersherum. Das Publikum klatscht und schreit begeistert, und ich sehe meine englische Freundin Lily an, die lächelt, und wir rufen beide: »Whoohoohoo.«

Einige Tage zuvor, ich war gerade in London angekommen, sagte Lily:

»Heute Abend gehen wir in den Coco-Club, eine Freundin von mir steht auf der Bühne, eine burlesque Show. Heute ist da Lesbenabend.«

Ich sagte: »Oh yeah baby«, und wir überlegten, was wir anziehen sollten. *Burlesque Events* sind eine gute Gelegenheit, mal wieder seriös glamourös auszusehen, und wir inspizierten kritisch unsere Garderoben.

Lily entschied sich für ein Cocktailkleid mit rotem Gürtel und einen wundervollen roten Hut aus den Dreißigern. Ich trug eine Weste mit Frack und Kniebundhose und hochhackige schwarze Stiefel. Wohlgelaunt, eine Duftwolke hinter uns herziehend, besuchten wir noch einige Bars und trafen gegen Mitternacht im Coco-Club ein. Als wir die marmornen Treppen hochstiegen und von der geschwungenen Brüstung auf den riesigen barocken Saal hinunterblickten, sagte Lily:

»*Wow*. Und alles voller Frauen.«

Ich sagte: »Was willst du trinken, Darling?«, und nachdem wir uns mit Vodka-Cranberry versorgt hatten, begaben wir uns auf den Dancefloor.

Die Stimmung war charmant, frivol und seltsam zärtlich. Solidarisch? Auf den ersten Blick sah man viele Männer, tatsächlich gab es auch einige, aber es waren vor allem die Butch-Girls, die diesen Eindruck erweckten. Fast alle hatten sich herausgeputzt, Korsagen, Flügel und Federboas dominierten. Und die Farbe Rot.

Irgendwann machte ich mich auf den Weg zum Waschraum, vorbei an vergnügten Frauen. Als ich wiederkam, stand Lily auf der Bühne, wo gerade das beste Kostüm gekürt wurde. Ach Lily. Manchmal erinnert sie mich an ein Kätzchen, egoistisch, verspielt und anschmiegsam. Auf eine entzückende Weise eitel und doch sehr liebevoll. Ich wusste nicht, wie sie das wieder angestellt hatte, aber dort stand sie, neben einem Transvestiten in roter Korsage und einer Schönheit im Prinzessinnenballkleid. Dann tänzelte sie über die Bühne und lüftete ihren Cocktaildress. Ihre Wangen glühten im gleichen Rot wie das Hütchen.

Als die Siegerin gekürt worden war, es war ein besonders prächtig gestylter Transvestit gewesen, und alle Kombattanten unter Applaus die Bühne verlassen hatten, begann die Show.

Spot on. Eine große, schlanke Frau betrat die Bühne, das kantige Gesicht perfekt geschminkt, mit Spazierstock und einem riesigen Hut, der mit weißen Federn geschmückt war. Über ihrer gepunkteten Korsage, die in den obligatorischen Strapsen endete, trug sie ein gestreiftes Bolero-Jäckchen. Sie bewegte sich würdevoll, schwang langsam ihre breiten Hüften, und nach und nach füllte sich die Bühne mit Ladies in ähnlicher Aufmachung. Eine trug ein besonders hübsches Rüschenhöschen, schwarz, mit weißen Punkten. Die Damen auf der Bühne zogen sich nicht weiter aus, sie posierten wie auf einem speziellen Spaziergang, elegant, aufreizend und unnahbar.

Darauf folgte ein Federtanz, eine Schwanen-Performance, ausgeführt von einer zierlichen Frau, die mit überdimensionierten Federgebinden über die Bühne schwebte.

Lily und ich tauschten entzückte Blicke.

Spot on, rotes Licht diesmal. Ein französischer Cancan ertönte, padam padam padam, und Frauen in klassischer Moulin-Rouge-Aufmachung rauschten auf die Bühne, um dort einen perfekten Reigen aus geschwungen netzbestrumpften Beinen und rotgefärbten Mündern aufzuführen.

Uns stockte der Atem. Das war verdammt professionell. Nicht wie diese räudige *Burlesque*-Peformance, die ich einmal in Berlin gesehen hatte, in deren Verlauf irgendwelche Besoffenen »Ausziehen, ausziehen« gegrölt hatten. Hatte Flexter damals eigentlich auch gegrölt?

Hier wurde einem gar keine Zeit gelassen, Forderungen zu stellen, abgesehen davon, dass die ganze Show aus dem Spiel mit Pose und Verhüllung bestand und gerade das den Reiz ausmachte. Im Vordergrund stand die Phantasie und nicht deren Fakten schaffende Auslöschung. Drei der Schönen räkelten sich in einer graziösen Umschlingung auf dem Sofa, während eine andere ihre vollen Brüste und fleischigen Hüften majestätisch dem Publikum präsentierte.

Als Nächstes stand eine schlanke Frau im gestrengen Kostüm einer Lehrerin im hellen Licht, die, während sie sich Stück für Stück ihrer Garderobe entledigte, ein rotes Tüchlein verschwinden ließ und wieder hervorzauberte. Sie werden nie erraten, wo es ganz zum Schluss auftauchte.

Als die Show zu Ende war, trieben wir uns noch ein wenig in den exquisiten Räumlichkeiten herum und spähten nach schönen Frauen und speziellen Kostümierungen. Die perfekte Choreographie, die professionelle Ausführung dieses Events markieren definitiv das obere Ende der burlesquen Skala. Strippen mit Stil. Und die Frauen, Lily und mich eingeschlossen, liebten es. Es war so – erotisch. So feminin, verführerisch und visuell ansprechend. Wir wollen keine Biber sehen, wir haben selbst welche. Aber diese Kostüme, diese Hüte, diese Lingerie. So konnte man uns wirklich einen Striptease verkaufen.

In dem Buch »Venus im Pelz« beschreibt Leopold von Sacher-Masoch einen Moment des Erotischen, der gerade aus dem Spiel mit Nacktheit und Verhüllung besteht:

…und jedesmal, wenn ich das schöne Weib, das auf den rotsammeten Polstern lag und dessen holder Leib von Zeit zu Zeit, da und dort, aus dem dunklen Pelzwerk aufleuchtete, betrachten musste – denn es war nicht mein Wille, es zwang mich eine magische Gewalt –, empfand ich, wie alle Wollust, alle Lüsternheit nur in dem Halbverhüllten, pikant Entblößten liegt, und ich empfand es noch lebhafter, als endlich das Bassin gefüllt war und Wanda mit einer einzigen Bewegung den Pelzmantel abwarf und wie die Göttin in der Tiburtina vor mir stand. In diesem Augenblick erschien sie mir in ihrer unverhüllten Schönheit so heilig, so keusch…

Vince hatte kürzlich eine ähnliche Erfahrung gemacht. Mit ihm, König Gunter und SusiPop war ich irgendwann, genauer gesagt noch vollkommen mitgenommen von einer durchzechten Nacht, auf der »Fusion« gelandet. Das ist ein postmodernes, ja, hier passt das Wort endlich, Mega-Event mit x verschiedenen Bühnen und Auftritten und so weiter; da ist für jeden was dabei. Es dauert ca. fünf Tage, und damit die Raver und Rocker nicht anfangen zu stinken in dieser Sommerhitze, gibt es auch etwas, das sich »Shower Tower« nennt. Und da duschen dann seifige Männlein und Weiblein, ungehemmt, unschuldig, und so was von nackt.

Vince war total abgeturnt.

»Da vergeht's mir echt«, sagte er. »Ich werd immer total asexuell, wenn ich da vorbeigehe.«

Es war wirklich kein schöner Anblick. Und auch keine heilige Keuschheit, sondern schreckliche hippiehafte Totalentblößung.

Bei burlesquen Veranstaltungen wird der unerträglich sichtbare Körper wenigstens noch mit edlen Materialien geschmückt. Und darf in wechselnden Kostümierungen vielfältige sexuelle Identitäten inszenieren. In den Zwanzigern, als es noch anstößig war, sich auszuziehen, war das ein Riesenskandal. In unserer entblößten Gesellschaft ist das Wenige, das die

Akteure anhaben, schon einen Schritt weg vom pornographischen Overkill.

König Gunter saß auf meiner Couch und beobachtete, wie ich die neuen Hütchen aufhängte. Er teilte meine burlesque Begeisterung ganz und gar nicht und murrte herum:

»Also, das ist doch eine Nischenveranstaltung. Und dabei total retro. Diese Leute flüchten sich doch in eine imaginäre Vergangenheit. Mich turnt das nicht an.«

»Aber es ist eine Möglichkeit, Erotik wieder zu inszenieren. Es hat Stil, meistens jedenfalls, es öffnet Raum für die Phantasie.«

Er schüttelte den Kopf. »*Burlesque* interessiert doch niemanden. Mich jedenfalls nicht. Dieses Über-Herausgeputzte ist doch nicht erotisch. Mit dieser Ikonographie schafft man doch wieder nur ein anderes System, das die Erotik regelt. Ein Dogma durch ein anderes zu ersetzen ist ein klassischer Fehler.«

Da hatte er natürlich Recht, mein lieber König Gunter. Aber ich war gar nicht dogmatisch. Ich war entzückt. Im Burlesquen gab es etwas, das mit meiner ganz persönlichen Vorstellung von Erotik korrespondierte.

»Ich weiß, was du meinst. Der Kernpunkt alles Erotischen ist zuallererst das Persönliche. Das, worüber man eigentlich gar nicht sprechen kann. Sollte. Man kann einfach nicht hingehen und sagen, das hier ist erotisch und soll für alle gelten. Aber – ich denke eben doch, dass Erotik durch Verhüllung und Enthüllung und das dadurch ausgelöste Spiel mit der Imagination bestimmt wird. Und das sind Elemente, die sich im Burlesquen finden. Raffinesse. Verführung. Dita von Teese beispielsweise.«

Die schöne Dita. Ich hatte mir in London ihr neues Buch gekauft, »Burlesque/Fetish and the Art of the Teese«. Es beginnt mit einem Bekenntnis: »Ich vertrete Glamour.« Und sie schreibt von ihrer Sehnsucht nach luxuriöser Kleidung, erlesenen Accessoires und stilistischer Perfektion. Und – Glamour hört niemals auf. Frau von Teese schreibt davon, wie sie sich auch alleine zu Hause in Kaschmir hüllt, sich die Haare legt zum Einkaufengehen und alles in allem beschlossen hat, dem Leben nur noch sorgfältig geschminkt entgegenzutreten.

Damit greift sie eine burlesque Tradition auf, die einst der Varieté-Besitzer Minsky ins Leben gerufen hatte. Im New York der Zwanzigerjahre hatte er seine Mädchen dazu angehalten, auch abseits der Bühne ihren glamourösen Look beizubehalten. Das steht in einem interessanten Kontrast zu den vielen Models und Hollywoodstars, die sich meistens nur für Events und Shootings in Schale werfen, um dann von den üblichen Zeitschriften in Jeans und Pulli abgelichtet zu werden.

»Ach, Dita von Teese. Dieser Hype, der gerade um die gemacht wird, also wirklich. Das ist doch Luxus-Callgirl-Styling für die neue Bohème.«

Ich grummelte. König Gunter war wirklich borstig.

»Weißt du, ich mag die Idee des Burlesquen. Dieser kunstvolle Eklektizismus, die Möglichkeit, sich zu verkleiden, mit seiner sexuellen Identität zu spielen. Die Shows sind voll mit Queer-People. *Burlesque* oder *New Burlesque* ist nur ein Oberbegriff für eine ganze Art von Veranstaltungen und Lebensweisen. Irgendwo zwischen ›Eyes Wide Shut‹, Fünfzigerjahre-Parties und *Rock-A-Tiki*. Die Mode ist seit längerem davon beeinflusst, die Geschäfte hängen gerade voller Vierziger- und Fünfzigersachen. Eine Wiederentdeckung der weiblichen Eleganz. Und des Gentlemans.«

König Gunter blickte auf sein Fred-Perry-Poloshirt. Und dann sah er mich wieder an, etwas gnädiger.

Ich sagte: »Frauen in schönen, extravaganten Kleidern. Männer in Anzügen. Ich liebe Männer in Anzügen, ich halte das für eine zivilisatorische Errungenschaft.«

»Anzüge? In allen totalitären Regimes trugen Männer Anzüge. Und bei Mao.«

Ich dachte daran, wie großartig König Gunter in seinem Dries-van-Noten-Anzug aussah. Aber – ich wollte ja nicht dogmatisch werden. Retro ist keine Lösung, obwohl ständig das Heil im jüngst Vergangenen gesucht wird. Wir sind alle zu Spezialisten für moderne Archäologie geworden, und die Mode- und Kulturproduktion überschüttet die Konsumenten mit immer neuen Ausformungen des bereits Dagewesenen. Und hier sind – padam, padam, padam – die Fünfziger. Welche Überraschung. Wir sind gefangen im Retro-Loop.

Das Interessante ist allerdings, dass es im Lauf der Zeiten immer wieder Phasen gibt, in denen bestimmte Produkte einen ewigen Höhepunkt finden. Schmale Männeranzüge. Orientalische Innenhöfe. Das kleine Schwarze von Chanel. Hellenische Statuen. Das Powerbook von Apple. Der Chuck von Converse. Auch hier ein Oszillieren zwischen einem gesellschaftlichen Übereinkommen bezüglich der Idee des Schönen und meiner Subjektivität.

Die Renaissance des *Burlesque* ist der Versuch, eine vergangene Vision von Schönheit, Eleganz und erotischer Inszenierung zu beschwören. Und diese Nippelkordelschwingerei! Ich war immer schon sehr enttäuscht gewesen, das verpasst zu haben.

»Ach, mein Lieber«, sagte ich nach einer Weile, »vielleicht ist dieses ganze *Burlesque*-Zeug auch eine sehr feminine Inszenierung. Aber es gibt auch Männer in Anzügen, wunderbare Tänzer, die schöne Mädchen in Kleidern zu alten Ella-Fitzgerald-Liedern über die Tanzfläche wirbeln. Gut, es gibt die Shows, die reichen von der exquisiten Revue bis hin zum ironisch-unvollkommenen Varieté, aber das ist noch lange nicht alles. Tanztees. Illegales Glücksspiel. Schneckenwettrennen. Und – *Burlesque* war auch immer schon eine Fetisch-Veranstaltung. Denk nur an Bettie Page. Auf diesen Parties in London habe ich Ladies in Vintage-Kleidern aus den Zwanzigern bis Vierzigern gesehen, andere mit Korsagen und Wespentaille, oder auch tätowierte Rotlippige mit Pony, gekleidet im Stil der Fünzigerjahre. Und diese Hütchen, Ketten, Broschen. Aber – und das ist vielleicht der gemeinsame Nenner: Alle haben sich wirklich Mühe gegeben mit ihrem Styling. Und aus einer Hommage an die Vergangenheit und persönlichen Vorlieben etwas Einzigartiges kreiert.«

Die Verfeinerung der äußeren Erscheinung ist ein Weg, seine Persönlichkeit zu kommunizieren. Das muss keinesfalls auf das *Burlesque* an sich bezogen sein, ich bin doch keine Anzugsfetischistin, und entzückende Kleider und Oberteile aus fließender Seide und elegante Schuhe und schöner Schmuck und kleine bezaubernde Hütchen und wildlederne Handschuhe und luxuriöse Dessous und…

Entschuldigung, ich habe den Faden verloren. Jedenfalls ist Stil eines der Widerstandsmomente gegen den Normierungsdruck unserer Gegenwart. Wenn man dabei schön locker bleibt, würde König Gunter dann sagen und ein wenig den Kopf recken. Und von den grazilen natürlichen Mädchen träumen, die sein Herz zum Schmelzen bringen.

Huysmans' Buch »Gegen den Strich« (1884), ein Klassiker der dekadenten Literatur, beschreibt die Abgründe der Verfeinerung. Der sensible und ästhetisch empfindsame Held, Jean Des Esseintes, zieht sich mehr und mehr von der groben Welt zurück. In seiner Villa in der Nähe von Paris schwelgt er in Farbnuancen und Formkorrespondenzen. Er beschafft eine Schildkröte, deren Panzer er mit Edelsteinen besetzen lässt, und beobachtet stundenlang die Reflektionen, die das langsam umherkriechende Tier verursacht. Das Tier stirbt.

Des Esseintes ist ein Vorläufer des metrosexuellen Narzissten. Oskar Wildes »Dorian Gray« (1891) hingegen ist bereits eine Zwischenfigur, der Fokus des Romans liegt schon auf dem Erscheinungsbild des Protagonisten; es ist gerade Dorians Schönheit, die ihn wünschen lässt, für immer jung zu bleiben. Doch in Huysmans' Buch ist der Gestaltungsdruck noch nicht bis zum Körper vorgedrungen. Zu Des Esseintes' Zeiten wurden noch keine Fitnessanleitungen promotet. Sportlichkeit ist eine relativ neue Erfindung, und es ist amüsant, sich vorzustellen, was Des Esseintes zu »Waschbrettbauch in fünfzehn Tagen« gesagt hätte. Wahrscheinlich hätte er mit mürber Hand müde abgewunken.

Vince bemerkte dazu, Bret Easton Ellis' Romanfigur Norman Bates in »American Psycho« sei eine aktualisierte Hybridform aus Des Esseintes und Marquis de Sade. Seine Finger trommelten eine unhörbare Melodie ans Vodkaglas.

Was die pathologischen Abgründe der Verfeinerung angeht, kam die beste aktuelle Geschichte mal wieder aus Japan. Eine Freundin von SusiPop wollte für eine Zeit in Tokio leben und fing damit an, als Hostess zu arbeiten. Sie saß in einem schönen Kleid in einer Bar und musste Männer zum Trinken animieren und sich von ihnen einladen lassen. Egal, was sie bestellte, ihr wurde Wasser oder Tee ausgeschenkt, und mit dieser Gewinnspanne kam genug Geld für das teure Tokio zusammen.

Als sie ein halbes Jahr dort gearbeitet hatte, trat ein gutgekleideter Mann auf sie zu. Er sagte, er habe sie jetzt ein paar Monate lang beobachtet, sie scheine ein nettes Mädchen zu sein, und er habe Arbeit für sie. Sie erklärte, dass sie keine Arbeit suche und keinesfalls eine Prostituierte sei. Er sagte, dass der Job darin bestünde, ihm drei-, viermal die Woche das Bett zu wärmen. Sie insistierte, dass sie nicht im sexuellen Dienstleistungsgewerbe tätig sei.

Darauf sagte er: »Wenn ich aus dem Büro komme, rufe ich dich kurz an. Ich will dich nicht sehen. Du musst verschwunden sein, wenn ich zu Hause angekommen bin.«

Sie nahm den Job an. Verdiente über 1000 Dollar die Woche.

Inszenierungen des Sexus sind erotisch, können es sein, besonders in den Shows, die mit sexuellen Identitäten und Maskeraden spielen. Verkleidung hat immer ein erotisches Moment, die Maske vor dem Gesicht löscht dieses aus und lässt den Körper sprechen.

Diese wunderbare Frivolität, die für eine gelöste, flirtige Stimmung sorgt, verschwindet wieder, wenn die Inszenierung zu ornamental wird. Wenn das Styling, die Räume, die Menschen zu perfekt sind. Dann wird es langweilig und ziemlich unsexy. Man beginnt sich nach dem Wilden, Animalischen zu sehnen.

Die Zähmung des sündigen Tieres in uns ist spannend, wenn es dabei am Leben bleibt. Wenn es mit schönen Stoffen bedeckt wird, sich in kunstvollen Szenerien zur Schau stellen darf und lockt mit dem, was noch verhüllt ist.

Aber es gibt auch eine ganz eigene Ästhetik des Räudigen, des Unvollkommenen. Wenn das Tier einfach blitzt und blinkt, wenn es spricht mit Gerüchen und Gesten und sanftem Moschusduft. Wenn die Pheromone fliegen und die Lenden juchzen. Das Rohe, Lässige, Natürliche ist auch erotisch. Irgendwo

zwischen der opulenten Inszenierung und der lässigen Zurschaustellung des Fleisches beginnt die genüssliche Sinnlichkeit.

Einmal saß ich mit SusiPop, die einen schwarzen Hosenanzug
und ein langärmliges Unterhemd aus schwarzer Spitze trug, in
einer feinen kleinen Bar. Ich hatte eine Jeans an, hochgekrem-
pelt, mit einer Bluse und meinen beigen Chucks.

SusiPop griff nach ihrer Grapefruitschorle, es war noch früh
am Abend, und sagte: »Hast du dir schon einmal überlegt, wie
die Körperhaltung durch die Kleidung beeinflusst wird?«

Ich räkelte mich in meiner bequemen alten Jeans und sagte:
»Jaaa, beispielsweise gerade, da spüre ich eigentlich gar nicht,
dass ich angezogen bin. Meine Kleidung hat etwas völlig Bei-
läufiges, Bequemes.«

SusiPop fuhr sich mit dem Finger über die rechte Augen-
braue und sah sich um.

»Siehst du den Typen dahinten am Tisch, der einen Anzug
trägt? Er hält sich viel gerader als der Dunkelhaarige an der
Bar. Der Anzug formt seinen Körper.«

Der Dunkelhaarige sah eindeutig besser aus, aber sie hatte
Recht. Es gibt Fläzklamotten und Kleidung.

»Was denkst du«, sagte ich nach einer Weile, »warum wurde
alles so *casual?*«

Sie wippte mit ihrem Fuß, der in einem schwarzen Stiefel
steckte.

»Ich weiß nicht, erst mal sind das ja oft Trends, die aus der
Unterschicht kommen oder von Minderheiten. Die Baggy-
Pants entstand, weil kleine Jungs die Hosen ihrer großen Brü-
der aufgetragen haben. Und irgendwann stürzten sich dann
alle drauf, weil es irgendwie so cool war.«

»Ja, da gibt es eindeutig zwei Bewegungen. Die Eleganz

nimmt Bezug auf die Etikette, spielt mit den überlieferten Formen, das ist eindeutig Adelszeug. Die Anzüge, die Cocktailkleider. Und dann gibt es die andere Bewegung, von unten, die Jeans, die Unterhemden. Mir gefällt eigentlich beides. Obwohl gerade eine Renaissance vor allem der weiblichen Eleganz gefeiert wird. Es gab schon einen Nachruf auf die Hose.«

Ich griff nach meinem Wasserglas und sah auf mein Bäuchlein hinunter, das manchmal aus der Bluse blitzte. »Da gab es doch diese Untersuchung, dass zu Kriegszeiten die Röcke immer kürzer wurden. Um wenigstens wieder für Nachwuchs zu sorgen.«

Sie lachte. »Ein Teil der Bevölkerung befindet sich mittlerweile immer im Krieg.«

»Oder beim Raven«, sagte ich. Wir beobachteten den Dunkelhaarigen.

Nach einer Weile sagte SusiPop: »Ich schätze das Elegante, Formende. Aber es gibt auch eine ganz eigene Erotik des *casual*. Diese losen Hosen, die lassen immer mal wieder eine Hüfte blitzen. Die Kleider umfließen den Körper und lassen ihm Raum. Das kann auch ziemlich sexy sein. Und man bewegt sich anders, entspannter.«

»Man ist nicht so mit sich beschäftigt. Und fühlt sich wohl. Ich kenne viele Jungs, die total auf Mädchen in sportlich-lässiger Kleidung abfahren. König Gunter zum Beispiel. Er liebt das Natürliche. Der *casual*-Look macht einfach keine Angst. Und vielleicht ist es ja so, dass einige Männer die Schönheit einer Frau lieber selbst entdecken, als sie zu sehr unter die Nase gerieben zu bekommen. Gerade wenn man wirklich total gestylt ist, passiert oft gar nichts.«

SusiPop fixierte mich. »Weißt du, was ich festgestellt habe? Wenn ich einmal wirklich tolle Unterwäsche anhabe, ich meine, mit Strapsen und so, egal ob ich das jetzt für mich anziehe oder weil ich weiß, dass ich noch jemanden treffen werde, dann…«, sie blickte lächelnd in die Ferne: »Ich hatte noch nie Sex an diesen Abenden. Also wirklich nie, auch nicht, wenn ich einen Liebhaber getroffen habe. Irgendwie…«

»Ja, das ist doch das Gleiche wie mit dem stundenlangen Stylen. Das hat doch noch nie was gebracht, außer ganz selten. Aber wenn man so räudig und lässig herumhängt und eigentlich gar nichts vorhat… Vielleicht liegt es daran, dass man sein Styling erst mal überwinden muss. Das sind energetische Anforderungen. Oder man müsste nur sein bequemes T-Shirt abstreifen und die lässige Hose. Ich mag beides. Aber was den Sex betrifft, ist *casual* statistisch besser.«

»Perfektion ist oft abschreckend. Wir können uns oft nur an den Unvollkommenheiten des anderen festhalten. Das Glatte, Gestylte, Überelegante, das ist ein bisschen verstörend. Man findet keinen Ansatzpunkt.«

Sie klimperte mit ihrem Armband. »Die Lösung liegt wohl irgendwo dazwischen.«

2.3   Grenzgänge

»Erotik kann man bestimmen als das Jasagen zum Leben bis in den Tod. (…) Eine Herausforderung des Todes aus Gleichgültigkeit ihm gegenüber.«

»Die sexuelle Existenz des Menschen ist nicht notwendigerweise erotisch. Doch sie ist es stets dann, wenn sie nicht rudimentär, wenn sie nicht einfach animalisch ist.«

Das schreibt George Bataille in der »Erotik«, und mit diesen beiden Zitaten lässt sich ein Raum bestimmen, in dem sich die Einzigartigkeit unseres Begehrens entfaltet. Bataille führt die Dimension des Todes ein, das Bewusstsein der Sterblichkeit, das, was uns existenziell berührt und voneinander scheidet. Man selbst wird geboren. Man selbst stirbt. Das ist der Abgrund, der zwischen uns liegt, unsere »diskontinuierliche Existenz«.

In der Erotik ist die Möglichkeit gegeben, diesen Abgrund für eine gewisse Zeit zu überwinden. Es gibt das Verschmelzen mit einem Geliebten, die Auslöschung im Höhepunkt, den die Franzosen auch *la petite mort* nennen.

Ich erinnere mich an eine Sexszene in einem spanischen Film, in der die Frau mit hoher Stimme sagt: »*Me muero. Me muero. Me matas.*«[*] Im Deutschen scheinen wir diese direkte sprachliche Verbindung von Lust und Tod, sprich temporärer Auslöschung, nicht in diesem Maß zu kennen. Man kann *ster-*

---

[*]   Ich sterbe. Ich sterbe. Du tötest mich.

ben vor Lust, na ja, ein bisschen pathetisch. *Vergehen, sich ver-*
zehren, brennen. Sich verlieren, sich vergessen, ineinander aufge-
hen. Aber auch das Deutsche besitzt eine Logik der anwesenden Abwesenheit, ein Auratisches, das tief eingeschrieben ist in
die Sprache.

Durch die Erotik können wir Teil an etwas nehmen, das Bataille als Kontinuität des Seins beschreibt, etwas, das nicht re-
ligiös, aber göttlich ist. Ficken als Gebet. Hier beginnt das Heilige, sowohl, wenn es um die Körper geht, als auch, wenn es
sich um die Erotik des Herzens handelt, die Liebe. Wir partizipieren an etwas, das über unsere individuelle Existenz hinausgeht.

Aber auch der echte Schrecken des Todes ist verknüpft mit
unserer Sexualität. Von de Sades Lustmorden bis hin zur Möglichkeit, fürs Ficken zu sterben. Aids ist die ironischste aller
Krankheiten. Das Todesurteil im Moment der höchsten Lust.

Stärker noch ist die Verbindung zwischen Sex und Gewalt.
Die Vergewaltigung ist die verwerflichste Ausprägung dieses
Verhältnisses. Aber auch im freiwilligen Aufeinanderprallen
der Körper ist Gewalt unvermeidlich. Das Öffnen. Das Eindringen. Das Umschlingen.

Traditionell ist die Vorstellung von Gewalt mit dem männlichen Prinzip verknüpft und die weibliche Form jene, welcher
»Gewalt« angetan wird. Diese Logik ist aber ziemlich einseitig;
sie gilt weder für homosexuelle Beziehungen noch für den Gebrauch von Hilfsmitteln. Der Umschnalldildo ermöglicht jeder
Frau, die es möchte, die Freuden der Penetration. Aber es geht
auch anders. In Peter Høegs Roman »Fräulein Smillas Gespür
für Schnee« eröffnet Smilla eine neue Perspektive:

Wir stehen im Schlafzimmer und ziehen uns gegenseitig aus.
Er hat eine leichte, tastende Brutalität, die mich mehrmals

denken lässt, dass es mich diesmal den Verstand kosten wird. In unserem heraufdämmernden gegenseitigen Verständnis bringe ich ihn dazu, den kleinen Spalt der Eichel zu öffnen, so dass ich die Klitoris einführen und ihn vögeln kann.

Die Trennung der Geschlechter wird im Küssen aufgehoben. Nur die Münder bleiben übrig, hungrig, genderfrei. Auch dort findet ein Eindringen statt, eine Inbesitznahme. Diese kämpfenden Zungen, dieses Spiel aus Eroberung und Rückzug, durchmischt mit kleinen Zärtlichkeiten. Ein Kuss auf den Mund hat oft eine romantische Dimension, während das Vordringen in die Mundhöhle des anderen etwas unglaublich Intimes ist. Diese Geschichte, dass Prostituierte sich nicht auf den Mund küssen lassen…

Und es ist wahr, ich halte es für wahr. Ich erinnere mich, wie ich einmal mit einem Mann schlief – es wogte zwischen Intensität und sportlichem Vergnügen und entschied sich dann zugunsten des Wilderen – und ich mir dachte: »Wenn du mich jetzt, genau jetzt küsst, bin ich verloren.«

Das Küssen erschafft eine sofortige Verbindung zum Sein des anderen. Nicht das trockene, nicht das überfeuchte, nicht das schlaffe. Aber wilde, zärtliche, kunstvolle Küsse, die schon.

»Die ganze erotische Veranstaltung ist auf die Zerstörung der Struktur jenes abgeschlossenen Wesens ausgerichtet, das der Partner des Spiels im Normalzustand ist«, schreibt Bataille.

Wenn man das Vorspiel, die Einstimmung verlässt, wenn nur noch die bloße Lust regiert, dann hört der Spaß auf. Beim Ficken gibt es einen tödlichen Ernst. Ein Aushalten der totalen Entblößung, welche die Voraussetzung für Hingabe ist. Der Genuss, die liebevolle Zärtlichkeit bilden einen Rahmen, in dem eine Art grimmiger Freude regiert. Stolz. Würde. Und Macht.

Das fast grausame Vergnügen, den anderen zu beobachten, wie er oder sie von Lust überwältigt wird. Das Oszillieren zwischen Scham und Selbstaufgabe, wenn man selbst gesehen wird. Ein gelungener Akt ist immer das Ergebnis von Teamwork, wird bestimmt von der Wechselseitigkeit des Ausgesetztseins. Nur gemeinsam erreicht man das selige Selbstvergessen, das nichts anderes ist als ein Aufgehen in der Kontinuität des Seins. Von den unerschöpflichen Freuden der Masturbation mal abgesehen, versteht sich. Aber – meine Hand hat keine Augen.

Diese Auslöschung der individuellen Existenz ist zugleich deren absolute Bestätigung. Vielleicht ist Sex deshalb so entspannend. Und reinigend. Gleichzeitig ist Sex dreckig, herrlich schmutzig. Der Akt, im erotischen Sinne verstanden, ist ein Reich der Paradoxien. Aber Sex ist in jedem Fall gut fürs allgemeine Wohlbefinden. Der Stoffwechsel wird angeregt, euphorisierende Hormone werden ausgeschüttet, und man bewegt sich.

Vielleicht hat Sex – ich meine echter, wunderbarer Sex, nicht gemeinsame Selbstbefriedigung – immer etwas Auratisches im philosophischen Sinn. Walter Benjamin beschrieb Aura als »sonderbares Gespinst von Raum und Zeit«, als »Erscheinung einer Ferne, so nah das sein mag, was sie hervorruft.«

Im Akt findet immer eine Fremde statt, gerade im größtmöglichen Verschmelzen. Analog zu Bataille könnte man hier sagen: Jeder kommt allein. Es ist möglich, um hier eine Legende weiterzuspinnen, gemeinsam zu kommen. Das ist aber eher Synchronisationstraining; wobei, auch ein gemeinsames Verlassen gibt es. Doch in meiner gotischen Kathedrale bin ich allein, wenn ich auch den anderen benötige, den Fluss zu befahren, der mich dorthin bringt. Hier tut sich eine spezifische Innenwelt auf, die ein Nährboden ist für allerlei erotische

Phantasien. Diese kreisen um die Frage: Wie ist Berührung möglich? Was benötigt ein Mensch, um Entblößung, Einzigartigkeit und Auslöschung zu empfinden?

1954 veröffentlichte Dominique Aury unter dem Pseudonym Pauline Réage »Die Geschichte der O«. Dort wird die Geschichte einer Frau namens O erzählt, die absolute Unterordnung als absolute Freiheit empfindet. Die temporäre Auslöschung des Selbst, die im Akt möglich ist, wird von der Protagonistin auf weit endgültigere Weise vollzogen. Sie wird zunächst von ihrem Geliebten auf ein Schloss gebracht, Roissy, und dort »erzogen«. Die Erziehung besteht aus Auspeitschen, Weiten und dem Erlernen bedingungslosen Gehorsams. All das nimmt sie auf sich, mit wachsender Freude, sieht sie es doch als Liebesbeweis.

Im Lauf der Erzählung verstrickt sich O immer tiefer in die Logik der Unterwerfung und den vollkommenen Genuss, den es ihr bereitet, von einem Willen gelenkt zu werden, der nicht der ihre ist. Am Ende des Buches, nachdem sie schon gezeichnet ist, gebrandmarkt als Sklavin Sir Stephens, hat sie einen letzten Auftritt.

Verkleidet als Käuzchen, reduziert auf eine maskierte Unkenntlichkeit, betritt sie an der Seite ihres Herrn ein Fest. Ihre Individualität ist verschwunden, ausgelöscht, sie ist nur noch gefügiger Körper, gesichtsloses Fleisch:

O starrte sie mit ihren schwarzumrandeten Augen an, die unter dem Gefieder weit aufgerissen waren wie die Augen des Nachtvogels, den sie darstellte, und die Illusion war so vollständig, dass niemand auf die Idee kam, eine Frage zu stellen, ganz als wäre sie wirklich ein Käuzchen, taub gegen die menschliche Sprache und stumm.

Die Geschichte der O endet tragisch. Als sie von Sir Stephen verlassen wird, wünscht sie sich den Tod. Er erteilt seine Zustimmung.

Beim Lesen dieser Art von Literatur, wie bei allem, was ins Obszöne ragt oder sich darin fettet, wie »Das obszöne Werk« von Bataille, unternimmt man eine seltsame Reise, die bestimmt wird von Anziehung und Abstoßung. Houellebecq schreibt in seinem Roman »Plattform« über den Sadomasochismus:

> Natürlich gibt es noch die SM-Praktiken. Das ist eine Welt, die nur über den Verstand läuft, mit genauen Regeln und zuvor erfolgter Zustimmung. (...) Die nach festen Regeln ablaufenden sadomasochistischen Praktiken können nur kultivierte Verstandesmenschen interessieren, auf die Sex keine Anziehung mehr ausübt.

Vielleicht ist das ein zu einfaches Urteil, das Houellebecq da fällt, obwohl es auf den ersten Blick recht schlüssig erscheint. Warum sollte sich jemand demütigen lassen, schlagen, warum empfindet jemand Freude dabei, einen anderen zu quälen? Das hat alles die Dimension des Ungeheuerlichen, und ich stehe davor wie vor einer Monstrosität.

Hier ist Berührung nur noch mittelbar möglich, sie bedarf des Gebrauchs von Gerätschaften, Rollenspielen und extremer Dynamik. Dieter Wellershoff schreibt in seinem Buch »Der verstörte Eros«:

> Noch schwieriger und vertrackter ist der Weg zur sexuellen Befriedigung für die weibliche Hauptfigur von Elfriede Jelineks Roman »Die Klavierspielerin«, denn das ist eine Frau,

die durch lebenslange kulturelle Dressur und Selbstunterwerfung emotional so erstarrt ist, dass nur noch die extremsten Reize und Inszenierungen Empfindungen in ihr erregen können. (...) Die grausame, vollkommenc Unterwerfung, vor der sie innerlich zittert, bedeutet für sie die einzige ihr noch verbliebene Hoffung auf vorübergehende Erlösung aus ihrer inneren Erstarrung. Sie will gezüchtigt und unterworfen werden. (...) Das ist ein Text aus der Hölle des Masochismus, der der leidenschaftliche Wunsch ist, dass jemand das abgestorbene eigene Fleisch durch Qual und Erniedrigung wieder zum Leben erweckt.

Wenigstens etwas fühlen. Und wenn es nur der Schmerz ist, der für einen kurzen Moment Lebendigkeit verheißt.

In Venedig besuchte ich einmal das Erotische Museum und entdeckte beim Herumstreifen im Museumsshop das Buch »Come Hither! A Commonsense Guide to Kinky Sex«, geschrieben von Gloria Brame. *Kinky*. Im Wörterbuch steht dazu: abartig, pervers. Aber *kinky* klingt einfach besser, so niedlich, ein bisschen anrüchig, auf keinen Fall bedrohlich. Und doch öffnen sich damit Türen, die in extreme Bereiche der menschlichen Sexualität vordringen. Nur ist der Ansatz der Autorin ein anderer. Sie ist *kinky*, sie bezeichnet sich als Sadomasochistin. Sie mag es, *kinky* zu sein. Sie hat unzählige Interviews geführt mit Kinky-People und bietet in ihrem Buch einen vergnüglichen Führer in die Welt von Bondage, Sado-Maso, Spanking und Fetischismus. Auch sie beschäftigt sich mit der Frage des Abartigen, nur kommt sie zu dem Schluss, dass es manchmal keine psychologische Erklärung gibt. Natürlich könne jemand, der beispielsweise in seiner Kindheit viel ins Krankenhaus musste, als Erwachsener einen diesbezüglichen Fetisch entwickeln, jemand, der viel geschlagen wurde, das nun in einer Art Wiederholungszwang ausagieren, aber das wäre eine gar zu billige Reduktion. *Kinky* ist etwas dem Individuum Immanentes. Wir alle partizipieren an der Fülle von Möglichkeiten, und sei es nur in der Phantasie. Das polymorph Perverse holt sich sein Futter; die Frage ist nur, wie viel es braucht.

Die Frage nach der Erotik ist eine Frage nach persönlicher und sexueller Erfüllung. Es ist unabdingbar, seine eigenen Bedürfnisse zu kennen und den Mut zu haben, sie zu artikulieren.

Wenn jemand beispielsweise feststellt, asexuell zu sein, einfach kein erotisches Verlangen zu empfinden, dann ist auch das nur eine weitere Spielart menschlicher Sexualität. Obwohl ich bezüglich dieses Phänomens ein gewisses ungläubiges Staunen empfinde. Kein Sex? Frigiditätsverdacht, Entfremdungsentsetzen, ganz großer Zweifel. Unsere Lust erscheint mir so notwendig verwachsen mit unserer Existenz.

Einmal fuhr ich nach Hause und hatte neben einigen entzückenden Kleidern schlechte Laune und schmerzlichen Liebeskummer im Gepäck. Daraufhin gab mir mein Vater ohne große Worte das Buch »Wie ich lernte, die Frauen zu lieben« von dem ungarischen Autor Stephen Vizienczey in die Hand. Er sagte:

»Den spricht man *Wischensie* aus, wie – wischen Sie mal die Scheibe.«

Das Buch war so wärmend und beflügelnd wie polnischer Honiglikör. Nur nicht ganz so klebrig.

Ich verbrachte einen gesegneten Nachmittag mit Herrn Vizienczey, und meine scheußliche Geschichte vom Wochenende schien ganz weit weg zu sein. Vielmehr, ich hatte mich darüber erhoben. Dann machte ich mich auf den Weg, die Eisprinzessin im Café Reitschule zu treffen.

Wir waren beide von diesem grauenvollen Wochenende, von dem noch zu berichten sein wird, in Mitleidenschaft gezogen worden, jede auf besondere Weise. Die Eisprinzessin hatte einen hysterischen Anfall gehabt und auf der Fahrt nach München über die Unmöglichkeit der Liebe philosophiert. Und sich über die Nichtswürdigkeit von Männern ausgelassen. Und über ihre mögliche Frigidität nachgedacht. Das endete irgendwann in einem arg krausen Dickicht, und ich war zu zermartert, etwas dagegenzusetzen, nur mein Unbehagen stieg.

Doch Herr Wischen-Sie hatte mich geheilt, inspiriert und mir den Glauben wiedergegeben. Dass das Leben wunderbar sein kann. Dass Lust vielfältig ist, Begehren komplex und es viele Gründe gibt, die Männer zu lieben. Bewaffnet und unverwundbar traf ich auf die maulende Eisprinzessin, und nachdem ich ihr von dem Buch erzählt hatte, schlug ich es auf und begann, einen Absatz aus dem Kapitel »Über das Glück mit einer frigiden Frau« vorzulesen:

Da hob Paola meinen Kopf und gab mir einen festen, leidenschaftlichen Kuss. Während wir uns gegenseitig auszogen, hoffte ich, dass diese mysteriöse Italienerin nur gelogen hatte, um mich auf die Probe zu stellen. (…) Leider gibt es im Leben nur wenige glückliche Parallelen. Als wir unsere Kleider losgeworden waren, sammelte Paola ihre ein, legte sie in ordentlichen Häufchen auf die Kommode und hängte das Kleid in den Schrank. Dann ging sie ins Badezimmer, um sich die Zähne zu putzen. Ich beobachtete sie mit einer Mischung aus Ungläubigkeit, Angst und Verlangen. (…) Paola benahm sich mehr wie eine zuvorkommende Gastgeberin denn wie eine Geliebte: Sie hob und wand ihren Körper so beflissen, dass ich mich wie ein Gast fühlte, für den so viel getan wird, dass er das Gefühl nicht wieder loswird, er sollte möglichst bald wieder gehen. Ich fühlte mich in ihr nicht zu Hause und konnte lange nicht kommen. Später ließ ich meine Hände über ihren Körper wandern und wollte immer noch nicht recht glauben, dass es eine so perfekte Form ohne Inhalt geben konnte.

Doch trotz ihrer Untätigkeit, Lust zu empfinden, und ihrer Weigerung, sich »da« berühren oder gar befriedigen zu lassen, werden sie ein Paar. Er arbeitet an seiner Doktorarbeit über Sartre, und sie lieben sich auf die »normale Art«, wobei sie vorgeben, Spaß zu haben:

An einem Samstagvormittag weckte mich die Hitze. (…) In der Nacht hatten wir Betttuch und Decke weggestrampelt, und Paola lag mit angezogenen Beinen auf dem Rücken und atmete lautlos. Nie scheinen wir so sehr unseren Körpern ausgeliefert, nie so sehr in der Gewalt unserer unbewussten Zellen, wie wenn wir schlafen. Mit laut klopfendem Herzen fasste ich den Entschluss, diesmal alles auf eine Karte zu setzten. Langsam spreizte ich ihre Beine, wie ein Dieb, der die Zweige auseinanderschiebt und sich in einen fremden Garten stielt. Hinter den Büscheln aus blondem Gras sah ich ihre dunkelrote Knospe, deren zwei lange Blütenblätter leicht abstanden, als spürten auch sie die Hitze. Sie waren besonders hübsch, und mit meiner alten Gier begann ich, an ihnen zu schnuppern und zu lecken. Schon bald wurden die Blütenblätter weicher, und ich schmeckte die Willkommenströpfchen, doch ihr Körper blieb reglos. Paola musste mittlerweile aufgewacht sein, aber sie stellte sich schlafend. Sie verweilte in diesem träumerischen Zustand, in dem wir uns jeder Verpflichtung entziehen und von vornherein jede Verantwortung für Sieg oder Niederlage ablehnen. Zehn Minuten, vielleicht aber auch eine halbe Stunde später (die Zeit hatte sich in Kiefernduft aufgelöst) zog sich Paolas Bauch zusammen und entspannte sich wieder, und bebend offenbarte sie sich und schließlich ihre Lust, dieses Letzte, ohne das auch flüchtige Liebende nicht auskommen. Als ihr Kelch überfloss, zog sie mich in den Armen hoch, und endlich konnte ich mit reinem Gewissen in sie eindringen.

»Du siehst selbstgefällig aus«, waren ihre ersten Worte, als ihre kritischen blauen Augen wieder klar blickten.

Ich sah auch selbstgefällig aus, als ich das Buch aus der Hand legte. Die Eisprinzessin rührte in ihrem Tee, sah mich an und fing an zu lachen.

Die Grenzbereiche der menschlichen Sexualität entziehen sich der objektiven Bewertung. Manchmal gibt es dabei auch etwas, das ich selbst als komisch oder witzig empfinde, wie Geschichten von Leuten, die einen Fetisch für kleine Partyballons haben. Aber ich muss gestehen, dass mir das Konzept des Fetischismus sehr viel näher steht als das Sado-Maso-Ding.

Ich habe ein ziemlich sexuelles Verhältnis zu einigen technischen Produkten, meinem Computer beispielsweise oder meinem neuen kleinen Handy. Meinen iPod an mein Powerbook anzuschließen und neue Musik darauf zu laden ist fast schon ein erotischer Akt. Ganz zu schweigen von einigen Kleidungsstücken. Der weibliche Schuhfetischismus hingegen ist schon sprichwörtlich.

Neulich saß ich mit Lily an einer Bar in London, und sie fragte:

»Wie findest du meine neuen Schuhe?«

»Schön«, sagte ich ein wenig unaufmerksam und hielt Ausschau nach attraktiven Männern. In London hatten die wenigstens einen guten Haarschnitt. Lily schaute an ihren wohlgeformten Beinen hinab und wippte mit dem rechten Fuß, den sie immer noch hochhielt.

»Ich liebe diese Schuhe«, sagte sie dann. Ich schaute wieder auf die schwarzen Pumps mit dem kleinen Absatz. Es schien ihr wichtig zu sein.

»Ich meine, diese Schuhe sind großartig. Ich fühle mich so wohl, wenn ich sie trage. Siehst du«, sie deutete auf das feste weiche Leder, das die vordere Hälfte ihres Fußes umschloss, »sie halten mich. Sie geben meinen Füßen so ein gutes Gefühl. Ich habe das noch nie zuvor erlebt. Und das kleine Band um meine Knöchel…« Sie lachte leise, ein bisschen verlegen. »Vielleicht berührt das irgendeinen neuralgischen Punkt oder so. Es fühlt sich so richtig an.«

Ja, es waren hübsche Schuhe, zweifellos. Dann redeten wir über Fetisch-Objekte im Allgemeinen, da gibt es einige, beispielsweise stehe ich total auf Decken. Ich liebe es, zugedeckt zu sein. Federbetten halte ich für eine der größten Errungenschaften des menschlichen Zivilisationsprozesses. Irgendwann kamen wir wieder auf Männer zu sprechen, und Lily erzählte mir von einem Erlebnis, das sie kürzlich beim Ausgehen gehabt hatte.

»Ich kam in diese Bar«, sagte sie, »und da war dieser Typ. Wir haben uns sofort in die Augen geschaut, es war einer dieser seltenen magischen Momente, *instant mutual attraction*. IMA.« Sie schüttelte ihre entzückenden blonden Locken. »Von der ersten Sekunde an klebte ich an ihm. Wir saßen zusammen an der Bar, wir tanzten, wir unterhielten uns. Ich ging fest davon aus, dass er mich irgendwann küssen würde. Doch nein, irgendwann fing er an, von seiner Freundin zu erzählen.«

Sie seufzte. Ich auch.

So was hasse ich. Ganz oder gar nicht. Es gibt einen Ehren-kodex beim Flirten. Ich musste an den schönen Mann mit den grünen Augen denken. Erst wilde Küsse, dann Gewissens-bisse. Ganz unfein. Und die Eisprinzessin hatte mir neulich er-zählt, wie sie mit einer alten Flamme im Bett gewesen war und der dann tatsächlich am nächsten Morgen seine Schuldgefühle mit ihr besprechen wollte.

»Trotzdem schaffte ich es, ihn nach Hause mitzunehmen.«

Lily war wirklich bezaubernd. Ihr würde sicher nie so etwas passieren wie mir mit Bernd, dem Bildhauer.

»Aber es ist nichts passiert. Er weigerte sich weiterhin, mich zu küssen.« Sie gluckste ein bisschen. »Der einzige Teil von mir, den er liebkost hat, war von hier bis hier.« Sie markierte einen Bereich von der Mitte ihrer Oberschenkel bis zu ihren Zehen. »Er hat meine Füße geküsst. Meine Zehen.«

Ihr Blick wurde ein bisschen träumerisch.

Ich lachte vergnügt.

»Oh Lily, das war bestimmt ein Fußfetischist.«

Schuhfetischistinnen vs. Fußfetischisten. Die Grenzen sind fließend. Und es kann ein exquisites Vergnügen sein, beim Vö-geln mal seine hohen Schuhe anzubehalten. Hab ich mir sagen lassen.

Auch Bondage gewinnt mehr und mehr Mainstream-Cha-rakter. Die unvermeidliche »Mehr-Spaß-im-Schlafzimmer«-Sektion der handelsüblichen Frauenzeitschriften bedient sich schon lange aus der *Kinky*-Grabbelkiste. »Verbinden Sie Ihrem Liebsten doch mal die Augen.« »Lassen Sie sich ein auf fes-selnde Spiele.«

Die *Cosmopolitan* ist immer recht weit vorne, was sexuelle Innovation und Emanzipation angeht, und veröffentlichte letz-tes Jahr ein kleines Booklet: »211 Wege, Männern den Verstand zu rauben. Handbuch für Sexgöttinnen.« Da erfährt man dann einiges über *Glamour-Bonding* (verzierte Handschellen), Kunst am Mann (Ihm werden mit der Krawatte die Augen verbunden, während er mit Nylons an einen Stuhl gefesselt wird. Und DANN holt man die künstliche Vagina raus, die bis dato im Handtäschchen schlummerte.) und den Unterschied zwischen *Sensual* und *Endurance Bonding*. Auch *Spanking*, das Schlagen oder Klatschen auf die Kehrseite, bleibt nicht unerwähnt. Hier wird auch auf die legendären *Sweet Spots* verwiesen. Diese befinden sich dort, wo die Schenkel in den Po übergehen, und sollen eine direkte Verbindung zum jeweiligen Lustzentrum haben.

Auch das *Spanking* wird immer populärer. Vince war zum Auflegen nach L.A. gereist und schickte mir ein Foto aus einem dortigen Hipster-Club. Man sah eine nackte Frau, das Hinterteil schon zart gerötet, und eine feste Hand auf ihrer linken Backe. Daneben befanden sich ein paar schicke junge Leute und loungten so vor sich hin.

Wenn die äußeren Grenzen immer mehr verschwimmen, tun sich die inneren umso deutlicher auf. Gerade boomt die Bekenntnisliteraur; vor allem junge Frauen entdecken die Grenzen in sich, nachdem sie mal so richtig die Sau rausgelassen haben. Über vielen dieser Bücher schwebt ein zarter Schleier neugefundener Moral.

Die Sizilianerin Melissa P. beschreibt in Tagebuchform ihre frühreifen sexuellen Eskapaden im Alter von vierzehn bis sechzehn, die mit gefühllosem Sex mit einem süditalienschen Macho-Arsch anfangen und sich bis zu einem grauenvollen Auftritt als Domina steigern, wobei sie am Ende auch noch öffentlich beschlafen wird; da ist es dann aber genug. Es bleibt die Hoffnung auf Liebe, die Sinnlichkeit mit Wesentlichkeit vereinen soll. Es wartet der Prinz, es ist möglich, es gibt ihn, es ist doch nicht zu fassen, dass man sich so weggeworfen hat, die Seele beschmutzt, diese verdammte Neugier und die Langeweile. Aber alle Handlung steht im Zeichen der Suche nach Liebe. Das weiß die Protagonistin. Sie will erkannt werden, körperlich, seelisch, und begreift am Ende, dass das eine nicht notwendigerweise das andere nach sich zieht.

Helen Walsh's »Millie« sucht gar nicht mehr nach Liebe. Also, vordergründig nicht. Im harten Liverpool bleibt keine Zeit für die Reflexion von Sentimentalitäten. Ficken oder gefickt werden, das ist das Geschäft, und die schöne Millie ist eindeutig im Macher-Business. Da werden junge Prostituierte genommen, besoffene Schulmädchen auf der Toilette befingert und danach auch noch fotografiert. Sex ist etwas, woran man sich noch irgendwie festhalten kann, wenn die große Verwirrung so richtig reinhaut. Aber das geht natürlich auch nicht gut. Millie dreht fast durch und haut ab am Ende; das ist doch nicht zu ertragen, diese Sinnlosigkeit, diese Selbstverrohung, diese gottverdammte Verzweiflung. Sie besucht endlich ihre Mutter, es wartet: Geborgenheit.

Oder die Französin Valérie Tasso, in Spanien lebend. Im »Tagebuch einer Nymphomanin« beschreibt sie ihre Reise ins Hurenhaus und zurück. Am Ende rettete sie, wie könnte es anders sein, ein Mann. »Ich habe nichts bereut«, sagt Valérie Tasso.

Nelly Arcan, die virtuose kanadische Sprachterroristin, beschreibt in »Hure« ihre Existenz als Prostituierte. Das gestaltet sich zwischen psychoanalytischem Drama und endloser Hasstirade. Selbsthass. »Schlumpfinenhass.« Freierhass und Elternhass.

Die Bücher haben trotz aller Unterschiede eine Gemeinsamkeit. Entweder machen die Frauen sich oder andere Frauen zum Objekt. Mögen die Verwerflichkeiten der Freier noch so treffend analysiert werden, immer noch sind sie es, die bedient werden. Freiheit wird verstanden als Freiheit, alles auszuprobieren, sich zu trauen, die Phantasie des Nutteseins mal auszuleben, zu erfahren, wie es ist, ein Sexobjekt zu sein. Eine Darstellung der weiblichen Sexualität, die von der Schwäche der Frauen und der Stärke der Männer spricht.

Erotik ist eng verbunden mit der Erfahrung der Nicht-Identität. Ich erinnere mich, dass Julien erzählte, ihn fasziniere an Pornos die quasi-barocke Zerstückelung der Körpers. Das ist mir auch an anderen Stellen begegnet, etwa, wenn die namenlose Protagonistin aus »Romance X« davon spricht, sich erst selbst zu spüren, wenn sie auf ihre Muschi reduziert wird. Wenn ihr Körper neu zusammengesetzt wird durch die Blicke eines anderen. Die temporäre Erfahrung von Fremdheit zeichnet einen von der »gegenüberliegenden« Seite. Catherine Millet lässt ihr Buch mit einer Szene enden, die von den Filmen erzählt, die ihr Mann Jacques mit ihr gedreht hat:

Als er zu mir kommt, ohne die Kamera loszulassen, meine Hand nimmt und sein Geschlecht in meines gleiten lässt, ist dieses so geschwollen wie nie. Der Grund war augenblicklich klar: Dass mein wirklicher Körper vollends mit den vielen flüchtigen Bildern von ihm zusammenfiel, bereitete mir die höchste Lust.

Nicht-Identität ist zum einen erfahrbar durch Fragmentarisierung, zum anderen durch ein Aus-Sich-Heraustreten. Ekstase.

Dazwischen findet etwas statt, was man »im Bett sein« nennt. Gut. Wild. Scheiße. Die sexuelle Identität, oder vielmehr, der besondere Modus des Aktes. Natürlich sind wir immer wir selbst, aber der sexuelle Modus ist wie ein Geheimnis, das jeder besitzt, ein Geheimnis, das entdeckt werden muss. Und das beginnt oft dort, wo wir selbst aufhören. Das »Es« ist gut befreundet mit unserem Sexualtrieb. Die Eisprinzessin erzählte mir mal von einem Liebhaber, ein wirklich kluger, wacher, bewusster, intelligenter Mann. Der beim Vögeln nie die Augen schloss. Der immer »da« war. Die Eisprinzessin war nach kurzer Zeit nicht mehr da.

Ekstase. Schon allein das Wort fasziniert mich. Es klingt nach Rausch, nach Unmittelbarkeit und Intensität. Und das Dionysische, natürlicher Feind der Bürokratie, hat sich durchs hedonistische Hintertürchen wieder hereingeschlichen. Früher gab es diese heidnischen Feste, die Mittsommernacht, die Walpurgisnacht und so weiter, und alle möglichen Götter hatten (und haben) die Ekstase in ihrem Repertoire (nicht zu verwechseln mit Trance, das Sexuelle ist sozusagen das ekstatische Alleinstellungsmerkmal). Grob gesagt geht es dabei um Saufen, Vögeln (Orgien!) und die Verbindung mit der Natur/Gottheit. Auch die Idee des Karneval, uralt und herrlich heidnisch, verbindet Maskerade, also eine Form des Nicht-Identischen, mit Alkoholkonsum und sexueller Freiheit. Im Rheinischen, so sagt man, heben manche langjährige Paare für die tollen Tage den Monogamiekontrakt auf.

Als ich vor einiger Zeit ausgegangen bin, mit König Gunter und Vince und SusiPop, und wir mal wieder gut angezogen und mit einem Drink in der Hand im 103 standen, spähend, kam ein attraktives blondes Weib auf uns zu. Sie sah wirklich toll aus, schlank, lange Haare, interessantes Gesicht. Sie war total besoffen, steuerte auf König Gunter zu, küsste ihn auf den Mund und biss ihn in die Unterlippe. Er war ziemlich perplex. Dann sammelte er sich und schien zu überlegen, ob das nicht eine einmalige Chance sei. Doch sie nahm schon Kurs auf Vince, küsste den, trank einen Schluck von seinem Cuba Libre und entschwand.

»Meine Lippe tut weh«, sagte König Gunter. Vince sah ihr nach. SusiPop und ich lächelten uns an, das hatte uns irgendwie gefallen. Ein wildes, wahlloses Weib. Den Rest des Abends verbrachten wir damit, die Blonde zu beobachten. Sie machte wirklich fast keine Unterschiede. Wie ein trunkener Schmetterling flatterte sie von einem zum anderen, ließ sich hier einen Drink ausgeben und dort den Hintern tätscheln, bis sie schließlich mit einem dunkelhaarigen Typen die Party verließ. Das amüsierte uns wiederum, denn er war ein Bekannter von Susi-Pop und gerade Vater geworden.

Diese Frau hatte eindeutig etwas Dionysisches. Die Lässigkeit, das Aufheben allen Scannens, aller Unterschiede. Frei flottierende sexuelle Energie, nicht diese pseudobrünstigen Versprechungen, die dann nicht gehalten werden. Sie war wirklich heiß, verfügbar und selbstbewusst. Diese Art, vor allem weibliche Sexualität auszuagieren, ist gerade ein wenig am Blühen. Junge schöne Frauen streifen durch nächtliche Räume, und haben wirklich Lust, etwas zu erleben.

König Gunter meinte dazu: »Gott sei Dank, Schlampen gab es schon immer. *Das* ist nun wirklich nichts Neues.« Dann lächelte er sein bezauberndes Lächeln und schürzte die Lippen. »Wir sollten da mal wieder hingehen?!«

Wir sahen uns an und mussten lachen. Denn diese Frau war wirklich keine Schlampe gewesen. Sie hatte Würde. Sie floss durch den Raum und schwitzte ein wenig Moschus aus. Die Grenzen zwischen dem Dionysischen und dem Schlampenhaften sind trotzdem recht fein. Vor allem Männer haben manchmal Unterscheidungsschwierigkeiten.

Ich dachte eigentlich, dass Schlampen immer dem DJ einen

blasen wollen. Dass es einer Schlampe auf solche Dinge wie Status, Macht, Kohle ankommt und man die eigene sexuelle Begehrenswürdigkeit dafür einsetzt, an ihnen teilzuhaben.

Aber vielleicht unterscheiden Männer da nicht so genau. Oder es gibt immer noch zwei Klassen von Frauen: die Schlampen und die potenziellen Freundinnen. Sex oder Liebe. Ach, Männer. Die Frage ist nur, ab wann man sich endgültig für die erste Kategorie qualifiziert hat. Sicher sollte man aufpassen bei der Geschlechtspartner-Inquisition. Ich habe mal irgendwo gelesen, dass sieben eine gute Zahl sei. Zu kleine Ziffern ließen die Frau in einem irgendwie prüden Licht erscheinen, während alles über fünfzehn ganz laut »Schlampe« schreie. Also sieben.

Nächtliche Räume sind dem Dionysischen sehr förderlich. Ekstatisches Tanzen. Nie werde ich vergessen, wie ich vor vielen Jahren mit SusiPop im alten Tresor mit Stühlen getanzt habe. Wie wir Drinks geklaut haben, uns großartig betranken, dann kamen die Stühle, und zum krönenden Abschluss haben wir noch mit zwei süßen schwarzen Jungs geknutscht.

Hemmungsloses Umarmen, Betatschen und Ineinanderkriechen in aller Öffentlichkeit. Drogeninduziert oder nicht, der Rausch der Nacht ist erst mal eines: ein Rausch. Ein Fließen, Instant-Herrlichkeit, Ad-hoc-Sinnproduktion. Das ist die popkompatible Seite des Ekstatischen, die pan-ische, frivole, grenzensprengende.

Tiefer eingetaucht ist Catherine Millet, ihre Pfade wurden gelenkt vom Zufall und dem, der sie führte, der eine Schwanz war für sie wie der andere, unterschiedslos, wenn sie mit gespreizten Beinen auf einem Tisch lag, irgendwo. Die Männer, denen sie auf diese Weise begegnete, haben ihre Individualität verloren, es war eine heilige Prozession von Schwänzen, die zum Weiblichen vordringt, ein uraltes Spiel mit wechselnden

Protagonisten. Ihre Geschichten erinnern mich an das, was man sich von den Priesterinnen aller möglichen Fruchtbarkeitsgöttinen erzählt oder den alten Festen. Man geht einfach raus, lässt sich leiten vom brausenden Blut, vom fordernden Fleisch, und vögelt zu Ehren der dankenswerten Schönheit der Existenz.

2.4 Obszönes

Im Lexikon wird das Obszöne als »schlüpfrig«, »zotig«, »den Sexualbereich auf unanständige Art oder sittlich verletzend« beschrieben. Körper können obszön sein, Posen, die schreiende Nacktheit eines Geschlechts. Fotos, die man davon macht. Doch der eigentliche Ort des Obszönen ist für mich das Wort. Manchmal die Kunst. Und auch einige Situationen, die keinen sexuellen Hintergrund besitzen.

Das Obszöne ist das Ungeheure, Unbegreifliche. Darin findet ein Moment des Erhabenen statt. Man steht vor etwas, das im ersten Moment das Fassungsvermögen völlig überschreitet, und die zu leistende Positionierung gleicht einer Navigation an den Rändern der Persönlichkeit entlang. Das Obszöne schärft uns. Es tritt an uns heran und tut uns Gewalt an, von der wir uns durch einen intellektuellen Akt befreien müssen. Im Gegensatz zum Pornographischen besitzt das Obszöne eine schreckliche Würde. Es ist grotesk, vermessen und brutal in seiner Wucht. »Das obszöne Werk« von Bataille finde ich eher amüsant als überwältigend, wenngleich der Ekel, der den heiligen Schrecken auslösen soll, beständig beschworen wird. Ich habe mich schon sehr damit vergnügt, aus diesem Werk am Strand vorzulesen und vorgelesen zu bekommen; es eignet sich gerade für diese Verwendung hervorragend:

Am Ende ließ Simone von mir ab, nahm Sir Edmond das Auge aus den Händen und führte es in ihr Fleisch ein. In diesem Moment zog sie mich an sich, küsste mich und ließ dabei ihre Zunge mit so viel Leidenschaft in meinen Mund gleiten, dass mir der Orgasmus kam; ich spritzte meinen Samen über ihr Fell.

Das Obszöne provoziert und fordert eine Reaktion. Im Gegensatz zum Pornographischen ist es nicht konsumierbar, und im Gegensatz zum Erotischen findet die Auseinandersetzung damit ausschließlich im Geist statt. Sobald es sich eines anderen Mediums bedient wie Film oder Foto, verliert es seine Absolutheit.

Das Obszönste, was ich je gelesen habe, ist de Sades »Die 120 Tage von Sodom«. Dieses Werk ragt wie ein Monolith in die Nacht des Denkbaren. Die methodische Strenge, mit welcher de Sade alles Machbare durchexerziert, kennzeichnet es als Werk der (Gegen-)Aufklärung. Mit grausamer Rationalität schreiten die Ereignisse voran, getrieben von der Logik der Gewalt und absoluten Machtausübung. Dieses Buch hat mich nicht amüsiert. Es hat mich ein bisschen vergewaltigt.

Roland Barthes hat bezüglich der Fotografie zwei Anschauungen unterschieden. Das *Punktum* und das *Studium*. Das *Studium* erfüllt eine visuelle Erwartung und kreiert einen anschlussfähigen Kontext. Das *Punktum* hingegen ist der Ort des Widerstandes, der Materialität, dort, wo etwas über das Bild hinausragt und sich im Auge des Betrachters festbeißt. Das *Punktum* ist etwas, das einen selbst persönlich berührt und nicht mehr loslässt. Diese Unterscheidung erweist sich als sehr brauchbar, wenn sie auf die Erotik angewendet wird. Lieblingsstellen an Körpern. Lieblingsszenen in Büchern.

Gerade ein so konzeptionelles Werk wie »Die 120 Tage« bietet durch seine extreme Vielfältigkeit bezüglich des Dargestellten einen wunderbaren Kompass. Man findet, auch auf andere

Werke erotischer Literatur bezogen, viel über das eigene Begehren heraus.

»Mhm, ja…«

»Nein, das ist ja scheußlich!«, und so weiter.

Und man kann das ganz angenehm mit sich ausmachen, während man mit großen Augen durch die Seiten navigiert. Und manchmal eben springt einen etwas an. Und manchmal fickt einen etwas in den Kopf. Niemand hat gesagt, dass Worte nicht gefährlich seien. Das letzte Glied des kleinen Fingers. Nur ein kleines Stückchen Fleisch, mit einem winzigen Knöchelchen. Das wurde abgehackt. Am frühen Morgen, als die Sonne gerade aufging. Sie hat nicht geschrien, sie konnte nicht mehr schreien. Das kleine Fingerstückchen war nur ein Vorgeschmack der langsamen Zerstückelung, die ihr noch bevorstand. Vielleicht macht es das so schrecklich.

Von dem ganzen Buch hat sich ausgerechnet dieses Detail in mein Gedächnis eingebrannt. Am Ende sind fast alle tot, geschlachtet, amputiert, und die Säuglinge wurden gefressen. De Sade hat wirklich an alles gedacht. Dieses Buch ist das obszönste und schrecklichste Werk, das ich je gelesen habe. Der dunkle Turm, nur im Geist zu betreten.

Hier zeigt sich wieder das Problem der Bildlichkeit. Pasolini hat de Sade unter dem Titel »Salò oder Die 120 Tagen von Sodom« 1975 verfilmt. Er benutzte de Sade, um die Schrecken des Faschismus darzustellen.

Als ich gerade die »120 Tage« gelesen hatte und mich noch in Rekonvaleszenz befand, lief dieser Film wieder im Kino (2002). Ich war neugierig und sah ihn mir an. Die Augenszene war wirklich scheußlich. Aber ich muss gestehen, ich war auf eine perverse Weise enttäuscht oder vielleicht schon allzu verroht durch das Buch. Denn das, was de Sade beschrieb, existiert nur in einem Raum in uns, nicht in einem Raum außerhalb unser. Meine Phantasie ist viel grausamer und klarer als die Bilder, die uns mit tröstlichen Sehanweisungen versorgen. Sobald man den anderen sieht, dem etwas zustößt, rückt das Geschehen weg von einem selbst.

Auch die »Geschichte der O« verliert ihren wahrhaftigen Schrecken in der verfilmten Vision. Am Ende gibt es in Just Jeakins Film sogar eine Versöhnung, einen Ausgleich der Machtverhältnisse, und die schöne Darstellerin der O brennt Sir Stephen mit der Zigarette ein Loch in die Hand. *True Kinky Love.*

2.5 Sehnsucht und Solidarität

Jemand sagte einmal zu mir: »De Sade ist einfach böse. Er hat Menschen wie Dinge behandelt. Man darf Menschen nicht wie Dinge behandeln.« Und irgendwie hatte er da Recht. Mag die Absolutheit des Dargestellten und der immer mitschwingende gesellschaftskritische Kontext sein Werk vom Pornographischen ins Obszöne heben, die Mechanik der Darstellung ist pornographisch. Denn genau das ist es, was Pornographie macht. Sie macht Menschen zu Dingen. Sie entblößt, aber befriedigt nicht. Jedenfalls nicht auf Dauer. Schlimmstenfalls machen wir uns selbst zu Dingen. Und operieren irgendwann sogar unsere inneren Organe, damit sie besser aussehen. Gerade sind Vaginalkorrekturen der letzte Schrei. Schönheitsoperationen. Es scheint, dass die ständig auf der Lauer liegende Normierung ein neues Ziel entdeckt hat: Primäre Geschlechtsorgane. Schamlippenkürzung. Endlich symmetrisch!

In einer pornographischen Gesellschaft verwandeln wir uns in Produkte, haben aber Sehnsucht nach dem Unverkäuflichen. Wir verwandeln uns in Produkte, weil mit der pornographischen Sexinessverheißung mittlerweile jeder Mist verkauft wird. Gerade gibt es wieder so eine aufdringliche Lätta-Werbung, die es irgendwie schafft, Margarine mit der Steigerung der sexuellen Anziehungskraft zu verknüpfen. Das Bekleidungsunternehmen Shai* geht noch einen Schritt weiter

---

* *www.sexpacking.com*

und präsentiert seine Sommerkollektion 2006 gleich als Porno. Die Teile werden langsam ausgezogen, und dann wird ordentlich gefickt; dazu singt eine Frauenstimme: *There's no reason to be shy.*

Wir verwandeln uns in Produkte, weil wir diese andauernde Selbstoptimierung schon ziemlich verinnerlicht haben. Doch Erotik ist nicht konsumierbar. Sie muss gestaltet werden. Es geht um einen bewussten Akt. Und unser Kopf ist immer noch das erotischste Organ, das uns zur Verfügung steht.

Die pornographischen Strategien sorgen für permanente Unzufriedenheit. Denn es könnte immer noch etwas Besseres auf einen warten. Etwas Besseres gekauft werden. Und man selbst könnte einfach besser sein. Und würde endlich mal wieder poppen. Aber das hatten wir ja schon.

Auf VIVA gibt es gerade eine Werbung für eine Art Single-Treff per SMS: kostet »nur« 2,99 Euro pro SMS. Oder so ähnlich. Das Ganze heißt dann: »Mit VIVA bist Du nie allein.« In dem ersten Spot sieht man ein Mädchen und einen Jungen auf einer Couch knutschen, und es piept. Oder sms-tönt. Er greift nach seinem Handy, immer noch küssend, und liest ein, zwei SMS à la »Du bist so süß. Ich liebe dich.« Oder so ähnlich, was man eben schreibt, wenn man gerade fünfzehn geworden ist. Doch die letzte SMS trägt die Unterschrift eines Boys, und verdutzt stellt der Jüngling fest, dass die alle gar nicht für ihn waren, sondern für sein süßes Girl. Die haben nämlich das gleiche Handy! Von Nokia, wenn ich mich nicht irre.

In der zweiten Bewerbung dieses kundenorientierten Services sieht man wieder ein verliebtes Pärchen. Das Mädchen fragt, ob er sie vermisse. Natürlich. Ob er ihr eine SMS schreiben würde, zwei, vier. Natürlich. Ob er ihr für immer schreiben würde. Betretenes Schweigen. »Mit VIVA bist Du nie allein.«

Haha. Das war doch nur Spaß. Die wollen alle nur spielen. Das ist alles ganz wunderbar, und ich wünsche allen Minderjährigen eine derart köstliche Pubertät, aber die Attitüde ist fatal. Das Leben ist kein Spaß. Höchstens ein Vergnügen, wenn man es richtig anstellt. Doch endloser Fun ist ein hedonistisches Heilsversprechen (habe aus Versehen »Geilsversprechung« geschrieben und wollte es fast stehen lassen), das auf eine nicht erreichbare Zukunft deutet. Der Esel mit der Karotte vor der Nase.

Drum prüfe, wer sich ewig bindet, ob sich nicht was Bess'res findet. Ein neues Auto. Ein neuer Liebster. Ein neues Muscleshirt. Denn irgendwo da draußen wartet es ganz bestimmt, und wenn wir nur genügend gepimpt haben, dann sind wir endlich würdig.

Der Marktwert eines Menschen wird bestimmt durch Übereinstimmung mit/oder Abweichung von der objektiven Sexiness-Skala.

Doch wenn man jemanden liebt oder auch nur begehrt, verlieren diese allgemeinen Maßstäbe an Bedeutung. Man setzt den anderen dann zu einem Bild zusammen aus seinen Lieblingsstellen, Lieblingsposen und speziellen Verhaltensweisen. Man beobachtet jemanden und entdeckt dessen Einzigartigkeit.

Die Eisprinzessin sagte einmal zu mir: »Weißt du, neulich saß Vince auf meinem Bett, mit nacktem Oberkörper, und ich habe festgestellt, dass sein ganzer Körper ein wenig kantig ist, wie sein Gesicht. Mir fiel plötzlich auf, dass sich seine Persönlichkeit an jeder Stelle seines Körpers ausdrückt, seine Schärfe, Manieriertheit.«

Dann senkte sie den Kopf: »Ich war vor kurzem auf dem Begräbnis meiner Tante. Der Körper, den ich gesehen habe, war nicht mehr ihrer, sie bewohnte ihn nicht mehr. Ihre Persönlichkeit war verschwunden, und es blieb nur noch totes Fleisch zurück.«

Jeder möchte gesehen werden. Und nur ein liebevoller Blick, gleichermaßen Voraussetzung für Erotik wie für Liebe, ist in der Lage, uns dort zu streicheln, wo etwas wie Seele stattfindet. Dieser Blick sucht das Besondere, das immer von der Norm abweicht. An perfekten schönheitsoperierten oder fitnessgestählten Körpern findet er oft nichts, woran er sich festhalten kann.

Einsamkeit ist eine Grundempfindung. Unsere diskontinuierliche Existenz. Umso dringender brauchen wir das Gefühl, uns heimisch zu fühlen. Man beginnt sich heimisch zu fühlen, indem man die Welt um sich herum wahrnimmt. Und wahrgenommen wird. Indem man liebt und geliebt wird.

Die Existenz ist paradox: Wir sind allein und nicht allein. Wir wollen Spaß, und wir wollen Sicherheit. Konsum und Kontinuität. Bewusstheit und Betäubung. Und diese Unentschlossenheit! Beziehung oder Affären? Hedonismus oder Verantwortlichkeit?

Hier formiert sich der alte Widerspruch zwischen dem, was man will, und dem, was man braucht. Und gleichzeitig wird es ganz einfach. Wir brauchen Liebe.

Heimisch werden. Anfang allen Heimischwerdens ist es, sich in seinem Körper wohlzufühlen. Und wenn jemand meint, sich dafür operieren lassen zu müssen, ist das seine Sache. Außerdem sollte man sich irgendwie mögen, auskommen sollte man mit sich. Um zu begehren, muss man sich selbst begehrenswert finden. Für Leute, die glauben, dass ihre ihnen selbst noch unentdeckte Schönheit/Besonderheit/Liebenswürdigkeit irgendwann von einem anderen durch irgendwelche mystischen/hollywoodinspirierten/schicksalhaften Umstände erkannt werden, gibt es sogar einen speziellen Feiertag: den Sankt-Nimmerleinstag.

Vince erzählte mir einmal, als wir uns im Nola in den Liegestühlen sonnten, dass er bei Sartre etwas über eine Tänzerin gelesen hatte.

»Soweit ich mich erinnere, hat er eine Unterscheidung gemacht zwischen vulgärem und erotischem Tanz.«

Ich räkelte mich in meinem Liegestuhl und kniff die Augen zusammen.

»Sartre zufolge ist ein Tanz vulgär, wenn die Gliedmaßen der Tänzerin verdinglicht werden. Wenn ihr Arme beispielsweise so herumschlackern.« Er setzte sich auf und schüttelte seinen Oberkörper. »Oder sie ihre Dinger auf diese Weise schwingt. Eine gestaltete, bewusste Bewegung hingegen nannte er erotisch. Wenn selbst die Fingerspitzen noch Verlängerung ihres Ausdruckswillens sind.«

»Dann wird er wohl Ballett gemocht haben«, sagte ich träge.

Es war ein gutes Beispiel. Um sich in seinem Körper wohlzufühlen, muss man ihn bewohnen. In Besitz nehmen. Wie sich selbst. Das ist die Voraussetzung für Sinnlichkeit. Und wie verführerisch ist selbst-bewusste Geschmeidigkeit!

Im besten Fall erzeugt Erotik ein absolutes Hier und Jetzt, das Wissen, jetzt und hier das Allerbeste zu erleben. Ein Moment der Genügsamkeit. Typen, die beim Küssen nach ihrem Handy schielen, würde ich ihr kleines Kommunikationsinstrument am liebsten dorthin schieben, wo die Sonne niemals scheint.

Doch auch meine koitalen Zweisamkeiten wurden schon durch anderweitige Kommunikationsangebote unterbrochen. Und es ist ein wahrer Liebesbeweis, das Läuten und Verstummen des Telefons über sich ergehen zu lassen. Denn Ausmachen kann man es ja nicht, es könnte schließlich jemand Wichtiges anrufen.

Das Leben in unserer heutigen Zeit ist ganz groß darin, uns abzulenken. Immer neue Dinge gibt es zu sehen, zu konsumieren, zu tun. Es wird permanente Erfüllung propagiert, und wehe dem, der es wagt, unglücklich zu sein. Es gilt der hedonistische Imperativ »Kaufe!«, »Ficke!«, »Sei gut drauf!«. Aber es gibt die Dinge, die man tatsächlich nicht kaufen kann, obwohl *damit* verkauft wird. Nämlich Liebe, Freundschaft, Solidarität. Alles, was wirklich wichtig ist, ist nicht konsumierbar. Es ist erfahrbar, wenn man sich Zeit nimmt und weiß, wonach man sich sehnt.

Das muss sich nicht nur auf das Zwischenmenschliche beziehen. Die Schönheit der Natur ist kostenlos. Brandenburger Seen. Bayrische Berge. Langsam sich verdunkelnde Abendhimmel. Der Geruch von Wald. Die Möglichkeit, einen Spaziergang zu machen.

Es ist alles so verwirrend geworden. Die Vergangenheit hat sich in eine gigantische Recyclinganlage verwandelt, die Gegenwart scheint endlos, die Zukunft ungewiss. Das Hegel'sche »Ende der Geschichte« ist alltägliche Realität. Woran kann man sich noch festhalten? Die Frage ist nicht neu, genauso wenig wie die Antwort. An sich selbst. An seiner Beziehung zur Welt, an der Neugier, an der Schönheit. An Büchern. Als ich ein dauerbekiffter Teenager war und meine Verzweiflung auslitt in Stunden endloser Reflexion darüber, was das echte, wahre Leben sei, das sich bedauerlicherweise immer dort abzuspielen schien, wo ich nicht war, dachte ich an Bücher. Ich stellte mir vor, dass ich das alles gar nicht nötig hätte, dass ich zufrieden sein könnte, wenn man mich einsperrte in eine gigantische Bibliothek.

An Büchern halte ich mich immer noch fest. An Musik,

guten Gesprächen und der Zärtlichkeit, die zwischen uns Menschen möglich ist. Und vor allem – an der Familie. Eine Mischung aus Wahlverwandtschaften und biologischem Ballast. Ich liebe meine Familie. Und ich liebe meine Freunde. Das ist ja alles längst psychologisch und soziologisch analysiert worden: Das Menschentier braucht Zugehörigkeit, starke Bindungen nennt man das.

Wir haben nur einander auf dieser unserer Erde. Die schönsten Sterne, die ich jemals sah, fand ich in den Augen eines Geliebten. Oder in den Augen der Eisprinzessin, wenn sie wieder mal Adorno gelesen hatte. Oder in den Augen meines kleinen Bruders, als Bayern München die Champions League gewann.

Das Entzücken über die Schönheit eines anderen macht die Welt zu einem besseren, einem heimischeren Ort.

SusiPop war schlecht gelaunt. Ihre dunklen Augen blickten grimmig, wenn sie sich unbeobachtet fühlte. Wir saßen in einem Café, es war ein warmer Sommerabend. Irgendwann sah sie mich an und sagte:

»Ich habe am Wochenende einen russischen Surfer kennengelernt. Mmmmh. Guter Körper.«

Das war wieder so eine typische Geschichte. Ein russischer Surfer.

»Und gestern habe ich die Nacht mit ihm verbracht. Eine gute Nacht.«

»Mhm«, sagte ich.

Sie seufzte. »Weißt du, manchmal frage ich mich, wo das alles enden soll. Ich meine, wir hatten guten Sex und so, und er ist ein cooler Typ, aber …«

Ich trank einen Schluck Rotwein.

»Diese One-Night-Stands. Das ist doch alles irgendwie unbefriedigend. Natürlich ist es aufregend, wenn man sich nicht kennt, das Fremde, aber es fehlt der Kontext. Ich liebe Sex, ich finde es entspannend und so, und ich glaube auch, dass man mit einem Unbekannten eine erotische Geschichte erleben kann. Aber gerade fühle ich mich so leer.«

Sie verzog das Gesicht. »Ist das nicht ein saublödes Klischee?«

»Aber es stimmt meistens«, sagte ich. »Sex wird eigentlich erst interessant durch das Drumherum. Durch die Geschichte, die sich langsam aufbaut. Man braucht eine gewisse Vertrautheit. Ich hatte mal was mit einem Kölner…«

Sie lachte. Sie kannte die Geschichte.

»Na ja, das war natürlich erst mal befriedigend, vor allem meine Eitelkeit hat es befriedigt. Yeah, ich hab gepoppt.«

Wir grinsten uns an, SusiPop war eine Frau, die etwas von Trophäen verstand.

»Kürzlich haben wir uns zufällig wiedergetroffen und haben uns gut unterhalten. Wir verbrachten einen Nachmittag zusammen, und es baute sich eine schwüle, stille Spannung auf. Ich habe das sehr genossen. Es war aufregend, gerade weil wir uns schon kannten. Ich hatte schon fast wieder vergessen, wie das war mit uns, ich hatte auch keine Lust, es zu wiederholen, viel interessanter war – dieses Mögliche.«

Sie griff nach ihrem Glas, und sagte:

»Der Surfer. Ich meine, es war alles gut Aber es bedeutete nichts. Es war so – sportlich. Wie ein Häkchen, eine Kerbe im Bettpfosten. Ich weiß nicht mal, ob ich Lust habe, ihn wiederzusehen. Irgendwie ödet mich das an, das Ganze.«

»Ach, das ist nur der Sommer. Der macht uns alle fertig. Scheißverwirrung. Ich weiß auch nicht, was ich will. Ich will keine Beziehung, ich will keine One-Night-Stands, und nichts ist schwieriger als eine gepflegte Affäre. Aber Enthaltsamkeit? Wir sollten ausgehen.«

170

»Pah.« Sie schnaubte verächtlich. »Du weißt ja, wie's ist.«

»Weißt du,« sagte ich nach einer Weile, »ich glaube, den Männern geht es auch nicht anders. Dieses ganze Rumvögeln ist so seelenlos. Vince hat mal genau das Gleiche wie du zu mir gesagt, über One-Night-Stands. Dass er sich dann so leer fühlt. Man braucht einfach Zeit, um den anderen kennenzulernen. Die Lieblingsstellen. Man will ja doch, dass es etwas bedeutet. Irgendwie.«

»Manchmal denke ich, dass ich mich mit all den Männern nur ablenke. Ich weiß nur nicht genau, wovon. Ich meine, mit wie vielen muss ich denn noch schlafen?«

Das sagte sie leise, bestellte ihr viertes Glas Rotwein und verschwendete keinen Blick an den hübschen Kellner.

»König Gunter nennt das *slept with too many*. Ich habe gerade von einer Studie gelesen, nach der eigentlich der dreizehnte Liebhaber der Richtige ist.«

Sie war still. Sie zählte. Dann schüttelte sie den Kopf.

»Da stand auch, dass nach, sagen wir mal, dreißig Männern wahrscheinlich schon der perfekte Partner dabei war und man ihn wieder ziehen ließ. Aber Sport-Sex zählt hier nicht, nehme ich an.«

»Auf keinen Fall. Und wer will schon einen perfekten Partner?« Sie lächelte, ihr warmes schönes SusiPop-Lächeln. Dann richtete sie sich auf, grinste dreckig und seufzte. »Scheißsommer. Ich sollte mich wirklich auf die Arbeit konzentrieren. Ich muss endlich dieses Material schneiden.«

Ich streichelte ihren Oberarm, die weiche Haut, und freute mich an ihrem Strahlen.

»Irgendwie geht es ja nur darum, glücklich zu sein. Zufrieden. Manchmal ist Sport-Sex genau das Richtige. Manchmal nicht. »

Darauf tranken wir.

Nicht immer haben wir das Glück, in einer Liebesgeschichte zu stecken. Manchmal wollen wir das auch gar nicht, weil Wunden noch heilen müssen, wir unsere Energien auf anderes konzentrieren, niemand Passendes in Sicht ist. Trotzdem würden wahrscheinlich fast alle Singles bei einer anonymen Umfrage angeben, dass sie sich gerne verlieben würden. Wer will sich nicht verlieben? Fast jeder trägt eine *Romantic Readiness* mit sich herum. Das ist ein Begriff aus dem »Großen Gatsby« von F. Scott Fitzgerald. Er beschreibt die Bereitschaft des Helden, sich sofort und für immer auf die erhoffte Liebe seiner Angebeteten einzulassen. Auch wir sind ständig, bewusst oder unbewusst, auf der Suche. Dieses blitzartige Umsehen, wenn man eine neue Szenerie betritt, das kurze Checken, ob hier vielleicht der Jackpot wartet und der verdammte Blitz endlich einschlägt. Denn dann wären wir doch bereit, oder?

Aber kann man Liebe nur in einer Partnerschaft erleben? Oder Vertrautheit und Geborgenheit? Ich meine, kein Einzelner kann leisten, was ich an Interesse, Zuwendung und Sicherheit brauche. Leute, die das denken, beängstigen mich.

Die Last der Existenz will wohlverteilt sein. Denn teilen müssen wir unser Leben. Wir müssen es zulassen, die anderen zu brauchen und selbst gebraucht zu werden.

Das ist nicht immer einfach. Es kann schrecklich langweilig sein, der Eisprinzessin zuzuhören, wenn sie mal wieder maulig ist. König Gunters Frauengeschichten im x-ten Durchgang mitzuerleben. Die beharrliche Selbstsucht von SusiPop zu beobachten. Oder sich meine Klugscheißereien reinzuziehen, wenn ich zu viel getrunken habe.

Beziehungen brauchen Zeit, um sich zu entwickeln. Man muss den anderen manchmal wichtiger nehmen als sich selbst. Man muss die Fehler seiner Liebsten ertragen und dankbar sein, dass sie es mit den eigenen auch tun. Wie sehr wir immer wieder gefangen sind in unseren Rollen. Dieser brechreizende Wiederholungszwang! Und was wir nicht alle schon fundamental schlecht drauf waren. Verzweifelt. Verbittert. Verängstigt. Oder genial, größenwahnsinnig und unerträglich gut gelaunt. Das muss man auch aushalten. Denn wir sind alle kostbar. Und verdammt fragil, an den schlechten Tagen.

Bei allem hedonistischen Bohai und den Freuden der ewigadoleszenten Unentschlossenheit – man muss sich entscheiden. Wir alle haben Sehnsucht nach dem Unverkäuflichen. Aber das braucht Zeit. Konsum sagt: Wenn etwas kaputt ist, *out* ist, sperrig ist, wirf es weg, und kauf ein Neues. Menschen sagen: Zeit brauchst du für mich, gezähmt will ich werden. Ich bin kaputt, sperrig und schrecklich neurotisch. Aber genau deshalb hast du mich doch gern.

Partnerschaftliche Romantik ist nur eine Form von Liebe, die schönste vielleicht, strahlendste, mit der höchsten Erfüllungsverheißung. Das persönlichste aller Glücksversprechen.

Aber Liebe heißt zunächst Respekt und Solidarität, die aus einem Gefühl für die geteilte Existenz entsteht. Jeder ist auf ganz fundamentale Weise allein. Aber genau dieser Umstand, der allen eignet, verbindet uns. Wir teilen unser Leben, die kostbare Zeit, die uns gegeben ist. Und wenn jemand denkt, dass alle Frauen Schlampen sind und alle Männer Schweine, dann sucht er sich eine schreckliche Realität aus. Das ist der erste Schritt zur Kälte. Zur Gleichgültigkeit, dem Herztod bei lebendigem Leib. Wenn man anfängt, Menschen wie Dinge zu behandeln, werden sie wertlos. Man kann sie missbrauchen, verkaufen, töten.

Der pornographische Blick macht es leicht, Menschen unmenschlich zu behandeln. Als man einen Zwölfjährigen aus gutem Haus fragte, warum er seine kleine Schwester über Wochen hinweg erniedrigt, geschlagen und vergewaltigt habe, sagte dieser, er habe nur die Bilder und Filme nachspielen wollen, die er im Internet entdeckt hatte, aus Spaß.

Es werden Spuren hinterlassen, im Guten wie im Schlechten. Und manchmal müssen wir behüten, was uns am Herzen liegt. Ob depressive Freunde, ein Kind vor dem Computer oder die Räume, die wir unser Heim nennen.

Larry Sultan, ein kalifornischer Fotograf, begleitete für den Zyklus »The Valley« jahrelang Pornodreharbeiten mit der Kamera. Er erzählt in einem Interview mit der *Süddeutschen Zeitung* von den Häusern in den Vorstädten, die von ihren Besitzern gerne für Pornoproduktionen vermietet werden. »Da bleiben Spuren haften. Wie nach einem Unglück. Oder einem Selbstmord. Solche Ereignisse erzeugen eine Aura. Sie stören die Seele des Hauses.«

Anfang aller Liebe ist die Selbstliebe, das Wohlfühlen, die Kenntnis des eigenen Selbst, das Heimischwerden auf der Welt. Wenn jemand es nicht einmal mit sich aushält, wie soll er es dann mit einem anderen aushalten?

Liebe bedeutet Solidarität, Respekt und Freundlichkeit. Und zwar seinem ganzen Umfeld gegenüber, nicht nur in Bezug auf einige wenige Menschen. Denn natürlich hat Liebe eine globale Dimension. Wir versuchen, ein Gefühl für die Ungerechtigkeit wachzuhalten. Für das Groteske. Und das fängt in unserer eigenen Gesellschaft an.

Ein liebevoller Umgang miteinander ist auch die Grundvoraussetzung alles Erotischen, denn die Unterscheidung zwischen dem Wahllosen und dem Einzigartigen ist genau die Grenze, die zwischen Erotik und Pornographie verläuft. Dabei geht es nicht um das Was, sondern um das Wie. Es gibt pornographische Partnerschaften und erotische Abenteuer.

Wir wollen uns verbunden fühlen, mit den anderen und mit

der Welt. Und hui, die Postmoderne ist ein schlüpfriges Pflaster. Multi-optional, glamourös und sehr beliebig, wenn man nicht aufpasst. Aber wir sind ja nicht blöd. Und keine Pornostars. Auch wenn wir manchmal so aussehen. Denn es hilft ja alles nichts, wir müssen Verantwortung übernehmen. Für uns, unser Leben, unsere Ziele und deren Verwirklichung. Und für die Menschen, die wir lieben. Nur so lässt sich der ganze Mist hier aushalten. Das ganze verdammte, wunderbare Leben.

Erotik ist Ja-Sagen zum Leben bis in den Tod. Dort berühren sich Körper und Geist, Phantasie und Realität. Erotik ist bestimmt durch Solidarität, durch ein liebevolles Annehmen des anderen. Wir sind keine Fickmaschinen. Nur sportlich.

Ich war mit meinem Freund TomBoy essen, er ist groß und breit und lässig drauf. Er bestellte sich ein riesiges Schnitzel und sagte: »Erektile Dysfunktion.« Er zerteilte das Schnitzel konzentriert.

Ich rollte eine Bandnudel auf und schwieg.

»Das ist das, was Pornos den Männern antun. Die ultimative Potenz. Immer können, immer wollen, immer müssen.«

»Lubrikation«, sagte ich. »Immer geil, immer feucht, immer bereit.«

Befriedigender Sex ist verständnisvoll. Vergnüglich. Nicht leistungsorientiert. Garniert wird er mit Leidenschaft, Akzeptanz und Hingabe. Aber niemand kann immer. Weder Männer noch Frauen. Und vor allem – Sex ist nicht nur Penetration. Ich habe schon erotische Gespräche erlebt, die heißer waren als der neue Jenna-Jameson-Porno.

Erotik kann den an sich banalen Akt in etwas Erhabenes verwandeln. Sie hebt das rein Biologische auf und verleiht ihm durch Gestaltung Bedeutung. In der Erotik schöpfen wir aus dem unermesslichen Reservoir unserer Phantasien. Unserer Existenz. Pornos zerstückeln den Sex, um ihn sichtbar zu machen. Irgendwann bleibt nur noch Fleisch übrig. Löcher. Schäfte. PINK!* Das ist wie mit einem impressionistischen Gemälde. Wenn man zu nahe drangeht, verschwimmt alles, die Gestalt löst sich auf, nur Farbflecken bleiben zurück.

Erotik ist eine Erfahrung, die Ganzheit beinhalten kann. Alle Komponenten, aus denen sie sich zusammensetzt, bilden ein Ganzes, das mehr ist als die Summe seiner Teile. Die Beziehung, die man zu einem Menschen hat. Der Geruch seiner Haut. Der Moment der Lust. Zartes und Hartes. Orte und Stimmungen. Das ist nur erfahrbar. Anaïs Nin schrieb dazu:

Sie wissen nicht, was Sie dadurch versäumen, dass Sie die sexuelle Betätigung mikroskopisch genau untersuchen unter Ausschluss aller anderen Aktivitäten, die doch der Brennstoff sind, an dem sie sich entzünden. Die Mitwirkung von Verstand, Phantasie, romantischen Gefühlen verleiht dem Sexuellen seine erstaunliche Textur, seine subtilen Transformationen, seine erotischen Elemente.

Erotik hat auch ein Moment der Ewigkeit. Es gibt Flirts, die niemals enden. Berührungen, die immer bleiben. Und manchmal hört man nicht auf, miteinander zu schlafen. Irgendwo gibt es einen »verzauberten Wald«*, in dem dieser Moment ewig währt. Denn wir hinterlassen alle Spuren aneinander.

Also geben Sie sich das nächste Mal ein bisschen Mühe!

---

* Im Pornosprech ist »Pink« die Bezeichnung für alles Rosafarbene zwischen Frauenbeinen.

** Wie bei »Winnie the Pooh«. Am Ende, als die Schule anfängt, und Christopher Robin die phantastische Welt verlassen muss, in der er mit Ferkel und Co. gespielt hat, erzählt A. A. Milne von dem verzauberten Hundertsechzig-Morgen-Wald. Dort warten alle, für immer.

3.0 Die Jagd

Sweet dreams are made of this (…) everybody's looking for something. (Eurythmics)

Oh ja, wir sind alle auf der Suche. Wir suchen das Leben, Erlebnisse, wir suchen Sex und Glück und Liebe. Wenn wir uns nicht schon resigniert zurückgezogen haben, um vor irgendwelchen Bildschirmen zu verrotten. Oder in ästhetischer Erstarrung die nötige Beweglichkeit verloren haben.

Aber wir sind doch sexy! Und haben somit die Berechtigung zur Jagd. Alles, was wir tun, um unseren Status, unseren Marktwert zu erhöhen, dient nur der Vorbereitung. Die Selbstoptimierung ist Teil des Spiels. Und auch da wird gejagt, was das Zeug hält.

Manchmal gehe ich mit der Eisprinzessin einkaufen. Wir schlendern dann ganz unauffällig in einen dieser großen Shops und stehen erst mal da. Dann trennen sich unsere Wege, denn der gute Jäger weiß, gejagt wird nur alleine. Wenn wir uns die Beute präsentieren, kann die Sozialisation wieder einsetzen.

Ich stehe also in diesen riesigen Räumen, die funkeln und mich mit Farbschattierungen fast erschlagen, und überall hängen Teile, die mir leise zuflüstern: »Nimm mich mit, entdecke mich, ich werde dich zu der machen, die du schon immer sein wolltest.«

Die Jagd ist eine Bewegung, die zwischen uns und dem Glück steht. Ich erinnere mich noch gut, wie ich vor vielen Jahren, es war irgendwann am Anfang meiner Teenagerzeit, in einem Geschäft stand. Hingebungsvoll betrachtete ich einen beigefarbenen Rollkragenpullover und eine olivgrüne Hose. Ich hatte eine solche Sehnsucht danach, diese Dinge zu besitzen, es schien mir, als könnte ich durch sie endlich Vollständigkeit erlangen. Als würde ich endlich angekommen sein, wenn ich sie kaufte. Natürlich habe ich sie gekauft. Das Glück jedoch war nur von kurzer Dauer, denn bald drängten sich neue Dinge in mein Bewusstsein. Taschen. Schuhe. Oberteile. Hosen, ich habe so viele Hosen, ich weiß nicht, wie das passiert ist. War die olivgrüne Hose der Anfang? Vielleicht ist die Erinnerung an sie und an den beigefarbenen Wollpulli, der, ich muss es zugeben, von ausgesuchter Scheußlichkeit ist, so lebendig, weil es eines der ersten Male war, in denen mir die Jagd begegnete.

Die Jagd ist die sportliche Seite des Konsums. Und es hat niemand gesagt, dass Shoppen nicht anstrengend sei. Gott sei Dank wird man professioneller mit den Jahren. Gegen Ende meiner Teenagerzeit wurde ich fast Opfer der akkumulativen Tendenzen, die aller Jagd zu eigen sind. Denn diese hat ein unendliches Moment – nach der Beute ist vor der Beute. Wenn man damals meine Kleider in einen riesigen Sack gepackt und ihn auf mich hätte drauffallen lassen, ich wäre zerquetscht worden.

Tragischerweise entwickelt man eine Beziehung zu den unzähligen Dingen, die man erlegt und in den Bau geschleppt hat, und so fiel es mir schwer, mich von ihnen zu trennen. Ich habe es aber doch geschafft, den Berg stückweise abzutragen. Er wurde auf Flohmärkten, in Secondhandshops und in Humana-Containern verteilt. Der Trick ist, sich von der Vorstellung zu lösen, schlammbraune Lederröcke würden nur darauf warten, wieder total und unfassbar »in« zu sein. Die Aktualität der Mode ist gnadenlos. Mag die Farbe wiederkehren, der Schnitt tut es bestimmt nicht. Oder andersherum.

Die Eisprinzessin steht bei den pinkfarbenen Ohrringen. Ihr Gesichtsausdruck wechselt zwischen Entzücken und Entsetzen. So schöne Ohrringe! So viele! Sie greift sich einen tropfenförmigen, an dem sie sich erst mal festhält, und sieht sich um.

Ich durchwühle währenddessen hektisch die Gürtel, es könnte ja zufällig ein schmaler, goldener dabei sein, einen solchen suche ich seit Jahren. Nein, die sind alle fett und protzig. Bei den Taschen treffe ich die Eisprinzessin, die sich ein Herz gefasst hat und vor einem der allüberall verteilten Spiegel tapfer sechzehn Paar Ohrringe anprobiert. Sie findet dann tatsächlich ein schillerndes Gehänge, das ihr ganz wunderbar steht. Sie ist stolz, und ich greife noch schnell nach langen, goldenen, denn das war nur das Vorspiel.

Kurz bleiben wir stehen und hören die sanften Stimmen aus der unteren Etage. »Hier sind wir, hier bin ich, das seidene Oberteil deiner Träume. Die schmale Hose, in der dein Arsch endlich so aussehen wird, wie die große Göttin es gewollt hat.« Wir nicken uns zu und machen uns auf den Weg nach unten.

In einem derartigen Geschäft hängen Tausende verschiedene Stücke. Die schiere Masse ist fast überwältigend. Aber ich darf behaupten, dass es möglich ist, einen Überblick zu gewinnen. Wirklich jedes Teil, das in Frage kommt, zumindest anzusehen. Das ist Jagd für Fortgeschrittene. Aber für die urbanen Professionellen ist das Sport und Spiel. Die Kunst besteht im richtigen Filter.

Die Eisprinzessin ist schon ganz tief in vielfarbiger Seide verschwunden, während ich fünf Möglichkeiten des perfekten Jackets mit mir herumtrage, dann ein entzückendes Blüschen mit Puffärmeln entdecke und ein Oberteil, blau, mit interessantem Ausschnitt.

Wir treffen uns in der Umkleidekabine, hier ist der Ort für

Beratung und knallharte Selektion. Die Eisprinzessin taumelt mittlerweile fast, und auch ich habe Mühe, über den angesammelten Berg an möglichen Neuerwerbungen hinwegzusehen. Von nebenan höre ich kurz danach ein triumphierendes Schnauben. Dann steht eine beeindruckende Erscheinung vor mir, die schönen langen Beine perfekt betont durch eine schmale Hose, die leicht füllige Taille kaschiert durch einen raffinierten Schnitt.

»Das nehm ich«, sagt die Eisprinzessin und lächelt grimmig.

»Das sieht toll aus«, sage ich.

Dann probiere ich die Bluse an, sie ist wahrlich bezaubernd. Ich sehe darin frisch aus, unschuldig. Wie könnte ich da widerstehen?

So geht das noch eine ganze Weile, immer wieder wird ausgeschwärmt und anprobiert, und am Ende verlassen wir befriedigt das Geschäft.

Zu Hause setzen sofort die Schuldgefühle ein, besonders die Eisprinzessin hat ordentlich zugelangt, aber viele Jahre der Shopping-Erfahrung wissen mit solch unwichtigen Anwandlungen umzugehen: Es sieht toll aus! Es steht mir wirklich gut! So eins habe ich noch nicht! Ich habe es verdient, und es war auch echt billig! So.

Gegen die Leere, die sich so häufig nach exzessivem Shopping einstellt, ist schwerer anzugehen. Manchmal ist es ein Gefühl, als hätte man ein Stück seiner Seele verkauft. So viel Kraft hat es gekostet, die neuen Dinge herauszuschälen aus der Masse des Angebots, so viel Lebenszeit ging dafür drauf, und es sind doch nur Äußerlichkeiten, unwesentlich. Aber auch dieses Gefühl, mag es auch aufrichtig empfunden sein, ist nur von kurzer Dauer. Wir werfen uns in die neuen Fummel und gehen erst mal beim Vietnamesen etwas essen. Professionalität ist alles.

Im totalen Kapitalismus ist alles wieder wild geworden. Weil es eigentlich so verdammt langweilig ist. »Nivellierungstendenzen«, sagt König Gunter immer an dieser Stelle und meint damit, dass alles austauschbar ist, die Geschlechter, die Vorbilder, die Parteien. Alle Biographien gleichen sich an, alles ist irgendwie ästhetisch ausgerichtet, alle tragen ähnliches Zeug. Die einzigen großen Kämpfe, die bei uns noch stattfinden, sind die gegen überflüssige Pfunde. Und gegen die bodenlose Verzweiflung.

Unser Leben ist eigentlich gesichert, auch wenn ständig Sorge erzeugt wird, was sozusagen eine systemimmante Vorrichtung ist, uns irgendwie beschäftigt zu halten. BSE! Vogelgrippe! Feinstaub! Aber das ist nicht genug, das hält doch niemand aus, diese Sinnlosigkeit. Spannung muss her, aber schnell. Es geht darum, das eigene Leben aufregend zu gestalten. Wir sind die *Warriors of Style,* und unsere Existenz ist unser Schlachtfeld. Auch die Jagd ist ein Versuch, Bewegung zu erzeugen, wo vorher Leere war. Oder das endlose Rauschen der immergleichen Bilder.

Ein guter Jäger ist vorbereitet, wachsam, animalisch. Er verschafft sich ständig einen aktuellen Überblick, ist beweglich und greift blitzschnell zu, wenn sich eine günstige Gelegenheit bietet. Wie die Bluse mit den Puffärmeln. Die Jagd ist also ein selbsterzeugter Zustand der Spannung, und oft lebt sie vom Zufall. Natürlich gibt es spezialisierte Jäger, aber im Allgemeinen geht es eher um die Fähigkeit, bereit zu sein. Deshalb ist Jagen eher ein Zustand als eine Tätigkeit, und deshalb fällt es so schwer, damit aufzuhören.

Die Jagd ist die aktive Seite der Suche nach Glück. Und was wir nicht alles jagen! Schnäppchen. Traumjobs. Sex und Liebe. Das durchmischt sich manchmal aufs Schizophrenste. Die Sehnsucht nach einem romantischen Erlebnis, die Lust auf Sex, die Suche nach einem Ereignis. Da kann man schon durcheinanderkommen. Und es wird projiziert, was die Phantasie hergibt. Denn Hauptsache, es passiert was, oder es fühlt sich wenigstens so an.

Und so jagen wir unseren Träumen nach, und es scheint, dass sich diese in unserer Gesellschaft vor allem um das Eine drehen. Und natürlich um die Liebe, immer und immer um die Liebe.

Denn wer von uns jagt schon Arbeit? Wer arbeitet überhaupt noch?

Als dieser Artikel von Mercedes Bunz in der *Zitty*[*] erschien, dachte ich mir kurz, ob wir eigentlich alle urbane Penner sind. Aber nein, wir haben doch Jobs. Irgendwie.

Vince ist DJ und dreht manchmal Werbespots. Und zieht sich sein Cash von Zeit zu Zeit durch die Nase, weil man sich beim Auflegen auch noch um sechs Uhr morgens konzentrieren muss. Und weil dieser narzisstische Rausch seiner neurotischen Persönlichkeit für kurze Zeit eine totale Rechtfertigung verschafft.

König Gunter arbeitet als freier Journalist und Werbetexter. In Zeiten monetärer Dürre ist er auch am Tresen einer Bar anzutreffen. Ich meine, hinter dem Tresen. Vor dem Tresen sind wir alle fast die ganze Zeit anzutreffen.

Die Eisprinzessin ist Fotografin, eine ziemlich erfolgreiche sogar. Raten Sie mal, was sie am liebsten photographiert?[**] Ja, und am besten ist es, wenn sie nur noch wenig anhaben.

---

[*] Die Autorin beschreibt in ihrem Artikel »Urbane Penner« Berliner Kreative, die von ca. 1000 Euro im Monat leben müssen, was möglich ist in dieser Stadt, und dabei diejenigen sind, die das kulturelle Potenzial produzieren, das Berlin so attraktiv macht. Kennzeichnen: Man sitzt mit dem Laptop stundenlang in Hot-Spot-Cafés.

[**] Hübsche Jungs natürlich. Schöne Männer. Das war doch echt nicht schwer.

Und SusiPop? Die hat Kunst studiert und ein paar seltsame Skulpturen produziert, die dann niemand ausstellen wollte. Und so steht sie drei Tage die Woche in einer kleinen Galerie und verkauft Werke, die nicht ihre sind. Natürlich ist sie auch an einer Vielzahl von Projekten beteiligt, organisiert Ausstellungen, produziert Videos, gestaltet Installationen und versucht sich als Künstlerin einen Namen zu machen.

Flexter studiert schon seit Ewigkeiten Jura. Wir trauen uns eigentlich schon nicht mehr nachzufragen. Sein Geld verdient er sich mit gelegentlichen Modeljobs und Auftritten in Werbespots.

Und ich? Ich habe Philosophie studiert, von Bafög gelebt und so viele verschiedene Jobs gehabt, dass es mir schwerfällt, mich an alle zu erinnern. Ich habe staubige Akten umhergetragen, im weißen Hemd geladenen Gästen kleine Häppchen und große Menüs serviert und mich einen Sommer lang als Dramaturgin betätigt.

Arbeiten wir? Ja. Wir sind alle wirklich fleißig. Wir überleben und hungern nicht. Und wir versuchen das zu tun, was wir wollen, ohne uns dabei allzu sehr zu verraten.

Aber die Arbeit hat sich verändert. Jetzt scheint für viele das eigene Leben der wahre Job zu sein. Oder vielmehr – Arbeit ist notwendiges Beiwerk. Und immer schwerer vom Leben zu unterscheiden. Denn es geht um viel mehr, es geht ums Ganze.

Und schon sind wir wieder bei der Jagd. König Gunter ist seinem Sixpack ein Stückchen näher gekommen. Ich gehe ab und an zu meinem Pilates-Kurs. Flexter hat ein paar Fritten ausgelassen. Ja, wir sind alle vorbereitet. Und hören niemals auf zu jagen. Ist der Körper in Form gebracht und wunderbar ausstaffiert, geht die wahre Jagd erst los. Wir wollen Sex. Und haben wir den, endlich, dann wird uns klar, dass wir mehr wollen. Nymphomaninnen, Potenzprotze und glückliche Polygamisten mal ausgenommen. Denn dann kommt das ganz große Ding, die ganz große Liebe. Und wir können endlich aufhören zu jagen.

Jagen bedeutet Aktivität, auch wenn die Bewegung eine selbsterzeugte Fiktion ist. Passivität hingegen bedeutet, sich vor dem Fernseher/dem Computer in Gemüse zu verwandeln. Fettes Gemüse. So gesehen sind all die Magazine nichts anderes als Jagdanleitungen. Denn diese besteht immer aus zwei Teilen: der Selbstoptimierung und dem Erlegen der Beute. Je besser mein Körper, desto besser die Kleidung. Je besser die Kleidung, desto besser der Look. Und dann – ich wünsche Ihnen alles Gute.

Man könnte das auch existenzieller ausdrücken: Je interessanter und gebildeter ein Mensch ist, desto größer die Chance, einen ebensolchen Menschen kennen zu lernen. Der erste Teil der Jagd ist eine Bewegung hin zu sich. Ob man danach wie ein missglückter Barbie/Ken-Klon aussieht oder ein wenig mehr zu dem oder der geworden ist, der/die man schon immer sein wollte, ist eine Frage des Charakters.

Unsere Identität bilden wir im Inneren und Äußeren aus. Dieser Prozess ist immer im Fluss. Und verleiht Profil für den Teil der Jagd, auf den es ankommt. Die Jagd nach Glück, Erfüllung, Sex, Liebe und was an teilweise unvereinbaren Wünschen und Vorstellungen wir sonst noch mit uns herumtragen.

Eines Sommers saß ich mit Flexter in einem Café, wir waren hinter großen Sonnenbrillen versteckt, und redeten über die Monate, die vor uns lagen:

»Also, diesen Sommer geht es wirklich los. Da wird echt gerockt.«

Er schaffte es, bei »gerockt« ein Trillern anzubringen. Ich nahm meine Sonnenbrille ab und sah mir mein Spiegelbild in den Gläsern an. War die Brille nicht viel zu groß? Ach was, *Attitude, Attitude, Attitude.*

»Ja«, sagte ich, nachdem ich die Brille wieder aufgesetzt hatte, »es wird Zeit, zu representen.«

»Ja, sich so richtig geil anzuziehen. Aufzustylen.«

Flexter blickte in die Ferne, ich wusste, was er dort sah. Das Gleiche wie ich: Heldentum. Stilistische Vollkommenheit. Wir haben nie wieder darüber gesprochen, aber jedes Mal, wenn wir uns zufällig trafen (wir wohnen recht nah beieinander) und irgendwie gut aussahen, dann gingen wir lässig nebeneinander her und freuten uns. Ließen es uns aber nicht anmerken.

Wir spielen alle Existenz in dieser schönen neuen Welt. Unsere Vorväter konnte man noch mit dem Jenseits locken, wir sind Gegenwartsfetischisten. Und suchen die Transzendenz in der Immanenz. Die Ewigkeit im Augenblick. Denn darauf ist alle Jagd gerichtet. Das persönliche Begehren, der perfekte Moment. Der Triumph.

Die Jagd ist auch eine Suche nach Intensität, eine Strategie zur Vermeidung von Langeweile, denn gespannt sind sie, der Jäger und die Jägerin. Wir inszenieren die Jagd als Spiel, denn die Zeit der großen Spiele ist vorbei. Von multimedialen Sportereignissen mal abgesehen. Jeder ist auf sich allein gestellt. Und dann kann es losgehen.

Es gibt die Pirsch und das Erlegen der Beute. Und manchmal liegen Jahre dazwischen. Ein Klassiker der ewigen Pirsch ist der Schulschwarm. Die aus der Ferne Angebeteten, Unerreichbaren, Wunderschönen. Die uns unsere ersten Traumata verschafften, uns das erste Mal über Sport nachdenken ließen, unsere ersten erotischen Träume heimsuchten. Und uns das erste Mal den Impuls spüren ließen: »Warte, warte nur, du

Schnöde(r), Spröde(r), dir werd ich's zeigen. Wundern wirst du dich, warte nur, du …«

Meiner hieß Marc – Marc Moldenhauer. Genannt Moldi. Seine ohrlangen Haare trug er mittelscheitlig, sie fielen in zwei honigblonden Schnecken in sein hübsches Gesicht (das war Ende der Achtziger). Seinen Mund konnte ich stundenlang ansehen. Voll, geschwungen, und wie er eine Zigarette rauchte! Er pflegte dabei seinen Ellbogen abzustützen, wenn er konnte, und kniff die Lippen zusammen. Noch Jahre später habe ich auf die gleiche Weise geraucht. Er trug immer weiße T-Shirts und bordeauxrot-weiß-gestreifte Hemden. Er war wohl zwei Jahre älter als ich, und ich habe ihn geliebt. Leider hatte ich zu dieser Zeit die gleiche Frisur wie er, nur in braun, und rot waren nur meine rundlichen Wangen. Manchmal durfte ich ihm bei den Hausaufgaben helfen.

Unsere Wege trennten sich, sein Name war der erste Eintrag in meinem großen Buch der Jagd. Diese persönlichen Kränkungen sind universell, sie treffen Männer ebenso wie Frauen.

Flexter litt sich zwei Jahre an die reizende Linda Sonstwie heran. Vergeblich. Gerade die ersten Zurückweisungen vergisst man nie. Man verbringt den Rest seines Lebens damit, sie ausbügeln zu wollen. Denn es gehört zu den allerbefriedigendsten Dingen im Leben, einen solchen Namen genüsslich durchzustreichen. Das sind die wahren Triumphe. Die existenziellen.

Flexter hat Linda wiedergetroffen, auf einer großen Party. Sie war noch schöner geworden und freute sich sehr, ihn wiederzusehen. Er war Anfang zwanzig, hatte sich endlich die Haare kürzer schneiden lassen, war gutgelaunt und selbstbewusst. Sie küssten sich. Und weiteres. Aber es war nur eine einmalige Geschichte, Linda lebte damals in Paris, wo sie an der

Sorbonne studierte. Wie glücklich er war, als er das erzählte. Er schnurrte vor Befriedigung. Eine Rechnung war beglichen.

Diese Schmerzen und Erfolge bereiten uns vor auf alles, was da noch kommen möge. Es ist unser erstes Training und hoffentlich nicht das letzte. Denn die Jagdgeschichte schreibt sich fort und fort. Der Typ aus dem Plattenladen. Die Blonde aus der zweiten Etage. Immer wieder treffen wir auf Menschen, die wir unbedingt erobern wollen. Weil wir sie kennen oder weil wir sie aus der Ferne begehren. Mit dem Älterwerden kann es passieren, dass die Abstände kürzer werden. Denn wir haben dazugelernt, sind mutiger geworden und nehmen auch die unvermeidlichen Niederlagen gelassener hin. Wo es früher noch Jahre waren, Monate des Hindenkens, ist es möglich, dass zwischen dem entflammenden Begehren und dem Versuch, das Objekt der Begierde zu erobern, nur noch Stunden liegen. Auf der einen Seite der Extreme steht das jahrelange Beobachten, auf der anderen das gute alte *Hit-and-Fuck*.

SusiPop schwankt. Ziemlich. Sie kommt aus der Toilette, in der sie vor einiger Zeit mit Vince verschwunden ist. König Gunter und ich sitzen an einem der vorderen Tische des Ladens und beenden gerade den Verzehr eines riesigen Hamburgers. SusiPop lässt sich schwer neben mich auf den Stuhl fallen und stützt die Arme auf den Tisch: »Die Galerie XY will mein Video zeigen, das mit den Tanzszenen.«

Sie strahlt.

Wir freuen uns für sie, das wurde auch Zeit. Das Video ist toll, sie hat verschiedene ekstatische Tanzmomente zu einer Collage zusammengeschnitten.

»Einen Grasovka mit Cranberrysaft«, sagt sie dann zur tätowierten Bedienung, schüttelt ihr dunkles Haar und legt den Kopf schief. Wir beobachten sie. Ihr Blick streift über die Anwesenden, es ist noch früh, die meisten sitzen an Tischen und versuchen gegen die allzu laute Musik anzuschreien. Heute ist Country-Tag. Ihr Blick bleibt an einem großen Blonden hängen, der lässig an der Bierbar lehnt und ganz unbeteiligt tut. Irgendwie kommt er mir bekannt vor. Sie mustert ihn kurz, nachlässig, wartet darauf, dass er ihren Blick erwidert. Wieder einmal sieht sie großartig aus, trägt ein kurzes schwarzes Kleid mit hohen Schuhen und leicht verschmiertes dunkles Make-up. Dann wendet sie den Blick ab, und diese Sekunde nutzt der große Blonde, um sie eingehend zu mustern. König Gunter und ich tauschen einen schnellen Blick. Wir kennen das schon. SusiPop hat davon nichts bemerkt, sie kann sehr unsensibel sein, und heute ist eindeutig Zeit für die große Ego-Show. Während König Gunter und ich an diesem Abend höchstens das Vergessen jagen und auf ein wenig Ablenkung hoffen, ist SusiPop bereit zuzuschlagen. Auch Vince taucht wieder auf, seine Augen flackern, er sieht gut aus, gefährlich. Er fängt eine Unterhaltung mit SusiPop an, ihre Stimmen sind schnell, Unterhaltungsfetzen ziehen vorbei, »Lunar Park« von Bret Easton Ellis, wer wann wo aufgelegt hat, wie schrecklich die Arbeit in der Galerie ist.

Ich lasse meinen Blick über die Leute wandern. Die Treppe, die die obere und untere Ebene verbindet, ist ein kleiner Laufsteg, man betritt sie bewusst. Irgendwann taucht eine Bekannte auf, groß, blond, schön, wir begrüßen uns, sie erzählt lachend von ihren Männergeschichten, einer ist heute da, sie hat ihn nur noch nicht entdeckt.

Sie zieht weiter, König Gunter erzählt mir von der Frau aus dem einen Café, die so glänzende schwarze Haare hat und so lange schlanke Arme. Und von ihrem Gesicht, dem Lächeln, der Art, eine Tasse über den Tresen zu reichen. Er beobachtet sie schon seit längerem, aber er kann sie nicht ansprechen, es ist ihm unmöglich, in diesem Café auf diese Weise Kontakt aufzunehmen. Er überlegt, ob er ihr einen Zettel ans Fahrrad heften soll. Er ist sich sicher, dass sie weiß, warum er so häufig dort frühstückt. Aber was ist denn mit Sonja? Ach, die weiß doch nicht, was sie will, es ist nicht zum Aushalten, man muss sich ablenken, es ist auch Sommer, was soll man machen.

Ich trinke Weißwein heute Abend, wir sind umgezogen, stehen mittlerweile an der großen Bar, wo auch der Blonde wieder ist, was SusiPop natürlich sofort registriert hat. Sie reckt ihren Schwanenhals und legt den Kopf schief. Der Typ ist in einem intensiven Gespräch mit einer Frau, sie dreht sich um, es ist meine Bekannte von eben, die glücklich lacht und ihm zärtlich ins Gesicht sieht. Er ist kühl, reserviert, weicht manchmal zurück. Ihr Lachen wird schriller. Mir wird klar, warum er mir bekannt vorkommt, ich habe sie schon einmal zusammen gesehen. Er spielt nur mit ihr, ein echter Egomane, verdammt sexy.

SusiPop, die die Situation natürlich vollkommen durchschaut hat, schnalzt leise mit der Zunge. Um dann mit wiegenden Hüften wieder aufs Klo zu gehen. Er blickt ihr nach, meine Bekannte kriegt nichts davon mit. Sie hält sich an ihrem Drink fest, fährt sich hektisch durch die Haare. Dann dreht sie sich abrupt um und rauscht an mir vorbei, ich sehe ihr nach, wie sie übertrieben freundlich einen Freund begrüßt. Der große Blonde lehnt derweil am Tresen, trinkt einen großen Schluck Bier, sein Gesicht ist für kurze Zeit ganz leer. Neben mir japst König Gunter, ich blicke zur Treppe, die schöne Sonja ist gerade angekommen, begleitet von einem hübschen jungen Typen. König Gunter lächelt ihr zu, kühl, höflich, und beginnt sich intensiv mit mir zu unterhalten.

SusiPop kommt aus der Toilette zurück, und ihr Weg und der meiner Bekannten kreuzen sich vor dem großen Blonden, der endlich sein Gesicht wiedergefunden hat. SusiPop gleitet auf ihren hohen Schuhen an den beiden vorbei, sie hat beider Aufmerksamkeit, meiner Bekannten wird klar, was gerade geschieht, sie hebt den Kopf.

Der Blonde lächelt.

Ich bestelle mehr Weißwein. Ich weiß, was passieren wird. Wir werden weiter an der Bar rumstehen. König Gunter wird Sonja beiläufig ignorieren, die meiste Zeit, er wird mir mehr von der Schwarzhaarigen erzählen und gemeinsam mit Vince besprechen, wie man es am besten angehen könnte. SusiPop wird sich schrecklich betrinken und laut lachen und schön sein, und der Blonde wird seinen Blick irgendwann nicht mehr von ihr nehmen können. Und dann wird sie ihn nehmen, mit nach Hause, für eine Nacht, lässig, ohne allzu viel Interesse, sie will nur ihren Erfolg feiern und dass sie jung und frei und am Leben ist. Ich werde zu viel trinken. Und mit den Jungs über Mädchen reden. Meine Bekannte wird bald hoch erhobenen Hauptes den Laden verlassen, mit einem giftigen Blick auf SusiPop, um auf dem Heimweg ein wenig zu heulen und sich vorzunehmen, nie wieder auf ein solches Schwein reinzufallen. Dann wird sie den Typen anrufen, der ihr schon eine Weile nachsteigt, und lange mit ihm telefonieren, wobei sie sich denken wird, dass er eigentlich doch ganz nett ist. Und der große Blonde wird alles einfach so hinnehmen, weil es ihm zusteht mit seinem geilen Arsch und den vollen Lippen.

Dann wird mich SusiPop irgendwann anrufen, sie wird glucksen vor Stolz und Vergnügen, aber die ganze Sache abtun. Denn das Spiel geht weiter.

3.1 Rollenspiele

Es ist schwarz, groß und von zeitloser Wuchtigkeit. An den Seiten hat es zwei Koffer, alte, rechteckige, mit silbernen Streifen an der Schließe. Eine richtig fette Maschine. Das Motorrad gefällt mir, ich mag es, hinten zu sitzen, mich an Paolos schwarzer, dicklederner Jacke festzuhalten und durch die Stadt zu brausen. Wir halten vor einer Bar, Paolo steigt ab und drückt die Maschine auf ihren Ständer. Ich nehme meinen kleinen Helm ab und schüttle mein Haar. Uns kommt ein Bekannter entgegen, ein junger Amerikaner, süß, mit einem kleinen Bärtchen und dunklen Haaren, die lässig in sein frisches Gesicht fallen.

»Cooles Motorrad. Sehr männlich«, sagt er, nachdem wir uns begrüßt haben, »aber ich glaube, mir wäre das zu schwer.«

Paolo lacht und sagt: »Ab einem gewissen Alter braucht man solche Dinge.« Ich stehe schweigend dabei und zünde mir eine Zigarette an. Dann sagt der junge Amerikaner: »Ich habe ja überlegt, ob ich mir eine Vespa zulegen soll. Aber irgendwie – die italienischen Mädchen scheint das nicht so zu beeindrucken. Es ist nicht genug.« Er schaut wieder auf das Motorrad und wiegt den Kopf. Dann verabschieden wir uns, und auch ich werfe noch einen letzten Blick auf das Motorrad. Ich streichle über seinen Sitz, es ist ein gefährliches, gezähmtes Maschinentier. Von dem ich mich gerne transportieren lasse. Paolo hat es ganz und gar in Besitz genommen, es ist sozusagen zu einem Auswuchs seiner Persönlichkeit geworden. Und es steht ihm hervorragend.

Wir betreten die Bar, die fies und dunkel und verraucht ist, obwohl ich mich frage, wie das gehen soll. Denn man darf ja nicht mehr rauchen, in den Bars und Clubs Italiens. Ich gerate in eine Diskussion mit einem Deutschen, wir reden über Vespas und italienische Inseln.

Irgendwann sage ich: »Ich habe zweimal einen Liebesurlaub auf einer italienischen Insel verbracht, mit zwei verschiedenen Männern. Beide Male haben wir uns ein Motorino ausgeliehen. Das erste Mal ist meistens er gefahren, was mich nicht sonderlich gestört hat, ich bin, glaube ich, erst am letzten Tag selbst gefahren. Das zweite Mal bestand der Mann, mit dem ich da war, darauf, dass auch ich fahren sollte. Ich sollte es lernen.«

Mein Gesprächspartner wirft ein, dass mir doch wohl das erste Modell besser gefallen haben müsse, dieses Umhergefahrenwerden.

»Nein«, sage ich, »es war toll, dass der Zweite wollte, dass ich es auch lerne; ich hatte Lust darauf. Am Anfang habe ich eine Lampe im Garten unseres Appartments kaputtgefahren, weil ich vor lauter Angst mehr und mehr am Gas gedreht habe; wir haben sehr gelacht. Aber am Ende bin ich über die Insel geheizt und wollte gar nicht mehr absteigen.«

Mein Gegenüber fixiert mich daraufhin, man kann sehen, wie es hinter seiner Stirn arbeitet, er versucht seinem Wissen über die Frauen ein kleines Stückchen hinzuzufügen. Was genau diese Stückchen sein soll, weiß ich nicht. Er hat mich nicht gesehen, wie ich von Paolos Motorrad abgestiegen bin. Vielleicht habe ich die Selbstverständlichkeit des Transportiertwerdens noch mit mir herumgetragen und so einen unsichtbaren Widerspruch ausgestrahlt. Denn sosehr ich damals, auf der kleinen Insel, das Motorino fahren wollte, so wenig liegt mir daran, Paolos Motorrad zu fahren. Ich mag es, dass dieses männliche Symbol sich meinem Zugriff entzieht, dass ich sozusagen nur »auf Besuch« eingeladen bin in eine Welt, die ich mir nicht zwanghaft zu eigen machen muss. Denn natürlich könnte ich potenziell dieses Motorrad fahren, könnte erlernen, es zu handhaben und zu lenken, genauso wie Frauen alles tun können, was Männer tun. Außer ihren Namen in den Schnee pinkeln. Und zeugen. Dafür können Männer keine Kinder gebären. Aber wenn man weiß, und auch die anderen es wissen, dass jeder Mensch prinzipiell alles tun kann, dann macht es wieder Spaß, mit manchem Klischee zu spielen. Ich hasse es, die Reifen meines Rades zu wechseln. Oder sie aufzupumpen. Ich schätze es, wenn Männer mir beim Herumtragen von schweren Kisten zur Hand gehen oder mir beim Bohren von Löchern assistieren. Die meisten Männer hingegen hassen es, Knöpfe anzunähen. Oder sonstige Näharbeiten zu verrichten. Gerne bin ich dann zu Tauschgeschäften bereit, einmal Knöpfe-Annähen gegen einmal Reifen-Aufpumpen. Es gibt ja auch Männer, die sich ausgezeichnet aufs Handarbeiten verstehen und ungemein praktische Frauen. Es geht bei unseren Rollen doch nur um die Vermeidung allzu großer Verkrampftheit. Und immer darum, dem anderen Raum für seine Selbstinszenierung zu lassen. Ich jedenfalls fühlte mich weiblich, aber ganz und gar nicht unemanzipiert, als ich in einem feinen Kleidchen hinten auf dem großen Motorrad saß.

Seit wir alle sexy sein müssen, wollen, hat der Druck zur Selbstoptimierung auch die Männer erwischt. Wo einst virile Selbstgewissheit herrschte, ist mancherorts nun ein erschrecktes Quietschen zu hören. Bodylotion? Conditioner? Fettabsaugung?

Wieder einmal stehen wir vor einer selbst geschaffenen Ungeheuerlichkeit wie zu Zeiten der Industrialisierung vor den unmenschlichen Produktionsbedingungen. Nur ist es jetzt das Leben selbst, das produziert wird. Und wir machen uns zur Ware. Da muss man sich nur mal »Dismissed« auf MTV ansehen oder einige Profile bei *MySpace*. Eine ungeheuerliche Produktanpreisung in eigener Sache.

Die Existenz ist auf uns gefallen, mit der Wucht einer toten Kuh, die jemand aus einem Hubschrauber geworfen hat. Manchmal könnte das einem fast die Luft abschnüren. Und über allem schwebt die ölige Verheißung, dass wir alles tun und sein und werden können, was wir schon immer wollten. Das prominenteste Bild eines zu erreichenden Ideals scheint derzeit der Porno-Pop-Star zu sein. Wie Paris Hilton. Schlank, sexy und so was von berühmt.

Damit das Leben produziert werden kann, muss es erst einmal auseinandergenommen werden, aufgesplittert, sichtbar gemacht, und jedem kleinsten Teilchen kann dann Bedeutung verliehen werden. Wahrscheinlich hat irgendwann jede Körperfunktion ihre eigene TV-Show.

Doch momentan lautet die Forderung: Alles soll sexy sein. Noch der letzte Partikel wird erotisiert und optimiert. Was nicht alles steht auf diesen Covers von diesen Zeitschriften: Sexy Haare, sexy Make-up, sexy Lippenstift. Da wird der Hintern behandelt, die passende Jeans zum Hintern gesucht, die Oberschenkel werden ausgerichtet, die Zellulite bekämpft. Natürlich wird auch auf individuelle Unterschiede eingegangen, es gibt den Bikini für die birnenförmige Figur, für allgemeines »Kurvigsein«, für die zu kleinen und die zu großen Brüste.

Neulich hatte ich eine englische *Cosmopolitan* in der Hand, die wog ein halbes Kilo. Da wurde wirklich fast jeder Moment menschlicher Lebensumstände beiläufig abgehandelt: Wie man eine Sexgöttin wird (erster Schritt: immer nur an das Eine denken). Wie man nie wieder einen Orgasmus verliert (sollten Sie mal zufällig einen fremden finden, bitte wieder abgeben). Wie böse Schönheitschirurgen Frauenträume in Alpträume verwandeln (in Großbritannien wird mittlerweile jede zweite Operation mit einem Kredit bezahlt, die operieren recht gerne, und am Ende der Ausgabe gab es dann wieder seitenweise Adressen). Der perfekte Selbstbräuner. Der perfekte Bikini für jede Figur, und so billig! Da kann man sich gleich für jeden Tag der Woche einen zulegen. Wie mein Ehemann nach acht Tagen Ehe in meinen Armen starb. Warum ich mich aufschnitt (gecuttet habe). Wie das Körpergewicht von Single-Sein/Beziehung abhängt. Ob man heiraten soll. Was man tun kann, um sexuelle Intimität herzustellen. Wie man sich vor Rampenlicht-Stehlern in Acht nimmt. Wie man sich bei einem Vorstellungsgespräch verhält. Ein Erfahrungsbericht über fünfundzwanzig One-Night-Stands, mit Namen und Benotung, eine Verteidigung dieser Praxis und das Bekenntnis: Mit meinem sechsundzwanzigsten One-Night-Stand bin ich seit sechs Jahren glücklich zusammen. Warum man nicht immer ehrlich sein soll. Wie Männer einem mitteilen, ob sie einen mögen. Dass Gelb gerade sexy ist. Und süße Locken. Die »Sexification of Khaki«.

Und so weiter, ich war erschlagen, fast geschändet. Da stand ja alles drin! Alles über alles! Und das war nur die Juni-Ausgabe. Aber dann blickte ich zu meinem Kleiderschrank und sah dort mein hellgelbes Tenniskleidchen, das auf den Sommer wartete. Gar nicht so schlecht, dachte ich mir.

Divide et impera, teile und herrsche. Je genauer, feiner der Zugriff, desto besser lässt sich Einfluss nehmen. Etwas wird fragmentarisiert, aus seinem natürlichen Kontext gerissen, unangemessen beleuchtet und dadurch in Bezug zu dem gesetzt, was »normal« ist. Der Triumph des Durchschnitts. Unsere Körper sind überzogen von einem Raster dieser Normalitätsanweisungen, die sich allzu leicht in der empfundenen Differenz zu einem Ideal entäußern.

Was das heißt? Nehmen wir mal – Brüste. Oder Lippen. Oder Nasen. Blättern wir durch Zeitschriften, und sehen wir, wie einzelne Körperteile von Stars extrahiert werden, ausgeleuchtet, verglichen. Wer hat das bessere Dekolleté? Wer den schärferen Arsch? Wer den besten Boyfriend? Nein, das Letzte hat jetzt nicht gepasst. Und wir? Meine Oberschenkel sind zu fett, mein Hals ist zu lang, meine Nase ist zu groß!

Diese Beispiele verdeutlichen die Mechanik, die hier am Werk ist, ein systematisches Herausgreifen, Sichtbarmachen, ein Vergleichen mit anderen Sichtbarkeitspartikeln.

Fragmentarisierung bedeutet, das Ganze durch den Wert eines oder mehrerer Teile zu beurteilen. Wenn man eine Frau nach ihren Brüsten beurteilt oder einen Mann nach dem Status seiner Sixpack-Annäherung, fragmentarisiert man. Der Blick ist verengt. Die Urteilsfindung erleichtert.

Fragmentarisierung bedeutet auch, dass die einzelnen Teile nicht mehr von einem übergeordneten Ganzen organisiert werden. Es kommt zu Künstlichkeit. Oder zu Schizophrenie. Für Ersteres sind Schönheitsoperationen ein gutes Beispiel, vor allem, wenn nicht auf Stimmigkeit geachtet wird. Da hat man dann ideale Brüste, perfekte Lippen, aufgepolsterte Wangenknochen und so fort, aber mangels Gesamtkonzept passt das eine nicht zum anderen. Wie bei Dolly Buster. Oder Michael Jackson. Oder alles ist perfekt gemacht, zu perfekt gar, und irgendwo tief drin lässt es einen schaudern. Wie bei Viktoria Beckham.

Englische Touristen hingegen sind ein gutes Beispiel für schizophrenes Verhalten. Oder amerikanische Studenten beim *Spring Break*. Man begibt sich irgendwo hin, vorzugsweise ans Meer, und lässt da so dermaßen die Sau raus, dass selbst Sherlock Holmes Schwierigkeiten hätte, die besoffene Bestie mit dem höflichen Bankangestellten in Verbindung zu bringen. Schizophrenie tritt auf, wenn die verschiedenen Facetten einer Persönlichkeit dermaßen auseinanderfallen, dass sie nicht mehr aufeinander bezogen werden können. Es gibt keine übergeordnete Ordnung mehr, die die einzelnen Teile stimmig organisiert.

Das kann auch passieren, wenn total globale Mediennomaden an vier Orten und in drei Zeitzonen gleichzeitig leben. Camille de Toledo spricht in seinem Buch »Goodbye, Tristesse« von *skeeze*, schizo im Hipster-Slang. Aber *skeeze* heißt auch, den eigenen pathologischen Zustand auch noch endscool zu finden. Doch wenn die einzelnen Teile nicht mehr zusammenpassen, entsteht Entfremdung. Ein Unwohlsein.

Dennoch sind wir gierig nach diesem Wissen, den Fakten, die entstehen, wenn man Dinge aus ihrem Kontext reißt und sie nicht holistisch oder relational, sondern für sich stehend betrachtet. Das schafft lokale Normalitäten, wohlige Durchschnitte, mit denen man sich so wunderbar vergleichen kann, es muss ja alles seine Ordnung haben. Es ist beruhigend zu wissen, dass die eigene sexuelle Performance ein bisschen über dem deutschen Durchschnitt liegt. Dass man in seiner Gehaltsgruppe eher am oberen Niveau rangiert. Dass fünfundsiebzig Prozent der Weltbevölkerung ärmer sind als man selbst.

Ja, wir glauben an die Statistik. Wie wir uns freiwillig diesen Fragebögen unterwerfen! Versuchen, noch unsere letzten Geheimnisse zu standardisieren, damit man ihnen einen Wert zuweisen kann, und dann sagt uns der Fragebogen: Es scheint, als wären Ihnen Kontrolle und Sicherheit wichtig. Sie sollten einen Polizisten daten.

Im Zuge der fortschreitenden Fragmentarisierung aller Lebensbereiche sind auch die klassischen Geschlechterrollen aufgebrochen wie alte Verfugungen, die zu lange der Sonne ausgesetzt waren. Frei flottiert Männliches und Weibliches, und das Subjekt greift in seiner Bedrängnis nach diesem und jenem, um die entsetzliche Blöße zu bedecken. Die Blöße, das heißt: die Nacktheit des Ich. Junge Amerikanerinnen in dicken Geländewagen. Junge Männer in Berliner Clubs, deren ausgefeiltes Styling jede Diva neidisch machen würde. Wer sich schon hinter einen großen Sonnenbrille versteckt hat, sich ein Cap tief in die Stirn zog oder hinter einem perfekt geschnittenen Anzug völlig in Deckung ging, wird wissen, was ich meine.

Die Produktion von Unnahbarkeit ist eine Strategie, sich all die Anforderungen ein wenig vom Leib zu halten. Wenigstens gut aussehen! Stylische Kleidung tragen! Solcherart geschützt lässt sich schon besser ausagieren, was man war und ist und sein möchte. In diesem Spiel liegt eine große individualistische Freiheit. Und eine riesige Überforderung. Da sind ganz neue Arten des Versagens möglich! Existenzieller Totalausfall! Verfettung ist der GAU des einundzwanzigsten Jahrhunderts. Und doch – wir werden nicht nur immer jünger, wir werden auch immer fetter, jedenfalls die westliche Bevölkerung. Oder ist das etwa eine Art der Rebellion? Manche werden aber auch immer dünner und haben ganz tolle neue Freundinnen: *Ana* und *Mia*. Das ist Netzprinzessinnen-Slang für Magersucht und Bulimie.

Essstörungen jeglicher Art sind natürlich nicht der GAU des einundzwanzigsten Jahrhunderts. Sie sind nur das Symbol für ein Leben, das aus den Fugen geraten ist. Viel schlimmer ist die Einsamkeit, die damit einhergeht. Verstörung, Verwirrung und totale Orientierungslosigkeit sind nur die Auswirkungen eines seltsamen existenziellen Unbehagens. Was sollen wir denn machen, wenn plötzlich nichts mehr zusammenpasst? Wenn wir unsere vielfältigen Rollen und Identitätsanforderungen nicht mehr unter einen Hut bekommen? Wenn wir einfach nicht mehr aufhören können mit dem Jagen, weil wir süchtig sind nach dem Neuen?

Aber gehen wir davon aus, es gelingt uns, das unbeständige Gewicht im Zaum zu halten. Und das Unbehagen zu bändigen. Uns darauf zu konzentrieren, dass wir jung und frei und so was von sexy sind. Wir wollen schließlich auf die Jagd gehen, da muss man beweglich bleiben. Und es macht uns noch Spaß, an den guten Tagen zumindest.

Aber auch die Jagd setzt eine gehörige Portion an Souveränität voraus. Dass man überhaupt noch rausgeht. Dass man sich traut. Die Anforderungen, die auf dem Einzelnen lasten, sind gewachsen. Man könnte sogar sagen, dass sie ins Unermessliche gestiegen sind. Und immer wieder werden uns Bilder vorgehalten von Menschen, die es geschafft haben. Die sind dann Model/Designerin/Mutter. Wie Verona Pooth. Oder Fußballstar/Vater/Celebrity, wie David Beckham. Und so weiter, die Aussage ist klar: *Make your dreams come true*. Werde Produzent, Regisseur und Hauptdarsteller der großen Show, die DEIN Leben ist. Und – *Action*. Wie in jeden Film braucht es Spannung, Dramatik und vor allem: Sex. Willkommen zur Jagd.

Traditionell ist die Rolle des Jägers den Männern vorbehalten. Wie machen die es? Wie stellen sie es an, was ist das für ein Ding, der Mann im einundzwanzigsten Jahrhundert? Zunächst einmal ist er ein Mensch. Wie die Frauen. Ich finde dieses Genderzeug ziemlich langweilig. Es kann doch nur um Bewusstsein gehen. Oder um die Befreiung aus der selbstverschuldeten Unmündigkeit.

Das Entkoppeln der Geschlechterzugehörigkeit hat dazu geführt, dass sich der Druck, dem der Einzelne ausgesetzt ist, verdoppelt hat. Jeder muss jetzt alles können. Frauen sollen erfolgreich sein, sexy, immer und immer wieder, Mütter sollen sie werden, eine glückliche Partnerschaft sollen sie haben und ihr Leben so ganz und gar in der Hand. Und die Männer müssen ebenfalls erfolgreich sein, gutaussehend, sportlich, einfühlsam, verlässlich, mit Biss und Durchsetzungskraft. Kein Wunder, dass sich da manch einer nicht mehr aus dem Haus traut.

Offenbar können Frauen mit diesem perversen Druck besser umgehen als Männer. Liegt das an der Feminisierung unserer Gesellschaft? Oder an der weiblichen Anpassungsfähigkeit? Es gibt sie, diese jungen modernen Heldinnen. Wie meine Freundin Alexa zum Beispiel. Anfang dreißig, spricht fünf Sprachen, hat eine tolle Figur, lange braune Haare, ein bildhübsches Gesicht und jettet für ein großes Unternehmen ständig durch die Welt. Wir würden wahrscheinlich alle weinen, wenn wir wüssten, was sie verdient. Das letzte Mal, als ich sie traf, war sie gerade auf dem Weg nach Tokio, dann Indien, und erzählte nur kurz, dass es mit dem Engländer leider nichts geworden war, sie aber diesen hinreißenden Italiener kennengelernt habe.

Oder die etwas Älteren, wie unsere Familienministerin Ursula von der Leyen. Oder Madonna. Die klasse aussehen, intelligent sind, erfolgreich, ein erfülltes Sex- oder Familienleben haben, selbstständig sind und total selbstbewusst. Auch Susi-Pop ist einfach umwerfend, und wenn es endlich mit dem Erfolg klappt, dann ist auch sie aufgestiegen in den globalen Olymp. Oder wenn die Eisprinzessin irgendwann nicht mehr so biestig ist. Was soll's, wir arbeiten daran.

Es stimmt schon, die Frauen sind im Kommen. Und am Kommen, wenn es nach Eduard geht, der seine sexuellen Dienste in den Kleinanzeigen des Berliner Stadtmagazins *Zitty* anbietet. »Die Dienstleitung für die moderne Frau: Du zahlst.« Auch das Bordell für Frauen, an das die Eisprinzessin immer hindenkt, wenn sie mal wieder frustriert und gelangweilt ist, muss keine Utopie bleiben. Das Kölner Bordell Pascha hat schon zwei ölglänzende Muskelklumpen bereitgestellt. Und die Zeitschrift *Maxi* berichtete, dass Hollywoods berühmteste Puffmutter, Heidi Fleiss, darangehe, eine zünftige »Hengstfarm« zu eröffnen. Das wird dann eine Ranch voller Traummänner in der Wüste Nevadas, da kann man sicher Besseres erwarten als im rückständigen Deutschland. Für ca. 250 $ die Stunde lässt sich ein Bungalow mieten, inklusive sexy Bewohner. Und danach ab in den angrenzenden Beautysalon, um sich wieder frischzumachen. Ja, wir wissen, was wir wollen, und wie wir es bekommen können. Glamour, Erfolg und so viel Sex, wie wir nur möchten. Und wenn es nicht zu uns kommt, dann gehen wir raus und nehmen es uns. Ich muss gleich mal das gelbe Tenniskleidchen ausprobieren.

Manche Männer hingegen sind ziemlich verunsichert. Geradezu existenziell erschrocken. Diese fordernden Sexbomben überall, das hält man doch nicht aus. Da bleibt man lieber entspannt zu Hause und lädt sich die scharfen Ladies gemütlich ins Wohnzimmer ein. Virtuell, versteht sich. Pornos und pornographische Bilder machen Frauen zu Objekten. Und geben Männern die Gelegenheit, ihre eigene Objektivierung, die medial stetig vorangetrieben wird, zu verdrängen.

Das Highlight der englischen *Cosmopolitan* waren zehn fast nackte Centerfolds, also Poster in der Mitte des Heftes. Nur die Genitalien wurden noch bedeckt. Beim ersten Pornoheft für Mädchen, *Glück** genannt, gibt es auch diese zu bestaunen. »Das ist ja Tobias Thomas, der DJ«, sagte SusiPop. Woher sie das nur wieder wusste. In der *Glück* finden sich fünf Fotostrecken mit süßen, normalen Jungs, die irgendwann alle ihre süßen normalen steifen Schwänze in der Hand haben. Entzückend!

Ja, es hat sich einiges geändert. Aber wenn Mann sieht, wie der Bitch ins Gesicht gespritzt wird, ist die Welt wieder in Ordnung. Das war gemein. Den Männern gegenüber. Fast jeder, den ich fragte, hätte lieber eine echte Frau. Und es ist auch nicht so einfach. Pornos mögen Frauen erniedrigen, aber sie objektivieren auch die Männer. In einer pornographischen Gesellschaft ist Impotenz oder männliches Versagen geradezu indiskutabel. Männer können immer, wollen immer, müssen immer.

Der Sexinessdruck hat sich bis in die intimste Performance geschlichen. Man muss sich das mal vorstellen, es klappt, man schleppt so ein superscharfes Weib ab, die verdient wahrscheinlich auch noch mehr als man selbst, grauenvoll, und dann kriegt man keinen hoch. Nein, lieber nicht darüber nachdenken. Zu schrecklich.

Was geschieht mit der eigenen Rolle, wenn sie plötzlich vom anderen Geschlecht eingefordert wird? Wenn Frauen selbstbewusst, erfolgreich und fordernd sind? Zum einen gibt es die Männer, die sich auf die andere Seite flüchten, die weibliche. Die Weicheier. Die Angst vor der eigenen Erektion haben. Und in der Flauschi-Falle sitzen. Und es gibt die, die sich ganz zu-

---

* *www.glücksheft.de*

rückziehen, sich hinter dem Schutzschild ästhetischer Unnahbarkeit verstecken und Unzucht mit sich selbst treiben. Wenn überhaupt. Die metrosexuellen Narzissten. Sexobjekte ohne Sex. Wenn es schlimm kommt. König Gunter machte die Bemerkung, dass es eigentlich gar keinen Unterschied gäbe zwischen den Flauschigen und den metrosexuellen Narzissten. Nur sähen Letztere meist besser aus. Ich musste lachen. König Gunter sah ziemlich durchgerockt aus und trank hastig eine Apfelschorle. Was genau hatte er eigentlich letzte Nacht gemacht?

Die metrosexuellen Narzissen sind des Mannes Rache an der selbstbewussten Frau. Sie sind smart genug, um zu kapieren, wie der Markt läuft, und dass heiße Ware immer gut bezahlt wird. Einmal stand ich in einem Club und traf dort einen Bekannten, einen wirklich gutaussehenden Mann, markantes Gesicht, gute Kleidung, sportlich. Er war mit ein paar Kumpels da, die alle sofort für den »Single des Monats« gecastet werden könnten, eine exzellent gemischte Gruppe. Ein Verwegener, ein großer Dunkler, ein All-American-Dreamboy und einer mit Brille und Dreitagebart, der seine intellektuelle Potenz nur so ausschwitzte. Natürlich schwitzten sie nicht, das taten nur die Frauen, die geradezu hilflos um die attraktiven Kerle kreisten. Und die Jungs wussten es, genossen es, jede einzelne Sekunde. Sie hatten eine ganz eigene Schwerkraft entwickelt, weil sie gleichzeitig suggerierten, dass ihnen diese weibliche Aufmerksamkeit so was von scheißegal war und man nur mit den Kumpels ein paar Bierchen trinken wollte. Ich stand bei meinem Bekannten und sagte irgendwann, meinen Bauch reibend, der schon mit einigen Drinks gefüllt war: »Ach, ich bin müde.«

»Dann geh doch nach Hause«, sagte er achtlos. Hinter mir standen schon zwei andere Frauen, die nur darauf warteten, meinen privilegierten Platz neben diesen Superboys einzunehmen. Mein Bekannter flirtete währenddessen sehr kühl mit einer rassigen Brünette, und ich beschloss, dass es Zeit war, König Gunter an der Bar zu besuchen. Und dann nach Hause zu gehen zu meinem Kühlschrank. Alleine.

Die Jungs waren ja irgendwie süß. Obwohl sie natürlich eine ziemlich frauenfeindliche Performance abzogen, spiegelten sie eigentlich nur ein klassisch weibliches Verhalten. Und wie ich aus sicherer Quelle weiß, machen sie sich wenigstens ab und zu die Mühe, die anbrandenden Verehrerinnen zu beschlafen. Manchmal hat einer sogar eine Freundin. Sie spielen nur das Spiel, mit harten Bandagen. Sie sind *mancipated*.

Die männliche Verweigerung beginnt mit der Verweigerung von Aufmerksamkeit. Und endet mit der Verweigerung des Begehrens. Alice Schwarzer sagte in einem Interview mit dem *Spiegel*: »Die größte Einschüchterung läuft über das Begehren: Wir Frauen haben die besseren Noten und sind die besseren Chefs. Aber sind wir noch begehrenswert? Werden wir noch geliebt?«

Hier wird es gemein. Und ziemlich bitter. Denn wenn man zu lange in der eigenen Geilheit badet, verliert man die Lust, sich mit den Imperfektionen eines realen Menschen auseinanderzusetzten. Die sexuelle Verweigerung der Männer ist entweder das Resultat von zu viel oder zu wenig Selbstbewusstsein. Die houellebecqschen Loser greifen zu Pornos, weil sie bei echten Frauen keine Chance haben. Die metrosexuellen Narzissten greifen zu Pornos, weil keine Frau ihnen gut genug ist. Die Frauen verwandeln ihre Lippen in Schlauchboote und ihre Titten in Plastik, weil sie hoffen, die Kerle dort abzuholen, wo sie sie zuletzt gesehen haben. Vor einem Internet-Porno.

Oder vor *MySpace*. In einer berühmten Berliner Örtlichkeit trat eine amerikanische Band auf. Irgendwo zwischen Indie und Elektro spielte sich ihr mediokrer Sound ab. Die Band bestand aus sieben Männern zwischen fünfundzwanzig und fünfunddreißig. Und es waren fünf Groupies da, alle um die achtzehn. Sie kamen irgendwo aus dem Osten Europas und waren blond. Die Musiker hatten ihre schicken Laptops dabei und gingen sofort online, als sie den Backstagebereich betraten. Sie tranken nicht, sie rauchten nicht, sie nahmen keine Drogen. Dann absolvierten sie ihren mittelmäßigen Auftritt, um danach sofort wieder ins Netz zu gehen, zu *MySpace*. Jetzt war auch die große Stunde der Groupie-Mädchen gekommen, denn sie durften mit ins Backstage. Die Jungs sahen auf den Bildschirm, und die Mädchen sahen auf die Jungs. Es war herzzerreißend. Habe ich schon erwähnt, dass die ganze Band auch ziemlich mittelmäßig aussah? Aber sie traten auf, das war schon mal was, wenigstens ein bisschen Ruhm. Die Mädels versuchten alles, die Aufmerksamkeit ihrer Helden zu gewinnen. Endlich erbarmte sich der Sänger und nahm die mit den dicksten Titten mit aufs Klo. Dann kam er wieder, es wurde gejohlt, die anderen Mädchen klatschten. Der Typ zog sich ein frisches T-Shirt an und nahm die Zweite mit aufs Klo. Dann kam er wieder, wechselte T-Shirt und Frau. Ständiges Johlen, die anderen Jungs blickten aber meist auf ihre Bildschirme. Und die Mädchen waren zufrieden. Endlich.

Wo früher noch anständige Orgien gefeiert wurden, muss heute ein pickliger Leadsänger die ganze Arbeit allein machen. In was für einer Welt leben wir eigentlich?

In einer Welt, in der auch deutsche Männer kaum noch das Haus verlassen, weil sie »World of Warcraft« spielen. Oder irgendwelche anderen interaktiven Strategiespiele. Das ist mehr als nur narzisstischer Rückzug, das ist eine hilflose Absage ans Leben. Das so verwirrend und scheußlich existenziell geworden ist. Da tut ein bisschen Übersichtlichkeit ganz gut.

Frauen tendieren eher zum Regress, jeder sechste Löffel Babybrei landet mittlerweile in einem erwachsenen Frauenmund, süüüß, während Männer die Virtualität vorzuziehen scheinen. Was interessieren schon Frauen, wenn man gerade die heilige Stinkwurz gefunden hat und seinen Gnom dreizehnter Klasse endlich durch Wände gehen lassen kann?

Aber das ist doch alles nicht wahr. Das kann noch nicht wahr sein. Mich schaudert, wenn mit soften Familienvätern geworben wird, denen der Pony so süß in die Stirn fällt. Oder wenn ich diese androgynen Jungs sehe, deren Outfit ausgefeilter ist als das von SusiPop. Männern bei der Selbstkastration zuzusehen ist ein ungemein verstörender Anblick. Ähnlich verstörend, wie Frauen dabei zu beobachten, wie sie sich in Nutten verwandeln. Oder T-Shirts tragen, auf denen »Schlampe« steht. Und dafür noch nicht einmal gefickt werden.

Aber das sind nur Tendenzen, schlimme Tendenzen. Ich kenne viele gute Männer. Und tolle Frauen. Denn wir versuchen es doch alle. Am Leben zu sein. Es zu gestalten, es zu genießen und dabei noch gut auszusehen. Wir haben uns entschlossen, das Projekt Existenz anzunehmen. Meistens. Trotz der bodenlosen Angst, die sich manchmal auftut. Trotz des Versagens, der Unzulänglichkeit und des beginnenden Bauchansatzes. Modernes Heldentum. Es macht Spaß, mit der pornographisierten Wirklichkeit zu spielen, denn wie gesagt, es gibt nur Stufen der Ironie. Das heißt: Es muss Spaß machen, da mitzuspielen. Weil es so schrecklich glamourös ist. Und wenn man weiß, dass es nur ein Spiel ist. Dass es kein richtiges Leben gibt im valschen, wie der große Robert Gernhard es auf den Punkt brachte.

Was machen sie denn, die modernen Helden? Außer zu versuchen, stark zu sein und gleichzeitig einfühlsam? Manchmal fahren sie Motorräder. Manchmal schreiben sie wunderbar männliche Bücher, wie Henry Miller oder Charles Bukowski. Manchmal lassen sie sich nicht verarschen von dem ganzen Geschwätz da draußen. Das männliche Begehren ist eine schwer einzuschätzende Größe. Oder vielmehr: Es ist von einer Bestimmtheit, die immer wieder überrascht. Dieses ganze Luschentum kann ziemlich irreführend sein. »Lass uns doch Freunde sein« funktioniert vielleicht bei verunsicherten ewig adoleszenten Boys, aber nicht bei echten Kerlen.

Ich erinnere mich, dass ein cooler Typ mal feststellte, dass er scharf auf mich war. Ich war natürlich geschmeichelt, aber nicht interessiert. Ich dache jedoch, dass wir jetzt irgendwie Freunde wären, so eine typisch weibliche Vorstellung. Aber nein. Kein kuschliges schmusiges Annähern. Ab und zu begegneten wir uns in der Nacht, und einmal verabschiedete er sich von mir, indem er mich hart auf den Mund küsste. Ich mochte das. Ich akzeptierte seine Ansage, und er akzeptierte meine Absage. Aber wir machten uns nichts vor, wir laberten nicht rum. Wir respektierten uns, und ich muss sagen, dass ich sein Verhalten ziemlich männlich fand. Denn er wusste genau, was er wollte. Und wenn er nicht genau das haben konnte, tja, dann eben nicht.

Ich habe mich mal mit einem anderen Mann über diesen Punkt unterhalten. Er sagte:

»Ein Mann weiß immer sofort, ob er eine Frau will oder nicht. Das ist eine unumstößliche Feststellung. Man ändert seine Meinung nicht.«

»Aha«, sagte ich. Und dachte daran, wie ich mich früher manchmal von einem bestimmten männlichen Begehren hatte rumkriegen lassen. In der Liebe wie beim Sex. Aber es war besser geworden, viel besser. Ich suche aus. Meistens.

»Es gab da diese Frau, die mich wollte«, sagte er nach einer Pause. »Sie war total scharf auf mich, hat mich zwei Jahre lang verfolgt. Ich wollte sie nicht. Daran hat sich niemals etwas geändert. Frauen ändern ihre Meinung. Sie brauchen Zeit und so, aber es ist möglich, sie von sich zu überzeugen.«

Ich fixierte ihn. »Du willst damit sagen, dass du nie mit dieser Frau im Bett warst?«

Er blickte aus dem Fenster. »Ich war mit ihr im Bett, einmal, ich war betrunken. Aber sie hat mich nicht wirklich gehabt. Ich hatte meinen Orgasmus, nach fünf Minuten, und das war's dann.«

Die Arme. Aus sicherer Quelle wusste ich, was für ein großartiger Liebhaber er war. Aber vielleicht geht es genau darum: Dinge, die man nicht kaufen kann. Die man nicht bekommen kann. Und das betrifft uns alle. Moldi, wenn du das liest: Ich werde dich immer lieben. Aber ruf nicht an.

Die selbstbewussten Typen scheinen jedoch in der Minderheit zu sein. Was ist denn nur los mit den Männern? Und warum interessiert uns das so? Die Stories über Frauen, die man so hört gerade, sind eher à la »Wieviel passt in ein Leben«[*] oder »Die Mädchenfalle«[**] oder »Das Eva-Prinzip?«[***]. Gut, auch da wird diskutiert. Über die Rolle der Frau, nicht über die Frau an und für sich. Aber wo kommt nur dieses entsetzliche Quietschen her? Hören Sie es auch?

[*] Anke Dürr, »Wieviel passt in ein Leben«, *Spiegel Online*. Darin wird die Star-Anwältin und sechsfache Mutter Juliane Kokott porträtiert.
[**] Annette Anton, »Die Mädchenfalle«, *EMMA* 05/06 2006. In dem Artikel geht es wieder einmal darum, dass endlich »Schluss mit süß« sein soll.
[***] Eva Hermann, »Das Eva-Prinzip«, Pendo 2006. Die ehemalige Tagesschausprecherin ruft die Frauen dazu auf, ihre gottgewollte Rolle als Hausfrau und Mutter endlich wieder einzunehmen.

»Was ist männlich?«, titelt die *Zeit*. Und das ist erst der Auftakt für eine neue Reihe, die sich mit dem Status quo der Männlichkeit befasst. Die Pubertät ist ja im Allgemeinen der Abschnitt des Lebens, in dem man sich mit solchen Fragen auseinandersetzt. Ich erinnere mich noch an die großen Unsicherheiten und Verstörungen bezüglich der eigenen Rolle und die Frage: Was ist weiblich? Bin ich weiblich? Wie erscheine ich weiblich? Irgendwann kam ich zu einer ganz einfachen Lösung. Ich bin eine Frau. Biologische Tatsache, unumstößlich. Deshalb ist alles, was ich tue, weiblich. Ist natürlich total billig, aber es hat funktioniert. Ich konnte mich endlich mit den wichtigen Dingen des Lebens beschäftigen: Büchern und Rauschmitteln.

Susanne Gaschke schreibt in der *Zeit*: »Ihr Verlierer. Eine Schadensbilanz.« Sie analysiert, dass im Zuge der sich verändernden Lebensumstände Mädchen sowohl das traditionelle Rollenangebot offen steht, also Barbies, Kleidchen und zurück an der Herd, als auch vormals männlich geprägte Erweiterungsmöglichkeiten. Also Anzüge, Baggerfahren und 1-a-Reifenwechseln. Wohingegen die armen kleinen Jungs nicht mal mehr Macho sein dürfen, aber trotzdem keinen Zugriff auf weibliche Rollen haben. Was ist mit dem kleinen Billy Elliot, der unter widrigen Umständen, als englisches Arbeiterkind, seinen Traum erfüllen durfte, endlich Ballett zu tanzen (gut, der echte ist schwul). Was ist mit Marilyn Manson und seinen Fingernägeln, vom Make-up ganz zu schweigen? Was ist mit diesen Softies, die nur reden und kuscheln wollen? Und was ist mit den scharfen Boylies, die einfach nur rumstehen und gut aussehen? Die Letzteren will ich nehmen, aber nicht ernst nehmen. Ich will sie aus ihren blendendweißen Boxershorts schälen und ganz zärtlich zum x-ten Mal entjungfern. Habe ich ein Testosteronproblem?

Neulich versuchte ich die brennende Frage nach dem Status Quo der Männlichkeit mit Flexter und Vince zu besprechen. Wir saßen in einem Café; ein sommerlicher, heißer Nachmittag. Vince stierte rotäugig vor sich hin. Sah nach einem echt üblen Kater aus. Oder Schlimmerem. Flexter war entschieden deprimiert. Er hatte sich endlich entschlossen, sein fruchtloses Jurastudium aufzugeben, und hatte Angst vor der eigenen Courage.

»Was ist für euch Männlichkeit?«, fragte ich munter.

Sie warfen mir genervte Blicke zu. Aber sie mögen mich ja.

»Ich weiß nicht«, sagte Flexter, »vielleicht so Dinge wie Feuer machen. Oder es sind eher die kleinen Sachen, vorangehen im Restaurant, die Türe aufhalten.«

Vince gähnte und kratzte sich kurz. Dann sah er einer vorbeigehenden Frau auf den Arsch.

Ich sagte: »Aber findet ihr nicht, so mit den ganzen emanzipierten Frauen, dass die Männer es schwer haben heutzutage?«

Vince antwortete nicht. Er war ganz in sich versunken.

Flexter sagte: »Eigentlich sind die alle gar nicht so emanzipiert. Das ist meistens nur Show, die Mädels wollen dann schon, dass man zahlt beim Ausgehen. Und sie putzen immer meine Wohnung.«

Die sah aber auch wirklich schlimm aus.

Dann sagte er: »Aber manchmal fragt man sich schon, wofür man noch gebraucht wird. Es ist ein Scheißgefühl, sich überflüssig zu fühlen. Wenn die Frauen alles selber machen. Und wenn sie dann auch noch mehr verdienen…«

SusiPop kam vorbei und setzte sich zu uns: »Ich habe in der Galerie gekündigt«, sagte sie nach einer Weile. »Ich halte das nicht mehr aus. Es macht mich kaputt, meine Inspiration stirbt. Ich will etwas Eigenes machen. Ich muss.« Sie bestellte sich einen schwarzen Kaffee.

»Ich suche auch gerade Arbeit«, sagte Flexter. Und dann:
»Manchmal weiß ich nicht, wie das alles weitergehen soll.
Was kann ich machen? Was kann ich überhaupt? Ich habe
Angst.«

Wir verstummten kurz. Zu gut wussten wir, wovon er
sprach. Alles steht uns offen. Alles scheint möglich zu sein.
Aber was, nur was will man denn?

Irgendwann sagte Vince: »Heute ist diese Party, DJ Sonstwie
legt auf. Wir sollten ausgehen.«

SusiPop schnaubte. »Woher soll ich denn das Geld nehmen?
Ich muss meine Miete zahlen, Telefon, alles, ich habe laufende
Kosten. Und ich habe gerade meinen Job gekündigt.« Sie griff
nach einer Zigarette und lehnte sich matt zurück.

»Was interessieren mich Frauen gerade«, sagte Flexter.
Dann lächelte er. Und wurde wieder ernst. Kurz darauf verabschiedeten wir uns. Die Stimmung war fransig.

Aber wir bleiben in Bewegung. Wir werden an irgendeiner
Bar stehen und gut aussehen. Oder zu Hause bleiben und in
unser Kissen heulen. Aber davon kriegen Sie Gott sei Dank
nichts mit.

Freiheit, schreckliche Freiheit. In dieser schönen neuen Welt
stehen vielen von uns wirklich alle Optionen offen, es fühlt sich
zumindest so an. *Make it real* – Coca Cola.

Flexter ist jung, schlau, gutaussehend und sehr charmant. Er
kann alles tun, was er nur möchte. Was bleibt, ist jedoch oft nur
ein tiefes Entsetzen vor dieser Verantwortung. Und tröstliche
kleine Inseln. Wie »World of Warcraft«. Die neueste Telenovela.
Ein Baby. Oder eine Beziehung um jeden Preis. Schwer wiegt
die Last der Existenz auf unseren zarten Schultern.

Aleister Crowley, der berühmte Magier, der das Tarot neu
gestaltete, hatte den Wahlspruch: »Tu, was du willst.« Auch in

Michael Endes »Unendlicher Geschichte« stehen diese Worte auf Aurin, dem Amulett, das die Kindliche Kaiserin dem Jungen Bastian um den Hals hängt.

»Tu, was du willst.« Das ist unser Fluch und unsere Chance. Und man muss zugeben, dass es in dieser glitzernden, vielfältigen postmodernen Welt ein wenig schwierig sein kann, das herauszufinden. Wobei paradoxerweise gerade diese Multioptionalität dem Einzelnen die Chance gibt, sein Leben selbst zu gestalten.

Aber woran soll man sich orientieren? Es gibt eigentlich keine Lebensmodelle mehr, die über die Gegenwart hinausragen. Es gibt keine Helden mehr, fast keine richtigen Stars, keine Vorbilder. Wir sind alle auf uns selbst zurückgeworfen, kreisen um uns und suchen nach Glück.

Dazu wird in einem endlosen Feuerwerk das »Hier und Jetzt« abgefeiert. Dieser schreckliche Glamour, dem durch ständig neue Beispiele immer wieder Aktualität verliehen wird. Und dieser große Zirkus ist garniert mit Menschen, die es irgendwie geschafft haben. Die werden dann endlos ausgeleuchtet. Da wächst die Angst zu versagen ins Unermessliche.

Selbstbestimmung, und das ist die einzige Art, würdig mit dieser Welt umzugehen, wie es schon immer die einzige Art war, überhaupt mit dem Leben umzugehen, ist ein hartes Geschäft.

SusiPop hat auch Angst. Aber sie sagte zu mir: »Wenn ich mir vorstelle, dass ich irgendwann zurückblicke, so mit fünfzig, dann würde ich es nicht ertragen, es nicht gewagt zu haben, mein Leben selbst zu gestalten, das zu tun, was ich wirklich will.«

Denn wir wissen es. Dass es möglich ist. Deshalb schmerzt auch die Möglichkeit des Versagens auf eine ganz neue Weise.

Den Leuten ist klar, worum es geht. Und da beginnt auch das Leiden. Und die Betäubung. Und manchmal auch die Jagd.

König Gunter kommt zu einem späten Frühstück vorbei. Er fläzt auf meiner Küchencouch, wir essen italienische Salami, englische Rhabarber-Ingwer-Marmelade und Schwarzbrot; er erzählt vom Fußball und von dem Artikel, an dem er gerade arbeitet. Er ist ein begabter Journalist, und langsam merken das auch die verschiedenen Zeitungen. Er strahlt. Ich berichte von meinen Versuchen, das Männlichkeitsproblem zu verorten.

»Also irgendwie«, sage ich, »ist das doch eine Scheindebatte. Man ist doch zuallererst ein Mensch. Daran wird man gemessen. Ob man interessant und interessiert ist, ob man sein Leben in der Hand hat, ob man Schönheit besitzt. Solche Sachen. Der Charakter halt.«

»Natürlich hast du Recht. Aber dann müsste man ja gar nichts mehr sagen. Das ist immer das, worum es zwischen zwei Menschen geht. Aber es hat sich auch wirklich etwas verändert. Wir sind näher zusammengerückt. Männer und Frauen stehen vor fast denselben Problemen. Selbstverwirklichung, Arbeit, die Suche nach Glück. Liebe. Sex. Gerade da scheint es mir, als wären die Frauen momentan mächtiger. Sie haben gelernt, mit dem Druck umzugehen. Und sie können Kinder bekommen.«

Ich muss an die vielen aufgepumpten Brüste denken. Die schrecklichen Videos. Aber Männern geht es wohl genauso. Der neueste Trend ist das Sixpack-Implantat. Oder man lässt sich die Stimmbänder verlängern, damit die Stimme tiefer wird. Ich schüttle mich.

»Aber Frauen sind immer noch nur marginal in den Führungsetagen vertreten. Und sie verdienen immer noch weniger als Männer, im Durchschnitt.«

Er seufzt. »Darum geht es nicht. Obwohl das ein Missstand ist. Nein, es ist eher so, dass die Männer immer über das Frauenbild geherrscht haben. Dass sie den Frauen gesagt haben, was sie sind und sein sollen. Dass die Frauen als ›das Andere‹ gesehen wurden, als Abweichung von der Norm. Und derzeit ist es so, dass die Frauen die Männer in Frage stellen. Oder eher: dass sie die Männer definieren. Und sie wollen einen verantwortungsbewussten und liebevollen Partner, der gleichzeitig im Bett zum Tier wird. Auf Dauer können das die wenigsten leisten.«

Da bin ich mir gar nicht so sicher, vielmehr, ich hoffe, es möge anders sein. Wir Frauen müssen ja auch so einiges auf die Reihe kriegen. Irgendwie ist mir die Brisanz der Debatte immer noch nicht ganz klar. Ein Mann ist ein Mann, wo ist denn das Problem? Ich greife nach dem Kaffee. »Es gibt doch männliche Symbole. Wie Paolos Motorrad. Jeder Mann hat so was. Und kann seine männliche Identität betonen, wenn er es will. Natürlich stehen diese Dinge auch Frauen offen. Männer können ja auch weibliche Symbole benutzen. Kosmetika, solche Sachen.«

»Es ist doch Selbstbetrug, die Männlichkeit symbolisch zu verorten. Ich finde, dass den Männern weniger Rollen offen stehen als den Frauen. Diese Debatte jetzt, ich finde das eigentlich gar nicht so schlecht. Sie schafft Solidarität und zeigt, dass auch Männer in ihrem Unglück nicht alleine sind. In den meisten Männermagazinen geht es immer noch nur um Frauen. Die Männer haben keine Kultur des Selbstbezugs. Frauen haben kein Problem damit, ständig von sich zu reden. Als Mann ist das irgendwie …«

Da hat er Recht. Das Projekt Existenz betrifft uns alle und ist viel fundamentaler als Geschlechterunterschiede. Was für eine Wohltat, sich manchmal beklagen zu dürfen. Sich spiegeln zu können in einem endlosen selbstbezüglichen Monolog. Wie gemein, wenn einem das verwehrt würde.

In der *Zeit online* gab es eine Rubrik, in der Frauen sich positiv oder negativ zu gewissen männlichen Eigenheiten äußern konnten. Anzug, ja/nein, Fastfoodliebhaber ja/nein, solche Dinge. Nur eines fanden alle Frauen toll: den solventen Herrn. Den Typ mit Kohle. Also Männer, husch, husch, an die Arbeit.

»Ich meine, das Sichbeschweren passt eher zur weiblichen Rolle. Männer fangen gerade erst an, eine Sprache zu entwickeln, über sich zu sprechen, von den Problemen, den Schwierigkeiten. Das habt ihr jetzt davon. Ihr wolltet den universellen Mann und kriegt die Labertasche.«

Er lacht vergnügt.

Ich denke an Männer, die ganz viele Emotionen haben, diese zeigen und besprechen. Mich schaudert kurz.

Das will doch niemand, denkt ein abgebrühtes Weib in mir, aber das ist Bullshit. Männer haben genauso Angst wie wir, und wir haben genauso viel Spaß am Vögeln wie sie. Angesichts unserer Lebensumstände ist das Gefühl der Solidarität viel stärker geworden. Denn wir tanzen gemeinsam ums goldene Kalb der totalen Selbstverwirklichung. Und wollen sexy sein. Und geliebt werden. Und einen tollen Job. Doch dieses Gejammer hält ja kein Mensch aus. Es wird Zeit, auf die Jagd zu gehen.

3.2 Gemischte Jagdgruppen

Die Eisprinzessin funkelt und glitzert und sieht ganz großartig aus. Ich glaube, sie hat die neue Hose angezogen. Vince hat sich wieder in den Griff bekommen; er sieht frisch aus, geschmeidig und gutgelaunt. Er muss gepoppt haben. König Gunter versprüht lässige Energie, die Haare fallen ihm in die Stirn, alles ist gut. Wir sind bereit für die Nacht, für Drinks und schöne Menschen.

Wir betreten den Club, die Eisprinzessin will zur Garderobe, ich steuere mit den Jungs die Bar an; ich mag den Willkommensschluck. Wir bestellen Bier und Vodka, einen Gin Tonic für Vince, und blicken uns um. Die Eisprinzessin kommt auf uns zu, die langen schlanken Beine spazieren selbstbewusst durch die Menge; sie will einen Saft, sie trinkt nicht gerne.

Unsere Blicke wandern umher. Alles ist voller hübscher Menschen, die Eisprinzessin schwankt zwischen Faszination und Entsetzen: So schöne Jungs! So viele! Ihr Blick bleibt an einem besonders attraktiven Typen hängen, der mit seinem kleinwüchsigen Freund am Eingang steht. Die Jungs haben vorerst nur Augen für die Choreographie des Weiblichen, die sich vor ihren Augen entfaltet. Da zieht eine Gruppe junger Gazellen vorbei, selbstbewusst, schlank, ein tiefer Ausschnitt, viele blond. In der rechten Ecke räkeln sich die erfahrenen Fashionistas, sie präsentieren ihre vielschichtigen Reize, stellen sich aus und warten, dass ihnen ein Blick ins Netz geht. Von hinten kommt ein dickliches Duo, zwei Mädels, ein bisschen zu prall für den Geschmack meiner mäklerischen Freunde, die lockenden fetten Hintern, die vor ihren Augen ausgeführt werden, lassen sie kalt, keine Blicke haben sie dafür übrig.

Da schwebt auf einmal eine echte Schönheit durch den Raum, zart, graziös, von entrückter Natürlichkeit, König Gunter sieht ihr nach, aber sie ist schon nach unten gegangen.

Die Männer stehen oft an der Wand oder an der Bar, neben mir hält sich minutenlang einer auf, der mich lächeln macht, mir wird kurz ganz heiß und kalt. Sollte ich nach einer Möglichkeit suchen, ein Gespräch anzufangen? Nein, ich will nicht. Er entfernt sich, ich beobachte ihn trotzdem aus den Augenwinkeln. Wir machen uns auf den Weg nach unten zum Dancefloor, werden aufgehalten im Zwischenraum, Freunde, Bekannte sind da, Vince küsst eine vogelgesichtige Kurzhaarige, eine Arbeitskollegin; König Gunter hat einen alten Freund getroffen, nur die Eisprinzessin will weiter, nach unten, sie hat ihren schönen Mann aus den Augen verloren, will ihn suchen.

Ich bleibe oben, unterhalte mich mit einem Bekannten, der mir von seiner neuen Ausstellung erzählt, er hat eine Galerie, klingt interessant, ich stecke seinen Flyer ein und nehme mir vor hinzugehen. Ein Teil meiner Aufmerksamkeit ist frei, ich mustere immer wieder die Anwesenden, es ist tatsächlich möglich, alle Besucher einer solchen Örtlichkeit anzusehen, wirklich anzusehen, das ist nur eine Frage des Trainings.

Ich hole mir noch einen Drink und treffe einen Bekannten an der Bar, der gerade Besuch von einem Freund aus Dublin hat, und gerate in ein wunderbares Gespräch über Terry Pratchett, den wir beide lieben, und wir ereifern uns und prosten uns zu. Der Besuch aus Dublin ist ganz hübsch, schwarze Haare, ich mag das, aber nein, ich habe keine Lust, ich bin gerade in so einer Stimmung, dass ich will, dass der verdammte Blitz einschlägt, ich will Bezauberung, Magie, übersinnliche

Schicksalhaftigkeit. Mit anderen Worten, ich bin sexuell ausgelastet. Oder nur im Frieden mit meiner Einsamkeit?

Es gibt diese Abende, an denen wir nichts im Sinn haben mit der Jagd nach einem anderen, vordergründig nicht, denn eigentlich ist uns dieses Spähen und Lauern schon so in Fleisch und Blut übergegangen, dass es uns immer begleitet, so subtil es auch sein mag. Manchmal fühlen wir uns als Jäger. Manchmal genießen wir es, Beute zu sein. Und ab und zu interessiert uns der ganze Auftrieb nicht. Bis uns ein gar zu schönes Wild vor die Augen kommt…

Irgendwann gehe ich nach unten, der Dancefloor ist voll, Menschen tanzen und streifen durch die Räume, ich bleibe am Ende der Treppe stehen, so viele Gesichter, so viele Geschichten, ein bunter Reigen entspannt sich vor meinen Augen. Am hinteren Ende des Raumes sehe ich die Eisprinzessin, sie lehnt an der Bar und ist in ein Gespräch vertieft mit einem Typen, den ich nicht erkennen kann. Ein paar Menschen weiter steht der von oben, damals an der Bar, ich überlege, was er wohl gerade denkt, er schaut sich alles an, ich mag seine Lässigkeit. Die Musik wird plötzlich gut, ein großartiges Lied spielen sie, ich gehe auf die Tanzfläche, wo ich eine Bekannte treffe. Wie man sich immer freut, jemanden zu treffen in der Nacht, so leicht und schön kann das sein, und wir umarmen uns und tanzen gemeinsam; ihr Begleiter trinkt einen Schluck und vollführt ein paar seltsame Moves.

Schon ist die Musik wieder schlechter, und ich gehe zur Bar, ein Vodka, da lehnt Vince und lässt die Frauen an sich vorbeitreiben, von denen immer wieder eine auf ihn zukommt und ihn zärtlich bis unterwürfig begrüßt, er ist Vince, der DJ. Dann stehen wir nebeneinander und suchen nach der schönsten Frau des Abends, Vince mag die Fashionistas, eine ist da, groß, schlank, dunkel, mit einem asymmetrischen Oberteil und Leggins, die gefällt ihm gut, ihre langen Ohrringe, das ausdrucksstarke Gesicht. Ich mag ein hellhaariges Rehlein, dessen zarte Züge mir unfassbar delikat erscheinen. Gerade läuft ein Paar phantastischer Brüste an uns vorbei, in einem ganz engen, tief ausgeschnittenen Top, es ist eine der jungen Gazellen, die es wissen will, alleine eine Runde dreht und alle Blicke und alles Begehren sorgsam sammelt, um dann mit einem überlegenen und leicht verächtlichen Lächeln wieder zu ihren Freundinnen zu gehen und anschließend nach Hause. Das ist eine, die sich als Jägerin sehen will und sich doch allzu offensichtlich als Beute präsentiert.

Denn alle Jagd schlägt um. Der erfolgreiche Jäger muss sich an einem gewissen Punkt in die sehnsüchtig gewollte Beute des anderen verwandeln. Wir müssen uns gegenseitig Beute sein, und dann schleppen wir uns nach Hause. Wieder geht eine Schöne vorbei, dunkel, geschmeidig, katzengleich. Diese Laufstege, die sich immer wieder auftun, gerade tanzt einer, der wohl auf irgendetwas ist, diese Selbstverzückung, das glücklich-dümmliche Grinsen, die Musik fließt durch ihn durch.

Ich frage Vince, was er denn angestellt habe, verdächtige ihn des hemmungslosen Geschlechtsverkehrs, er lächelt und nickt: »Nur ein Wort: Online-Dating«. Soso, denke ich; wir unterhalten uns über Einsamkeiten und Gemeinsamkeiten, und vor unseren Augen zieht die Nacht vorbei. Wenn wir so nebeneinander stehen, schmücken wir uns miteinander, sprechen uns frei von jedem Verdacht, den man alleine auf sich zieht. König Gunter kommt dazu, er ist gutgelaunt, erzählt, dass er einen Kollegen getroffen hat und man darüber nachdachte, einmal etwas zusammen zu machen. Die Eisprinzessin ist immer noch am hinteren Ende der Bar, ich sehe aus den Augenwinkeln, wie sie jemanden küsst, es wird doch nicht der schöne Mann vom Anfang sein.

Wir gehen tanzen, einfach so, um irgendetwas zu tun, es wird schon langsam leerer und trotzdem intensiver, es ziehen sich die zurück, die nicht wissen, was sie da sollen, es bleiben die, die noch etwas zu tun haben, die Leute der Nacht, die geheimen Hierarchien werden sichtbar, wer wen kennt, mit wem redet, freie Getränke bekommt. Drogen hängen in der Luft, es wird geküsst, berührt, die Betrunkenen an der Bar geraten in heftige Gespräche, alles wird kurz greifbar, lesbar, und wir stehen wieder im Zwischenraum, und ich überlege, ob ich noch etwas trinken soll, was soll's, dieses Gefühl, im Einklang zu sein, innen wie außen, da sagt Vince: »Lass uns aufs Klo gehen«, und König Gunter nickt, und ich auch. Auf dem Weg nach unten begegnet uns die Eisprinzessin, und zu viert betreten wir eine schmutzige kleine Kabine.

Dann bietet König Gunter uns Zigaretten an und gibt uns Feuer. Es ist alles so friedlich in diesem Moment, so klar und einfach, wir rauchen und erzählen unsere Geschichten, die immer bedeutsamer werden, dieses göttliche Gefühl, dass die anderen einen wirklich verstehen können, dass Kommunikation möglich ist. Wir bleiben in der kleinen Kabine. Die Eisprinzessin spricht von dem Typen von eben, es war tatsächlich der Hübsche, der ihr erzählt hat, dass er zwei Jahre pornosüchtig war und beschlossen hat, damit aufzuhören, aber nicht mehr wegkommt von dem pragmatischen Blick, und sie erzählte ihm von ihrer Abgeklärtheit und der Gleichgültigkeit, die in ihr sein kann, und sie mochten sich wohl, beschlossen irgendwann, sich zu küssen, so zum Spaß, mit offenen Karten und Augen.

»Aber es hat nicht funktioniert«, sagte sie, »er hat gesagt, das geht alles nicht, er hat eigentlich doch Lust, sich zu verlieben.« Sie lächelt, zartbitter. König Gunter sackt ein wenig in sich zusammen und sagt, dass er Sonja doch vermisse, wo solle denn das alles hinführen, was er denn tun könne. Ihre Unentschlossenheit, diese verdammte Unentschlossenheit. Vince hört einfach zu, ab und zu huscht ein stilles Lächeln über sein Gesicht, und manchmal verzerrt es sich.

Das Gespräch schwingt sich empor, wir reden über Drogen, ich erzähle noch einmal die Ayahuasca-Geschichte aus dem Dschungel Südamerikas, die Begegnung mit dem großen Wasser, dem Tod, der Schlange, wir landen bei unseren ersten Haustieren und deren Namen und kommen zum idealen Künstlernamen, der aus ebendiesem und dem Mädchennamen der Mutter besteht, und wir können fast nicht mehr vor Lachen, als König Gunter sagt: »Flecki Spritzer.« Es ist zärtlich und intensiv und unfassbar vertraulich in dieser kleinen Kabine, eine seltsame nächtliche Geborgenheit, eine kleine Insel, die wir geschaffen haben, aber auch das geht vorbei, es wird Zeit, wieder herumzustreifen, immer auf der Hut vor dem Moment, an dem eine grausame Leere einsetzt, ein schrecklicher Bedeutungsverlust, schnell ein Drink, wieder Bekannte treffen, noch eingehüllt in die chemische Unverwundbarkeit.

Wir trennen uns, ich stehe mit der Eisprinzessin an der Bar, wir geraten wieder in ein Gespräch; wie gerne wir uns doch haben, und dann, wieder, die Frage nach Glück, Männern, wie wird das alles weitergehen. Die Eisprinzessin sagt, es würde alles ganz einfach werden, denke sie sich, irgendwann würde die Erste von uns was ausbrüten, und um dieses neue Leben herum würden sich dann die anderen gruppieren und auch damit anfangen, und wir lachen, aber mit wem verdammt, mit wem? Und Akademikerinnen kriegen sowieso später Kinder, sage ich, und die Eisprinzessin meint, dass man heutzutage bei diesen ganzen Unwägbarkeiten und Verwirrungen eigentlich erst mit dreißig bereit sei, eine feste Bindung einzugehen, habe sie gelesen, und da geht auf einmal ein Mann vorbei, dessen scharfgeschnittene Züge mir kurz den Atem stocken lassen, und die Eisprinzessin lacht leise und zieht mich auf mit meiner selbstgefälligen Unbeteiligtheit.

König Gunter unterhält sich mit einer Frau, aber gerade löst er sich, ich kann den enttäuschten Gesichtsausdruck der Frau erkennen, er geht zu Vince, sie unterhalten sich am anderen Ende des Raumes mit zwei Bekannten, eine lässige Männerrunde, die sich selbst genügt.

Irgendwann gehen wir nach Hause, ein Stück des Weges gemeinsam, es ist hell geworden, blendend, und dann geht jeder schlafen, allein.

Die Solidarität, die sich auftut, wenn Frauen und Männer die Ähnlichkeit ihrer Probleme und ihres Wollens erkennen, führt im fortgeschrittenen postadoleszenten Alter dazu, dass wir oft gemeinsam ausgehen. Zum einen ist das unterhaltsamer – schließlich geht es ja auch immer auch um die Jagd nach dem Erlebnis. Zum anderen wärmen wir uns aneinander, haben eine Basis im Club, an der Bar, wo auch immer. Wir bilden eine gemischte Jagdgruppe. Und solidarisieren uns beim Ausspähen der Begehrten, können uns mit nutzlosen Ratschlägen unterstützen und haben gleich jemanden, dem wir unser Versagen klagen können. Denn eine gemischte Jagdgruppe hat Vor- und Nachteile.

Vorteil: Man ist mit ein paar attraktiven Jungs/Mädels unterwegs, das wirkt interessant und suggeriert soziales Potenzial.

Nachteil: Außenstehende können die intragruppalen Beziehungen nicht so schnell entschlüsseln. Schlechtenfalls denken sie, man wäre mit dem Freund/der Freundin da.

Vorteil: Man kann sich von seinen männlichen/weiblichen Freunden bezüglich des Männlichen/Weiblichen beraten lassen.

Nachteil: Das geht nicht gut. Ist noch nie gutgegangen. Frauen sind eindeutig weiter, was das selbstlose Tippgeben angeht, während Männer eigentlich gar nichts davon hören wollen, dass außer ihnen noch ein anderer begehrt wird.

Vorteil: Man ist mit den Leuten da, die man mag, und unterhält sich gut.

Nachteil: Man unterhält sich so gut, dass alles Jagen vergessen wird.

Und deshalb gestaltet es sich meistens so, dass wir gemeinsam aus-, aber alleine jagen gehen. Zu Anfang wird ein Ort bezogen, von dem dann ausgeschwärmt wird. Denn für das erste Kennenlernen ist die Anwesenheit einer andersgeschlechtigen Begleitung eher hinderlich.

Die Souveränität einer gemischten Jagdgruppe kommt eigentlich erst zum Tragen, wenn man das Objekt der Begierde schon kennengelernt hat. Oder zumindest ausgemacht hat. Möge es auch in allen Zeitschriften stehen und gnadenlos glorifiziert werden, der One-Night-Stand ist selten das, was wir suchen.

Es ist eher so, dass durch die Stadt gestreift wird, durch die vielfältigen Räume, in denen wir uns begegnen können. Die reizenden Bedienungen aus den Cafés rund um die Kastanienallee. Die bezaubernde Brünette, die in diesem Plattenladen arbeitet. Der eine DJ, der so tolle schwarze Haare hat. Der hübsche Typ aus der Staatsbibliothek. Wir haben immer mehrere Eisen im Feuer, visuell zumindest, wenn noch nichts entschieden ist, wenn man sich im Möglichen badet. Und dieses Vergnügen, eine/n schon lange Beobachtete/n in der Nacht zu entdecken! Denn oft geht es ums Jagen, nicht ums Erlegen. Das heimliche Spähen, das freudige Entdecken, das charmante Umkreisen. Manchmal wollen wir uns das gar nicht vom kruden Morgenlicht kaputtmachen lassen. Es ist doch viel aufregender, ein wenig mit der Beute zu spielen. Ein Freund sagte dazu: »Es ist wie beim Fischen. Da gibt es auch Angler, die werfen die gefangenen Fische gerne mal wieder ins Wasser…«

König Gunter sagte ganz entschieden: »Also, gemischte Jagdgruppen sind einfach schlechter. Man kann sich viel besser auf die Mission konzentrieren, wenn man mit einem Kumpel unterwegs ist.«

Er und Vince hatten in der letzten Zeit damit begonnen, gemeinsam herumzulungern, das Frühstück in einem dieser Cafés einzunehmen, wo graziöse Mädchen den Kaffee über die Theke reichten, und sich in endlosen Geschwätzigkeiten über die bezaubernden Damen auszulassen. Ich durfte es mir dann immer anhören, wenn wir uns trafen, beim Grillen draußen, in der Bar 25, oder wo der Sommer sonst stattfand.

König Gunter hat schon immer das Talent besessen, unglaubliche Aufmerksamkeitsenergien für ihm gefallende Frauen aufzubringen. Sie so konzentriert und zugleich lässig zu beobachten, dass keine widerstehen konnte. Vince war sofort eingestiegen. Man muss sich ja beschäftigen.

Eine Zeitlang haben sie sich auf ein portugiesisches Café in der Nähe des Rosenthaler Platzes fokussiert. Das schmückt sich schon seit Jahren mit der schönsten Mädchenblüte, und die zwei Kater streunten allmorgendlich betont unauffällig dort vorbei, wenn ihre fragilen Freelance-Existenzen es zuließen. Was meistens der Fall war.

König Gunter hatte sein Herz an das »Drei-Möhren-Mädchen« verloren, das den Namen trug, weil es einmal in die Küche gerufen hatte: »Noch drei Möhren, bitte.« Vince mochte eine Schöne mit kinnlangem hellbraunem Bob, die immer phantastisch angezogen war. Er nahm das alles aber nicht so ernst, denn er hatte schon einen neuen Spielplatz entdeckt, das Internet. Aber er schätzte es, König Gunter bei seinen romantischen Verwicklungen beizustehen und das Ganze endlos breitzutreten. Diese Geschichten, die sie immer erzählen. Nein, eigentlich erzählt König Gunter die Geschichten. Das Glück und Unglück der Liebe ist sein Parfum. Er arbeitet viel, liest viel, verkauft seine Artikel, aber der Grundimpuls seines Lebens ist die Suche nach der Frau seines Herzens. Neben der immerwährenden Wertschätzung weiblicher Anmut. Auch er wird nicht jünger, obwohl er hinreißend jugendlich aussieht.

Gerade in den letzten Jahren hat sich bei uns allen *Das Geschwätz* inflationär gesteigert. Wir reden über die Jagd, über Sex, über Liebe. Wir sind eigentlich alle Singles, zumindest momentan. Flexter hat sich verliebt, wie er mir neulich gestand, vielleicht wird es ernster. SusiPop hatte seit Jahren keinen Freund mehr und keine Affäre, die länger als drei Monate gedauert hat. Vince hat sich endgültig virtualisiert. Die Eisprinzessin gerät von Zeit zu Zeit in gewisse Geschichten, die aber auch nicht andauern. Ich habe das Wort »feste Beziehung« aus meinem Vokabular gestrichen und spreche von Liebesgeschichten und Abenteuern.

Aber wir suchen alle irgendetwas, erzählen uns von unseren Erfolgen (»Yeah, ich hab gepoppt«) und Misserfolgen (»Eigentlich war er/sie sowieso nicht mein Typ«) und verbringen Stunden mit geschlechtsspezifischer Gesellschaftsanalyse. Manchmal frage ich mich, worüber wir früher geredet haben. Das ist natürlich nicht wahr, wir sprechen über Musik, Filme, Bücher, aktuelle Ausstellungen, neue Theorien, Kriege, die Jackettauswahl von Angela Merkel bei der WM. Aber irgendwann kommt das Gespräch wieder auf das, was gerade das Wichtigste scheint: »Soll ich dem Drei-Möhren-Mädchen einen Zettel mit meiner Telefonnummer zustecken? Und wie stelle ich es am besten an?«

König Gunter hatte schließlich beschlossen, ihr einen Zettel ans Fahrrad zu hängen; er war ganz stolz gewesen, herausgefunden zu haben, welches das ihre war. Ein schwarzes altes Damenrad. Und eines windigen schwülen Sommertages war es dann so weit. Der Köder wurde ausgelegt. Danach kam er bei mir vorbei, wir aßen ein englisches Frühstück mit Rührei und Schinken, tranken Kaffee, und er erzählte von dem Zettel. Dann sagte er:

»Also, wie findest du das? Ich kann sie ja nicht bei der Arbeit ansprechen, das geht doch nicht. Und einen Zettel über die Theke schieben, also nein. Ich hoffe nur, ich habe mich nicht geirrt bezüglich des Fahrrades.«

»Und hast du deinen Namen auf den Zettel geschrieben, ich meine, wie soll sie denn wissen, dass er von dir ist?«

»Ach, das weiß sie schon, ich bin da seit Wochen beim Frühstücken, das muss sie doch mitbekommen haben. Wenn sie es nicht weiß, dass ich es bin, dann...«

Er seufzte. Ich musste lächeln. Mein lieber König Gunter. Es war doch nicht zu glauben. Im Verlauf unserer Unterhaltung kam das Zettel-Thema immer wieder hoch, und ich versuchte eine eindeutige Aussage zu vermeiden. Wie ich als Frau das denn fände, so einen Zettel. Ich konnte mich nicht entscheiden. Irgendwie war es süß, von einer gewissen Schulromantik, eine relativ originelle Kontaktaufnahme in unserer abgebrühten Zeit, es ließ der Frau Raum zu entscheiden, aber trotzdem...

Ich kam zu keinem Ergebnis. König Gunter machte sich auf den Heimweg, er wollte noch arbeiten. Im Lauf des Nachmittags verdüsterte sich der Himmel, ein Sommergewitter zog auf.

Am Abend trafen wir uns wieder, und ich fragte nach dem Zettel, wohl wissend, dass er mindestens einmal an dem Fahrrad vorbeigefahren war.

»Er hing noch dran, aber er ist nass geworden. Ich habe ihn wieder mitgenommen. Es war wohl nicht der richtige Zeitpunkt.«

»Ja, ich weiß auch nicht, irgendwie fand ich diese Zettel-Idee… Sie hat mich nicht ganz überzeugt.«

Er nickte. Ich streichelte seine Schulter und fragte mich, wann der nächste Zettel auf mich zukommen würde.

König Gunter und ich versuchen einander beizustehen. Was meistens völlig sinnlos ist. Verliebtheit ist recht beratungsresistent. »Jetzt vergiss ihn doch endlich, das bringt doch nichts, lass es einfach. Er ist sowieso ein Poser. Ich hab ihn letzten Sommer immer im Muskelshirt in der Stabi gesehen, das ist echt peinlich.«

Nein, nein, nein, grollt es in mir, er ist klug und besonders und so sportlich.

»Sie ist doch nicht die Richtige; sie ist viel zu jung, was kannst du denn erwarten, das bringt nur etwas, wenn du weißt, was du bekommen kannst, und was eben nicht.«

Nein, nein, nein, grollt es in ihm, ich weiß es besser, es ist alles ganz anders, es ist Bestimmung, ich weiß es.

Und wir lächeln uns an. Beistand heißt manchmal, den anderen bei seiner Dummheit zu begleiten.

Manchmal begleiten wir uns auch beim Jagen. Eines Abends waren wir beide auf einem Konzert gewesen und machten uns danach auf den Weg ins Rodeo, in das alte, das sich damals am oberen Ende der Kastanienallee befand. Und ein echt scharfer Baggerschuppen war. Wir setzten uns an einen der Tische in die Nähe des immer vollen, heißen Barraums und beobachteten die Anwesenden. Es ging uns gut. Wir waren vergnügt und gerieten in eine wunderbare mit *Geschwätz* gewürzte Unterhaltung. Irgendwann beschlossen wir, einen kleinen Wettbewerb zu veranstalten.

»Wer macht zuerst was klar?«

Ich hätte wissen müssen, dass ich mich auf so etwas nicht einlassen sollte. Nicht ich. Nicht mit König Gunter.

Zu dieser Zeit hatte ich einen *Entertainment-Crush* auf den Barkeeper, das heißt, ich hatte für ungefähr drei Besuche was zum Hingucken und Geilfinden. Ich beschloss, es wieder einmal zu versuchen. Er hatte einen blöden Namen, Marco, das gefiel mir nicht. König Gunter war schon aufgestanden und bewegte sich lässig durch den Raum. Ich sah mich um. Es war doch nicht möglich, dass dieser selbstgefällige Barkeeper mit dem Dreitagebart der einzige halbwegs attraktive Mann hier war. Es war alles voller hübscher Frauen in schönen Oberteilen, eine Schweinerei war das. König Gunter lächelte. Er hatte eine Bekannte entdeckt, die sich mit einer außerordentlich attraktiven Frau unterhielt. Ich zischte. Es blieb nur der Barkeeper übrig. Also steuerte ich die Bar an und versuchte ganz unauffällig gut auszusehen. Erst mal was trinken. Der Barkeeper beachtete mich nicht. Dafür sprachen mich zwei nette Jungs an, und ich geriet in ein unterhaltsames Gespräch. Ab und zu Seitenblicke auf den Barkeeper. Wie der sich in meiner doch nicht ganz so unauffälligen Aufmerksamkeit sonnte, scheußlich! Das führte nirgendwo hin. König Gunter sprach mittlerweile mit der attraktiven Frau, ich sah sie lachen. Mistkerl. Ich bestellte noch einen Drink. Hing an der Bar und diskutierte über Politik und die Verschwendung öffentlicher Gelder in Berlin. Und die neue Regierung! Bildungspolitik! Und die Schwimmbadschließungen!

Dann kam König Gunter vorbei, um sich zu verabschieden.

Ich sah, dass er das Rodeo wohl nicht alleine verlassen würde. Er lächelte milde.

»Ich bleib noch bisschen«, sagte ich.

»Viel Erfolg«, sagte er.

So was von gewonnen. Doch König Gunter besaß natürlich die Größe, mir das nicht allzu sehr unter die Nase zu reiben. Nur ein bisschen. Was soll ich sagen. Ich bin die unfähigste Abschlepperin, die ich kenne. Irgendwann fällt es mir schwer, mich auf die Mission zu konzentrieren. Ich hänge am Tresen und unterhalte mich mit den Männern, anstatt sie zu verführen. Aber trotzdem hatte ich einen vergnüglichen Abend gehabt. Denn der Zustand der Jagd beginnt bei der Suche nach Erlebnissen. Selbst das Versuchen und Scheitern besitzt Unterhaltungspotenzial.

Das nächtliche Jagen eignet sich für One-Night-Stands, Flirts und kleine Abenteuer. Meistens. Oder kennen Sie vielleicht jemanden, der seine oder ihre Liebe betrunken am verrauchten Tresen kennengelernt hat? Nein, die Menschen, die unser Herz bezaubern, sehen wir meistens, wenn die Sonne noch scheint. Was aber nicht heißt, dass die Nacht nicht aufgeladen wäre mit ebendieser Verheißung: *Wow*, jetzt geh ich aus, was wird wohl passieren, vielleicht treffe ich jemanden, vielleicht macht es endlich *BUMM*. Und wenn nicht, vielleicht finde ich was zum Poppen. Oder ich habe einfach einen saugeilen Abend. Von diesem Grundimpuls unehrlicher Energie lebt die glitzernde Nacht.

Ich könnte. Ich würde. Ich will...

Und so gehen wir aus. Wenn man durch die Nacht streift, sieht man die verschiedenen Formationen, die gewählt wurden, um das Projekt Spaß möglichst erfolgreich mit dem Projekt Jagd zu verbinden.

In jüngeren Jahren gehen wir meist geschlechtergetrennt aus. Es gibt mehrere Varianten der Mädchengruppe. Anfang zwanzig ist es oft die »Zwei-beste-Freundinnen«-Kombi. Die besteht entweder aus einer Hübschen und einer, ähem, weniger Hübschen. Oder aus zwei, wie sag ich's, Bröckchen, die sich wieder zu viele süße kalorienhaltige Longdrinks reinziehen. Oder, eher die Ausnahme, aus zwei superschönen langbeinigen Rehen, die so richtig das Haus rocken und schon einmal gemeinsam lernen, wie man souverän mit männlicher Anbetung umgeht.

Mit dem Voranschreiten der Jahre bewegt sich das Ganze eher in Richtung »Sex and the City«. Es kommt vor, dass das Wort »Frauenabend« in den Mund genommen wird. Hier geht es dann eher um das nächtliche Vergnügen als um die Jagd, auch wenn ein wanderndes Wollen immer subkutan mitwummert. Die Frauen tanzen dann viel, gemeinsam. Der glamouröse Auftritt steht im Vordergrund. Und immer die Hoffnung, das eines attraktiven Mannes Blick auf einen fällt…

Ich erinnere mich, wie ich einmal in der Küche einer Bekannten saß (sie wohnt mit einer Freundin zusammen, zwei attraktive Frauen, brünett, blond, es war noch eine dritte da), wir tranken Vodka mit Kirschsaft. Das Gespräch drehte sich um Männer, die eine war gerade verlassen worden, die andere hatte seit geschlagenen drei Monaten keinen Sex mehr gehabt, die dritte hatte gerade was mit zwei verschiedenen Typen, eine unsägliche Geschichte. Es gab viel zu erzählen. Würde er anrufen? Wen könnte man anrufen? Kann man überhaupt zuerst anrufen?

Das Geschwätz wucherte. Was er wohl mit dieser SMS gemeint hatte? Wie gut er aussah auf diesem Foto, schau doch mal. Ob er es ehrlich meinte? Ob man selbst es ehrlich meinte? Stunden vergingen. Muschi hing im Raum wie geschmolzener

Käse. Die vorhandenen drei Themen und sieben Sätze wurden in einer Endlosschleife wiederholt. Einmal versuchte ich von einem Film zu erzählen, vergeblich. Die Ladies redeten nicht einmal von sich, sie redeten von sich nur im Bezug auf einen möglichen Mann. Ob man es versuchen sollte? Doch anrufen? Nicht anrufen?

An diesem Abend hatte sich eine weibliche Dummheit akkumuliert, die mir fast den Atem raubte. Das war nicht emanzipiert, sondern steinzeitlich. Gottesgnade Mann, Zentrum der Welt. Ich hielt mich an der Vodkaflasche fest; die Szenerie war zu obszön, um sich abzuwenden. Natürlich redeten Susi-Pop, die Eisprinzessin und ich auch über Männer, aber – in Bezug auf uns. Und vor allem – auf eine selbstironische Weise. Wenn wir einen guten Tag hatten, versteht sich. In jeder Frau steckt ein dummes Huhn, das ab und zu an die Luft will. Und es ist echt witzig, sich selbst beim Gackern zu beobachten. Wenn diese Perspektive fehlt, wird es schrecklich.

Der Vodka wurde weniger. Irgendwann verließen wir die Wohnung, um einen neu eröffneten Club aufzusuchen. Ich hoffte, dass ein Ortswechsel helfen würde. Wir bauten uns an der Bar auf. Die eine hatte einen ihrer zwei Typen herbestellt. Die anderen diskutierten darüber. Mir war schon ein bisschen schlecht, weil ich zu viel getrunken hatte.

Ich beobachtete die Hühnerreihe. Wenn sich ein halbwegs attraktiver Mann näherte oder, schlimmer noch, ein Bekannter mit hohem sozialem Status, wurde ein geschmeidiges Lächeln angeknipst wie eine billige Lampe. Dann gingen zwei tanzen und beobachteten die Dritte, die sich mit einem ihrer Lover unterhielt. Das war keine Jagd, das war Verzweiflung.

Das waren Ladies, die sich auf eine derart kunstlose Weise zu Beute machten, dass sie nur noch abgegriffen werden konnten. Ich machte mich davon. Vielleicht war das jetzt keine gute Geschichte. Es gibt auch andere Frauenabende.

Jungs stecken auch gerne zusammen. Oft zu zweit oder zu dritt. Häufig gibt es ein Juwel, um das sich dann ein, zwei weniger strahlende Freunde gruppieren. Die wissen dann um den Wert ihres Brad-Pittesken Zugpferdes und sammeln gerne auf, was das Alphatier verschmähte.

Es gibt entzückende Jungs Anfang zwanzig, die sich in Fünfer- oder Sechserformation durch die Nacht saufen, ihre Augen mit hübschen Mädchen füttern und ein bisschen Angst bekommen, wenn sie tatsächlich einmal angemacht werden. Es gibt die coolen geschmeidigen älteren Boys, die wissenden Auges die weibliche Schönheit beurteilen, ab und zu blitzschnell und erfolgreich zuschlagend, wenn ihnen eine gefällt. Es gibt die Frauenverächter, die sich an der Theke betrinken, wahrscheinlich einen DSL-Anschluss zu Hause haben, der auch fleißig genutzt wird, und sich gerne über die Subjektkritik bei Fichte unterhalten.

Es gibt die Jungen, Naiven, die die Nacht mit ihren frischen Körpern schmücken und nicht wissen, was passiert. Die abgebrühten Alten, denen ab und zu was Frisches ins Netz geht, sei es ein Mensch, eine Meinung oder ein Blick. Die souveränen Profis, virtuose Künstler der facettenreichen Erfahrung, die sich in berauschenden Gesprächen verlieren, die Musik genießen und der Möglichkeit von Schönheit huldigen. Die selbstbewussten Macher, die Inhaber, die DJs & DJanes, die Barleute. Die Coolen, deren thermische Unnahbarkeit und ultramodisches Styling für qualitative Aufwertung sorgen. Die Toughen, die viel trinken, viel reden, viel vögeln. Die Voyeure. Die fragilen Einsamen, die nach einem Grund suchen, das Leben doch vergnüglich zu finden. Die Alkoholiker. Die glücklichen Ecstasykinder. Die sendungsbewussten Kokser, die sich endlich im Einklang mit ihrer Umwelt befinden. Die stillen Kiffer mit den großen Augen …

Die nächtliche Performance hängt davon ab, was man sucht. Der Jäger sucht nach Beute. Die Beute sucht nach einem, der sie erlegt. Der Pirat sucht nach den kostbaren Momenten, um sie für die schlechten Tage zu horten. Das sind natürlich nur Begriffswichsereien, denn natürlich können viele Rollen gleichzeitig gespielt werden. Und gibt es etwas Schöneres, als mit einem charmanten Mann oder einer aufregenden Frau ein phantastisches Gespräch zu führen, das man nie vergisst? Einen Seelenverwandten zu treffen, und sei es nur für einen Augenblick?

Oder mit seinen Freunden und Freundinnen einen einmaligen Abend zu erleben?

Die Eisprinzessin und SusiPop waren bei mir vorbeigekommen, es war eine dunkle, kalte Winternacht. Es wurde Vodka getrunken. (Neulich habe ich mich mit ein paar Männern darüber unterhalten, dass Frauen generell dazu neigen, Vodka zu trinken. Es gibt viele Gründe, die dafür sprechen. Zunächst ist Vodka leicht und hat relativ wenig Eigengeschmack, er heißt nicht umsonst »Wässerchen«. Wobei »leicht« das falsche Wort ist, denn Vodka knallt erfreulicherweise ziemlich. Dazu lässt er sich ausgezeichnet mischen, und wenn man ihn pur trinkt und dabei bleibt, minimiert man den Kater am nächsten Morgen. Dazu kommt das Spezifische des Rausches, denn jedes alkoholische Getränk hat einen gewissen »Ton«. Das Bräsig-Gemütliche des Bieres. Die feurige Würde von Whiskey. Die eloquente Geistigkeit des Weines. Und die Klarheit von Vodka. Auch eine Strategie gegen das Schönsaufen.)

Wir tranken also Vodka. Grasovka oder Zubrowka, wie er auch genannt wird, ein herrliches polnisches Produkt, mit Bisongras verfeinert. Dieser Vodka hat einen starken Eigengeschmack, er ist ein wenig gelblich und zimtig, scharf. Wir mischten ihn mit naturtrübem Apfelsaft, der so gewonnene Longdrink schmeckt ein bisschen nach Weihnachten.

Es war schon lange her, dass wir drei zusammen ausgegangen waren. Und an der Zeit für einen Frauenabend der vergnüglichen Sorte. Gegen elf Uhr trafen die Ladies bei mir ein, wir hatten noch Zeit, bevor wir zu einer Designparty im Westen der Stadt aufbrechen wollten. SusiPop kam als Erste, sie war gutgelaunt, sie steckte gerade in vielen Projekten, und auf dieser Party würde man eines ihrer Videos zeigen; sie hatte einen Mund gefilmt, einen schönen, vollen, der unhörbare lüsterne Worte formte[*]. Und hatte sogar Geld dafür bekommen.

Wir prosteten uns zu. SusiPop trug ein spektakuläres Eiskunstlauftrikot aus den Achtzigern, dessen Vorderseite mit Pailletten besetzt war. Darüber einen kurzen schwarzen Rock und hohe schwarze Stiefel. Es klingelte wieder. Die Eisprinzessin rauschte herein, sie hatte ein ebenfalls glitzerndes Top an, in dunklem Meergrün, mit einem farblich passenden Faltenrock. Die Farbe stand ihr wunderbar. Auch sie wurde mit einem Drink versorgt und strahlte. Wenn meine morbide Freundin mal gut gelaunt ist, ist sie der charmanteste Mensch, den man sich wünschen kann.

Sie erzählte von ihrer letzten Fotoserie, für die sich eine Kunstzeitschrift interessierte. Schöne Jungs, was sonst, die berückenden Körpers und abwesenden Blicks in deutschen Landschaften herumstanden.

---

[*] Sie hatte einer schönmundigen Freundin aufgetragen, so zu sprechen, als wäre jene mit ihrem Liebsten im Bett und würde ihm gewisse Zärtlichkeiten und Unanständigkeiten ins Ohr flüstern.

Ich hatte eine Art Prinzessinenoberteil an, mit weiten Ärmeln, und dazu einen Schichtenrock, was soll ich sagen, ich sah aus wie etwas, das Laura Ashley auf LSD designen würde. Wir tranken, erzählten uns unsere Männergeschichten oder beklagten deren Abwesenheit, ich legte Musik auf, Grace Jones' »Island Life«, und wir begannen zu tanzen.

Es ging uns gut. Wir freuten uns aneinander. Die Musik wurde lauter. Unser Tanz wurde wilder, drei Frauen in einem Wohnzimmer, die zappeln und lachen, lachen, lachen. Irgendwann sagte SusiPop: »Heute Abend wird gerockt!«

Die Eisprinzessin griff nach einem Tuch, das sie sich um den Kopf band; sie sah damit aus wie eine ungarische Bäuerin. Ich setzte mir eine weiße Perücke auf, SusiPop schmückte sich mit einer riesigen Sonnenbrille und hob immer wieder ihren Rock hoch, um die kleinen Rüschen zu zeigen, die an ihrem Trikot befestigt waren.

Ich holte meine Videokamera und filmte den wilden Tanz, wollte den Zauber dieses Abends festhalten. Auf dem Film sieht man eine große Frau mit Kopftuch und Brille, die ihren langen Körper hin und her wiegt, und eine andere, wesentlich kleinere, die ebenfalls verkleidet ihre Arme immer wieder wild in die Luft wirft.

Die Musik war bis zum Anschlag aufgedreht. Wir tanzten aus Freude am Dasein, tranken Vodka, ab und zu wurde noch eine Schicht Make-up aufgelegt. Es war ungefähr zwei Uhr nachts. Ich hörte ein seltsames Geräusch, ein Wummern, das nicht nachließ. Jemand schien an der Türe zu sein, und gemeinsam gingen wir nachschauen. Als ich öffnete, stand ich vor einem Polizisten, der offensichtlich kurz davor gewesen war, die Türe einzutreten und sich das Lachen verbeißen musste, als er uns sah. Man stelle sich das vor, drei vergnügte aufgebrezelte Frauen, offensichtlich im Stadium frivolster Betrunkenheit.

»Die Frau aus der Wohnung über Ihnen hat uns gerufen. Sie werden wegen Lärmbelästigung angezeigt.«

Wir brachen fast zusammen vor Lachen. Die Eisprinzessin eilte ins Wohnzimmer, um die Musik leiser zu drehen.

»Schon gut«, sagte ich, »wir gehen gleich.«

Der Polizist nickte und verabschiedete sich, nicht ohne vorher meine Personalien aufzunehmen.

Wir lachten weiter und rüsteten uns zum Verlassen der Wohnung, gingen einen Stock höher, wo Freunde wohnen, machten noch ein bisschen unflätigen Lärm vor der Türe gegenüber und saßen pöbelnd und glitzernd am Küchentisch unserer Freunde, die sich auch amüsierten. Die eine holte den Fuchs ihrer seligen Großmutter raus und legte ihn SusiPop um, und dann endlich verließen wir das Haus.

Der winterkalten Nacht bot sich ein denkwürdiges Bild: drei schwankende, unentwegt kichernde Frauen, der einen ist gerade ein Rülpser entfahren, die andere bückt sich, um eine heruntergefallene Sonnenbrille aufzuheben, sie tragen merkwürdige Kleider, zwei ein Kopftuch, die dritte eine seltsame Perücke, und sie ziehen eine seriöse Parfumspur hinter sich her, als sie möglichst elegant in ein Auto zu steigen versuchen.

SusiPop behauptete, noch fahrtüchtig zu sein, wir drehten Kiss FM auf und brausten durch die Nacht, immer wieder hysterisch lachend. Dann beschlossen wir, dass an jeder Ampel eine aussteigen und einmal ums Auto laufen sollte, wobei man jeweils ein Kleidungsstück ablegen musste. Wilde Hexentänze in der kalten Nacht, wir lüfteten kreischend unsere Röcke, SusiPop war immer noch ganz verliebt in ihre Rüschchen.

Wir waren berauscht von uns, unserer Freundschaft, dem Glamour, den das alles produzierte. Die Eisprinzessin sah nach eigenen Angaben aus wie Cary Grant, als Grace Kelly verkleidet, und hatte beschlossen, für diesen Abend den Namen »Toss« zu tragen. SusiPop frönte hemmungslos ihrem Exhibitionismus, und ich sah irgendwie süß und unschuldig aus in meinem pastellfarbenen Outfit, nur die heftige Fahne, die mir entströmte, wollte nicht dazu passen. Das sind Momente, in denen man sich wünscht, dass sie ewig dauern mögen.

Die Eisprinzessin hatte noch eine letzte Runde ums Auto gedreht, als wir endlich ankamen, es war schon spät, sicher halb vier. Wir rockten auf der Party ein, als hätten wir nie etwas anderes getan. Wir waren in einem exaltierten Zustand, glamourös, aufgedreht, nichts konnte uns genug sein. Die Welt war unser roter Teppich, wir rauschten durch die verschachtelten Zimmer und suchten nach SusiPops Video, sie ist doch eine große Künstlerin, so talentiert.

Ich begab mich zur Bar, wo immer noch kostenloser Vodka ausgeschenkt wurde, und brachte den Ladies etwas zu trinken mit. Wir sahen uns um, was für eine langweilige Party, blutleere Medienfuzzis, keine scharfen Kerle weit und breit, aber was störte uns das, *wir* waren die Party. Ich kehrte zur Bar zurück und unterhielt mich dort mit jemandem, das sagte zumindest später die Eisprinzessin, ich kann mich nicht erinnern. Sie selbst traf einen alten Bekannten aus ihrer Heimatstadt und weigerte sich hartnäckig, ihre Identität preiszugeben.

»Aber sag mal, bist du nicht…?«

»Nein, bin ich nicht«, sagte die Eisprinzessin und machte sich auf den Weg zu SusiPop, die schon das Podest vor dem DJ-Pult erklommen hatte und dort ekstatisch tanzte, wobei sie immer wieder ihren Rock hob, man musste doch verstehen, was für ein tolles Outfit!

Auch die Eisprinzessin lüftete ihre Kleider, die Leute glotzten und glotzten, es war nicht zu fassen, diese wilden Weiber.

Immer noch war es nicht genug, es wurde leerer und langweiliger, das konnte doch nicht alles gewesen sein, man müsste randalieren oder etwas mitnehmen. Ich hing immer noch an der Bar, soweit ich weiß, wo mich die beiden irgendwann entdeckten und abholten; sie knisterten vor frivoler verbrecherischer Energie, und wir streunten umher auf der Suche nach irgendetwas, das man mitnehmen konnte, und schließlich griffen wir nach den weißen Tischdecken, die für das Buffet ausgelegt waren. Wir hüllten uns in die Tücher, lachten, kreischten hysterisch, fuhren aus in die eisige Winternacht, SusiPop musste pissen, oder Schlimmeres, direkt vor einem Lampengeschäft, wir hielten die Tücher vor ihre Nacktheit, denn ausziehen musste sie sich ganz, das Eislauftrikot. Der Rest der Nacht verliert sich in Dunkel, die Erinnerungen divergieren, wir sind jedenfalls ins Auto gestiegen, und die Eisprinzessin hat uns in den Osten zurückgefahren.

Als ich mit den beiden ein halbes Jahr später an unserem Lieblingssee in Brandenburg sitze und wir uns sonnen und entspannen, kommen wir wieder auf diese Nacht zu sprechen, diesen »Monolithen des Glücks«, wie die Eisprinzessin sagt. Wieder einmal versuchen wir herauszufinden, wie jener Abend eigentlich geendet hatte:

»Wir sind doch dann nach Hause gefahren, oder? Und musste ich nicht ganz fürchterlich kotzen? Und du auch, Susi-Pop?«

»Nein, wir sind noch weitergezogen, in die Panoramabar? Nein, das war ein anderer Abend. Aber wir haben noch etwas gemacht, ganz sicher«, sagt SusiPop und greift nach dem Obstsalat.

Die Eisprinzessin runzelt die Stirn: »Wir waren dann doch noch im Weekend, ich bin mir ganz sicher.«

Ich schüttle den Kopf, zweifelnd, bin aber um nichts in der

Welt in der Lage, eine hinreichende Erinnerung zu produzieren.

Ein warmer Wind weht, SusiPop bietet von ihrem Obstsalat an. »Das müssen wir unbedingt bald mal wieder machen«, sagt die Eisprinzessin leichthin, und wir lächeln.

3.3   Virtuelle Pirsch

Der Tag reicht schon lange nicht mehr. Die Nacht ist nicht genug. Und so weichen wir aus in die endlosen Weiten des Netzes. Dort gibt es neue Begegnungsräume und eine Illusion von Vereinfachung. Denn wir flüchten oft ins Virtuelle, wenn die Realität zu komplex und verwirrend scheint. Oder wenn wir seit Monaten keinen Sex mehr hatten.

Die Regeln der Jagd gelten auch im Internet, gerade dort, und verführerisch lockend präsentiert sich die Beute. Nehmen wir doch mal *friendscout24.de*. Da tummeln sich »Spreenixe«, »Moonlighttalk«, »Arzt in Fesseln«. Die Mottos, die die User ihrem Profil voranstellen, sind so vielfältig wie die Nicknames, sie reichen von »Carpe diem«, »Träume nicht dein Leben, lebe deinen Traum« bis »Es gibt viele Schatzsucher, aber ich will zu den wenigen gehören, die einen finden!«.

Die Virtualität des Netzes mit seiner seltsam knotigen, rhizomartigen Architektur ist ein großartiges Abbild der Komplexität des menschlichen Begehrens. Alles, was man sich nur vorstellen kann, was man sich nicht mehr vorstellen kann und was man wirklich nicht wissen möchte, findet dort zueinander. Das polymorph Perverse hat eine vielschichtige Gestalt angenommen; man muss nur wissen, was man suchen muss, um es auch zu finden. Eine neue Verortbarkeit. Aber das sind nur die Randbereiche, das Kerngeschäft aller virtuellen Dating-Aktivität ist immer noch die Suche nach Liebe. Und nach Sex.

Nach einer Studie von ARD und ZDF sind knapp neununddreißig Millionen User, das heißt neunundfünfzig Prozent der Erwachsenen ab vierzehn Jahren, online in Deutschland, Tendenz steigend. Ich bin auch online, und seit ich kabellosen Breitbandzugang habe, muss ich mich der Sucht erwehren. Mehrmals am Tag E-Mails checken. Zeitungsportale durchforsten, *Perlentaucher, Bildblog, Riesenmaschine, Titanic*-Website besuchen, Sigrid Neudeckers Sexblog bei der *Zeit online* ansehen, *YouTube, MySpace,* neue Links.

Fern sehen wir eigentlich kaum noch, König Gunter beispielsweise hat schon seit Jahren keinen Fernseher mehr. Die Eisprinzessin gerät manchmal spätnachts in irgendwelche alten Filme, Flexter hat Kabelanschluss, ich auch, aber eigentlich verbringen wir die Informations- und Vergnügungszeit hauptsächlich im Netz. Vielleicht sind wir schon unterwegs in Richtung *digitale Bohème*, obwohl es mit der Selbstrepräsentation im Internet noch hapert und mit dem Geldverdienen. Keiner hat es bis jetzt zur eigenen Website geschafft oder auch nur zum semiprofessionellen Profil bei *MySpace*, aber bald, bald…

Das Kennenlernen anderer Menschen ist eine der vielen Aktivitäten im Netz. In Deutschland gibt es ungefähr zweitausendfünfhundert Portale, die genau das zum Inhalt haben. Davon sind nur um die dreißig brauchbar oder seriös, sagt Hennig Wichers, Betreiber der umfangreichen Website *www.singleboersen-vergleich.de* und Herausgeber der bislang umfassendsten Studie zum Thema, des »Online Dating Reports 2005«. Dieser Studie zufolge sind die profitabelsten und meistbesuchten (über eine Million User) Flirtportale *meetic.de, friendscout24.de, neu.de, match.com, freenet.singles* und *ilove*.

Zwar werben diese Flirtportale mit den obligatorischen

»Wie-ich-meine-große-Liebe-im-Netz-fand«-Stories, sind aber tendenziell eher auf oberflächliche Kontaktaufnahme ausgelegt. Single-Unglück hin oder her, manchmal suchen wir einfach nur was zum Ficken.

Bei derzeit ca. vierzehn Millionen Singles in Deutschland, Tendenz eher steigend, eröffnet sich ein gigantischer Fleischmarkt.

Und Liebesmarkt, denn auch die ernsthafte Suche nach dem Traumpartner hat ihr virtuelles Pendant, »Partnerbörsen« nennt man das dann. In Deutschland sind die wichtigsten Anbieter *parship.de, Elitepartner* und *2be*. Die Mitgliedschaft ist kostenintensiver, für 200 Euro wird man sechs Monate lang »Premium-Member« oder »VIP« oder Ähnliches. So kann man auch gleich die Ernsthaftigkeit seines Wollens monetär unter Beweis stellen. Denn »Liebe garantiert. Sonst Geld zurück«, wirbt Parship.

Zum Werbespruch »Sex garantiert« hat sich noch niemand durchgerungen, außer natürlich die Websites, die ebendieses anbieten wie beispielsweise *BigSista*, das tschechische Bordell mit Live-Streaming. Es gibt aber auch Websites, die sich explizit auf die Kontaktaufnahme zwecks sexueller Betätigung spezialisiert haben. Wie *adultfriendfinder.de*. Da kassiert natürlich auch der Anbieter, man muss wieder mal »Premium-Member« werden oder etwas Gleichwertiges, aber dann hat man unbeschränkten Zugang zu willigen Körpern ganz in der Nähe.

Ein Bekannter von mir, der auch mit breitbandinduzierter Onlinesucht zu kämpfen hat, geriet da mal hin.

»Es ist nicht zu glauben, all diese Frauen, alle aus Berlin, die stellen dann Nacktfotos von sich rein und kleine Videos und so. Das macht echt süchtig.«

»Hmm. Hast du dich denn mal mit einer getroffen?«

»Das hat nie geklappt. Ich habe mal mit einer telefoniert, aber die hat dann gesagt, dass wir uns lieber nicht treffen sollten.«

Ich lächelte ihn an. Das konnte ich mir schon vorstellen, dass man nach einem Telefongespräch mit diesem unangenehm intelligenten Herrn keine Lust auf ein Treffen mehr hat. Wobei das die Ausnahme ist. Das Internet als virtuelle Kuppelmaschine funktioniert prächtig. Laut »Online Dating Report 2005« kommt es bei dreiundsiebzig Prozent der Blinddates, die aus dem Netz entstehen, zu sexuellen Kontakten.

Das Geschäft mit der Sehnsucht boomt, die Betreiber der Portale bezeichnen eine Umsatzsteigerung um zweihundertfünfzig Prozent innerhalb der letzen zwei Jahre. Virtuelle Kontakte erzeugen ein reales Geschäftsvolumen von mittlerweile jährlich 75 Millionen Euro.

Doch viel bemerkenswerter ist, dass der Onlinemarkt die Möglichkeit der Begegnung demokratisiert hat. Jeder, der über einen Internetzugang verfügt, kann sein einmaliges Ego in die Weiten des Netzes schicken und hoffen, dass einer oder eine anbeißt.

Wenn man früher noch in Einsamkeit verrottete, weil man vielleicht in einem kleinen Dorf wohnte, seltsame sexuelle Vorlieben pflegte oder den ganzen Bekanntenkreis schon durch hatte, bietet sich heute die Möglichkeit, gezielt nach Gleichgesinnten zu suchen. Oder nach irgendjemandem halt.

Flirtportale und seriöse Partnerschaftsportale unterscheiden sich vor allem durch die Qualität des angewandten Filters. Während man bei *friendscout24.de* fünfundzwanzig Fragen nach Gusto beantworten kann (»Welche drei Dinge würdest du auf eine einsame Insel mitnehmen?« ist einer der Renner, und raten Sie mal, wie oft das Wort »dich« dabei vorkommt), bieten die Partnerbörsen hundertfragige Persönlichkeitstests an, die genauestens das Sein und Wollen des Liebesuchenden erfassen.

Der psychologische Fragebogen ist eine Symphonie der Fragmentarisierung. Das einmalige, eigenwillige und sich der Beschreibung entziehende Ich wird endlich festgenagelt und sichtbar gemacht. Und wir stürzen uns begierig auf diese Möglichkeit der Selbsterklärung, könnte es doch sein, dass man endlich, endlich den/die eine/n Wahre/n Richtige/n findet.

Wo einst liebende Elternaugen sorgsam nach einem idealen Partner für den Nachwuchs fahndeten, und dann jemanden vorschlugen, ausgewählt nach Herkunft, Prestige und finanzieller Potenz, überlassen wir diese Suche heute lieber einem Computerprogramm, das uns das perfekte Match vorschlägt. Dieses Match richtet sich nach der Übereinstimmung der Persönlichkeitstest und nimmt gemeinsame Werte, Anschauungen und Eigenheiten als Basis.

Arrangierte Ehen können ein grausames Machtmittel sein, und wir blicken auf die Länder, die dieses traditionelle Vorgehen pflegen, mit Befremden. Ich muss aber sagen, dass mich virtuelle Matches auch etwas irritieren. Da haben wir endlich die totale Freiheit, diese fast grenzenlosen Möglichkeiten, und uns fällt nichts Besseres ein, als die soeben gewonnene Verantwortung eilends wieder an ein Computerprogramm abzugeben. Denn mögen auch alle Psychologen predigen, dass gemeinsame Interessen und Werte die Basis einer langfristig funktionierenden Beziehung darstellen, die Wucht der Liebe entzieht sich der Statistik. Und das Begehren wird oft angestachelt von den Unterschieden. Die französische Schriftstellerin Annie Ernaux hätte den jungen Russen, dem sie sich mit obsessiver Hingabe widmet, niemals im Internet kennengelernt. Prinz

Charles wäre keinesfalls auf Diana gestoßen. Und Arthur Miller hätte niemals Marylin Monroe geheiratet.

Trotzdem versorgt uns die virtuelle Erfassungsmaschinerie mit der tröstlichen Illusion von Berechenbarkeit. Und lockt mit ungeahnten Möglichkeiten.

Die Eisprinzessin telefoniert, ich höre ihre Stimme, die viele Tonarten kennt, sie redet mit einem Mann, schon lange spricht sie, sie kann immer wieder eine ungeheure Energie entwickeln, sich auf jemanden einzulassen. Manchmal lacht sie auf, ein Kleinmädchenlachen, albern, zärtlich. Ich streune in der Wohnung umher und lande vor meinem Computer. Den nehme ich mit in mein Schlafzimmer und surfe herum, bis ich auf der Website von *Elitepartner* lande. Akademikervermittlung! Die werben damit, dass es Leute gibt, für die es von geradezu existenzieller Wichtigkeit ist, dass der Traumpartner Dostojewskij nicht für eine neue Indie-Band hält. Und sie sind TÜV-geprüft, was auch immer das heißen mag.

Der Persönlichkeitstest ist kostenlos, und ich beschließe, mich dem Prozedere zu unterziehen. Ich mag Persönlichkeitstests, aber es fällt mir schwer, an ihre Aussagekraft zu glauben. Bei *Elitepartner* wird das Einfühlungsvermögen abgefragt, das Autonomieniveau verortet, die Lieblingsjahreszeit bestimmt, das, was ich im Leben wichtig finde, anhand psychologischer Bilder eruiert, nach meinen Vorstellungen von Partnerschaft gefragt und und und.

Dauert ungefähr zwanzig Minuten, der Test. Als ich fertig bin, betrachte ich mein Profil. Die Ergebnisse werden teilweise graphisch dargestellt, es gibt Diagramme, zweipolig, beispielsweise Nähe – Distanz, Dominanz – Unterwerfung, Autarkie – Versorgung. Mein »Ich« findet sich als dunkeltürkises Hügelchen hier und dort, entsprechend meiner Antworten. Da steht, dass ich sehr unabhängig bin und ganz viel Distanz brauche. Und sehr kommunikationsfähig bin ich und auch außerordentlich dominant. Trotzdem kann ich mich sehr gut in andere hineinversetzen und bin ungemein stressresistent.

Ich durchforste mein Profil, denke darüber nach, inwieweit man sich abbilden kann, ob ich mich wiedererkenne und verstehe, ob sich mit dieser Methode etwas sagen lässt über einen selbst, und wenn ja, welchen Wert das Gesagte besitzt. Doch ich bin ja nicht zum Spaß hier und begebe mich zur »Partnerfunktion«. Mal sehen, was Herr Computer da für mich bereithält. Vorher bearbeite ich noch die Suchanfrage, also unter 1,86 m kommt mir nichts ins Haus, sollte auch in der Nähe wohnen, also im Osten Deutschlands, und ja, Akademiker ist Pflicht. Wenn man sich's schon aussuchen kann. Kurz denke ich an den 1,80 m großen Mann, der mein Herz bezauberte, dann vergesse ich ihn wieder, zu gespannt bin ich auf die Vorschläge.

Zuerst suche ich nach Berufen, die mich interessieren könnten. Bei meiner Partnerliste wimmelt es von Beamten, Ingenieuren, Rechtsanwälten. Schnell checke ich das Profil eines Fotografen, der lustige Antworten gibt, aber sein Motto ist blöd.

Ich zweifle auch an lustigen Antworten, ich zweifle überhaupt ein wenig an diesen Kategorien, die dem Menschentier übergestreift werden, auf dass es normiert Gestalt gewinne. Ich weiß nicht, was ich besser finde, einen, der wenige Fragen präzise beantwortet, oder einen, der mit seinen Antworten die Kategorisierungen zu ironisieren versucht, oder einen, der alles beantwortet und dann schreibt, dass »Gravity's Rainbow« von Pynchon sein Lieblingsbuch ist.

Mir wird schnell klar, dass die von *Elitepartner* einen ganz miesen, gut funktionierenden Trick anwenden, denn für nichtzahlende Mitglieder wie mich sind die Fotos unscharf. Sollte ich mich anmelden, für nur drei Monate, um mich an das Einzige zu halten, das mir unterscheidungstechnisch weiterhilft, den gnadenlosen Fotocheck? Aber ich bin doch gar nicht auf der Suche, ich doch nicht.

Dann entsinne ich mich der Servicekomponente, der so genannten Matchingpunkte. Das ist es doch, was der Computer leistet, dieses Vorsortieren. Also begebe ich mich zum Ersten auf der Liste, sechsundneunzig Matchingpunkte. *Wow*. Fast hundert Prozent Übereinstimmung. Das riecht nach Schicksal. Er ist Rechtsanwalt, lebt irgendwo in Sachsen. Sein Motto ist nicht peinlich, seine Antworten sind ganz nett, beschränken sich aber auf das Nötigste. Doch was mich endgültig überzeugt ist die graphische Übereinstimmung unserer Diagramme. Mein dunkeltürkisfarbenes Hügelchen trifft auf sein schlammgelbes Hügelchen, und oft, so oft, bilden sie eine perfekte kleine Ellipse. Als würden die Hügelchen Liebe machen. Kurz erscheint das Glück greifbar, ich muss nur auf den Button »Partneranfrage« drücken. Und unbedingt vorher zahlendes Mitglied werden, denn Hügelchen hin oder her, ich muss doch wissen, wie er aussieht.

Die Eisprinzessin steckt ihren Kopf durch die Tür und fragt mich, ob ich auch japanischen Kirschblütentee will. Ob er wohl auch japanischen Kirschblütentee mag? Den heiligen Kaktus kennt? Ob er über sich selbst lachen kann? Ob mir seine Körpersprache gefallen würde, sein Körper, die Farbe seiner Augen bei Schatten und bei Sonnenlicht? Ob mir seine Stimme gefiele, sein Geruch?

Ich trinke meinen Tee, und die Realität hat mich wieder. Was will ich mit einem Rechtsanwalt aus Sachsen, und vor allem, was will der mit mir?

Mein E-Mail-Account ist voll mit Partneranfragen, auch der Rechtsanwalt ist dabei, und ich klicke begierig auf die Profile. Aber – was ist denn das? Da wird mir die Wortlänge einer privaten Mitteilung verraten, und daneben leuchtet ein signalroter Button, »Jetzt Premiummitglied werden«. Soll heißen, ich kann auch die privaten Botschaften nur lesen, wenn ich mindestens drei Monate Mitglied werde und dabei 39 Euro im Monat zahle. Schnell wird mir klar, wie da 75 Millionen zusammenkommen. Schon spüre ich ein Verlangen, mich in die verschiedenen Profile zu vertiefen, mir die Fotos anzusehen, mich in Chats verwickeln zu lassen.

Ich atme tief durch. Ich will keinen Rechtsanwalt aus Sachsen kennenlernen. Und vor allem – ich habe das alles schon einmal mitgemacht.

Wenn es um virtuelle Navigationen mit dem Ziel Sex und/oder Liebe geht, lassen sich zwei unterschiedliche Vorgehensweisen unterscheiden. Die erste ist eine horizontale Bewegung, ein flächendeckendes Grasen, da wird einfach mal mitgenommen, was der Markt hergibt. Vince bediente sich eine Zeitlang dieser Methode. Aber darauf komme ich noch zu sprechen.

Die zweite Form von Bewegung ist eine vertikale, sich in die Tiefe schraubende, bei der nur ein Mensch zu einer Zeit anvisiert wird, den man dann in endlosem Austausch besser kennenlernt. Die horizontale Form eignet sich für die Suche nach Sexpartnern, die vertikale Form bietet sich an für die Suche nach Liebe.

Damals saß ich wegen eines Praktikums den ganzen Tag vor einem Computer. Das zu Tuende ward schnell getan, und so blieb mir viel Zeit, das Internet besser kennenzulernen. Ich suchte nicht nach Liebe, ich suchte vielmehr einen Weg, unerträglicher Langeweile zu entgehen. Irgendwann stieß ich auf *friendscout24.de*, erstellte ein exotisches Profil und lud ein tolles Foto hoch. Ich hatte sofort ganz viele neue Freunde, die mich alle kennenlernen wollten. Und schnell wurde mir klar, dass ich mehr der vertikale Typ war, eher aus Neigung, das entspricht einfach der Logik meiner Person.

Und wie sagte eine kluge Frau einmal: »Als Frau muss man wissen, dass man immer Sex haben könnte, wenn man es will.« Die Frage ist nur, mit wem, dachte ich mir, aber prinzipiell hatte sie Recht.

Bald lernte ich bei *Friendscout* Stefan kennen, einen interessanten Mann mit aufregendem Job und lässiger Schreibe. Wir mailten uns, lange Texte wurden produziert, Geheimnisse ausgetauscht. Ich hatte mich glatt ein wenig virtuell verliebt. Er schickte ein Foto, und ich tanzte durch die Büroräume. Er gefiel mir, er gefiel mir, er gefiel mir!

Wir trafen uns, verabredeten uns irgendwo in Mitte, Susi-Pop musste sich meine endlosen Überlegungen anhören, was anziehen, nicht zu viel trinken und so fort.

Er war etwas kleiner, als ich gedacht hatte. Wir küssten uns zur Begrüßung, ein Wangenküsschen, zwei aufgeregte Menschen auf der Suche nach Glück. Seine Stimme hatte etwas Näselndes, Fränkisches. *Fuck*, dachte ich mir. Wir unterhielten uns wirklich gut.

Manchmal stimmt die Statistik. Manchmal nicht. Und manchmal muss eine Frau tun, was eine Frau tun muss. Wir trafen uns nur dieses eine Mal, kurz danach geriet ich in eine wunderbare Liebesgeschichte, die so anfing, wie Liebesgeschichten idealerweise beginnen sollten. Wir sahen uns an und waren verzaubert. *Instant mutual attraction*. IMA.

An den charmanten kleinen Franken musste ich denken, als ich über eine erweiterte Mitgliedschaft bei *Elitepartner* nachsann. Das brachte doch alles nichts. Ich will keinen Beamten mit Kinderwunsch kennenlernen. Ich beschloss, mein Profil zu löschen. Denn ein Rest von Spannung bleibt immer bestehen. Es ist, als würde man an einer Menschenlotterie teilnehmen, und die Trefferquote ist gar nicht so niedrig, es wimmelt von »Wie-wir-unser-Glück-auf-Parship-fanden«-Stories. Die Seite wirbt auch mit dem Slogan: »Verlieben Sie sich jetzt und für immer.«

Es kann süchtig machen, dieses vielfältige Angebot. Mein onlinesüchtiger Bekannter löschte sein Profil bei *Adultfriendfinder* ebenfalls, denn hatte er sich auch mit keiner der Schönen getroffen, das Surfen über die Wellen wogender Brüste und lockender Hinterteile war ihm eine zu gute Gewohnheit geworden. Und eine zu zeitaufwendige.

Im Virtuellen wird geflunkert, was das Zeug hält. Laut »Online Dating Report« sind mindestens zwanzig Prozent der Profile stark geschönt. Da wird gerne ein fünf Jahre altes Foto verwendet, das Gewicht wird angepasst, der Job getunt, und voilà – der Marktwert ist enorm gestiegen.

Die neuen Anforderungen bezüglich der virtuellen Selbstdarstellung sind eine recht ambivalente Geschichte. Zwar eröffnet sich eine wunderbare Spielwiese für verschiedene Identitäten, die Anonymität der Daten ist die beste Maske, die man sich nur wünschen kann.

Im Netz kann man alles sein und alles sagen. Und auch wenn man ernsthaft versucht, einen Fragebogen auszufüllen oder ein Profil zu erstellen, wie kann denn das die Wahrheit sein über eine Person? Aber diese Selbstbeschreibung zwingt uns, uns über uns selbst klar zu werden, denn auch eine Lüge ist eine bewusste Abweichung.

In der endlosen Flut wohlformulierter Profile wird einem schnell klar, dass der »schweigende Mann« eine Lebensform ist, die der Vergangenheit angehört. Diese eloquenten Antworten! Dieses ganz und gar ausformulierte Wollen, mit Kinderwunsch und Fürsorgebereitschaft! Diese gottverdammte Ehrlichkeit!

Manchmal scheint es, als ob die Kerle sich noch bereitwilliger in die Selbstauskunft stürzen würden als die Frauen, vielleicht ist das ja ein Befreiungsschlag aus der jahrhundertelangen Stummheit. Wir sind jedenfalls ganz und gar jenseits der Generation der emotional kalten, alles für sich behaltenden Väter. Denn die jungen Väter in spe können gar nicht aufhören, sich virtuell anzupreisen. Das ist sicher auch Zeichen der neuen Sensibilität, der allgemeinen Feminisierung der Gesellschaft, und so eine emotionale Nabelschau ist doch etwas sehr Attraktives.

Amüsant wird es, wenn die Suchkriterien ähnlich genau sind wie die Selbstauskunft. Allerdings sollte sich jemand, der nur Akademiker ab 1,86 m als mögliche Partner virtuell in Betracht zieht, auf keinen Fall über jemanden lustig machen, der Frauen sucht, die zwischen 1,69 m und 1,73 m groß sind, 52-54 Kilo wiegen und braune lange Haare haben.

Die Beschäftigung mit der eigenen Online-Identität, sei es im Versuch der Ehrlichkeit oder im Versuch der Lüge, ist ein Instrument der Selbstbemächtigung. Oder ein Ausdruck des Verhältnisses zu sich, denn man findet eine Sprache, von sich zu sprechen. Dabei werden wir uns klarer über uns, und es ist allgemein bekannt, dass man wissen sollte, was man sucht, um zu erkennen, wenn man es gefunden hat.

Es kann aber auch eine gewisse Würdelosigkeit in dem gar zu ernstgemeinten Versuch liegen, seine einzigartigen Qualitäten hinauszubrüllen. Denn der Grat zwischen Selbstauskunft und Selbstpreisgabe ist schmal. Dazwischen regiert die Selbstanpreisung. Marketing in eigener Sache, das ist schon weit jenseits aller Ich-AGs. Man muss sich nur mal »Dismissed« auf MTV ansehen. Oder »Next«. Oder »Room Raiders«. Das ist das Ausagieren der virtuellen Plattform mit anderen Mitteln.

Was die virtuelle Plattform angeht, gibt es schon ganz tolle Profile bei *MySpace*: »Schaut alle her! Das bin ich, das sind meine Titten, das sind meine Freunde, das ist mein Musikgeschmack, das denke ich übers Leben, das halte ich von Politik (Fuck Bush!!!), so sehe ich aus, wenn ich 2,3 Promille Alkohol im Blut habe, das ist meine Heldenbrust (hat sich doch gelohnt, die Fitnesscentermitgliedschaft), das ist mein Skateboard, das ist mein Hund, das ist meine Arbeit!!!«

Aber bleiben wir doch bei »Dismissed«. Diese Show besteht aus drei Protagonisten, entweder zwei Frauen und einem Mann oder zwei Männern und einer Frau. Es gibt auch eine wesentlich seltenere homosexuelle Variante, aber stellen wir uns vor, es wäre die Konstellation: zwei Frauen, ein Mann.

Zuerst wird das Männchen vorgestellt, häufig ein muskulöser Collegestudent, der gerne Skateboard fährt und ein bisschen aussieht wie der junge Tom Cruise. Dann werden die Weibchen gezeigt, sehr oft perfekte Beachbabes, die Meeresbiologie studieren oder Sportpädagogik. Ziel der Show ist es, dass die beiden Weibchen sich eine Art Wettkampf um die Gunst des Männchens liefern; am Ende wird dann eine entlassen – *dismissed*.

Die Weibchen geben sich ganz viel Mühe, das Männchen für sich einzunehmen. Jedes von ihnen denkt sich ein perfektes Date aus, meistens was Sportliches für tagsüber und irgendeine Disko für abends. Im Lauf dieser Stunden geben die Weibchen fast alles, manchmal fordert ein sehr selbstbewusstes Männchen die Weibchen auch zum Probeküssen auf. Und wie sehr die Weibchen dem Männchen, das sie erst an diesem Tag kennengelernt haben, gefallen wollen! Wie sich das ganze große Weibchenleben auf diesen Punkt zu konzentrieren scheint! Wie sie sich gegenseitig anzicken und schmähen, und wie selbstbewusst sie in den kurzen Einzelinterviews in die Kamera schwätzen! Und wie stolz dann das Siegerweibchen ist, wenn das Männchen ihm seine kleine Skaterzunge in den Rachen schiebt, und wie arrogant das Verliererweibchen behauptet, das Männchen sei sowieso und niemals nicht sein Typ gewesen!

Diese Shows sind sehr unterhaltsam. Amüsanter, als jemandem beim Nasebohren zuzusehen. Aber die Qualität der gewonnenen Information ist ungefähr gleichwertig.

Aha, so machst du dich also zum Affen, so versuchst du zu schleimen, das hältst du für romantisch, so weit bist du bereit zu gehen, so siehst du aus, wenn du mal volle Kanne abgelost hast.

Aha, das würdest du also auf eine einsame Insel mitnehmen, so denkst du über deine Eltern, das wünschst du dir von deinem Partner, und so viel soll deine neue Freundin wiegen?

Worauf ich hinauswill? Auf den schwer fassbaren Unterschied zwischen Selbstauskunft und Selbstpreisgabe. Auf den schmalen Grat zwischen dem Angemessenen und dem Peinlichen. MTV macht es einem leicht, weil es so herrlich geschmacklos ist. Da fällt die Verortung nicht schwer.

Es ist immer ein wenig würdelos, sich einem Raster zu unterwerfen. Einen Fragebogen auszufüllen bedeutet, dass man jemandem (oder einem Computerprogramm) die Macht zugesteht, mehr über einen zu wissen, als man selbst es tut. Wir normieren uns freiwillig, damit wir sichtbar werden können.

Mit einem Fragebogen scannen wir uns und haben gleichzeitig ein Instrument zur Verfügung, mit dem wir auch andere beurteilen können. (Manchmal kommt mir ein Gentest wie der ultimative Fragebogen vor.) Fragebögen versprechen Orientierung in einer verwirrenden Gegenwart, und es ist schön zu wissen, dass es da draußen irgendwo einen sächsischen Rechtsanwalt gibt, der genauso viel Freiraum braucht wie ich, aber auch sehr einfühlsam ist.

Ehrlichkeit ist eine Strategie beim Online-Dating und geht meistens mit dem ernsthaften Wunsch nach einem Partner einher. Man stellt sich brav dar in allen geforderten Kategorien, quetscht sich aus bis ins Letzte und hofft, dass irgendjemand das spannend findet. Dazu noch ein Originalfoto, das man vielleicht extra hat machen lassen, ein flottes Motto und fertig ist: 7EX4114 (*Elitepartner* verwendet Chiffres) oder suesser_typ77 (*Friendscout* verwendet Nicknames).

Eine andere Strategie ist die Ironisierung des Vorgehens. Durch Infragestellung des Sinns von Fragebogenkategorien wird versucht, ein lässiges Zwinkern zu bewahren. Das findet sich alles schon in der gedruckten Vorform, der guten alten Kontaktanzeige. »Ich bin eigentlich nicht der Typ, der es nötig hat, Kontaktanzeigen aufzugeben, und ich nehme mal an, dass du eigentlich eine Frau bist, die nur ganz zufällig hier blättert, aber hey – lass uns mal einen Kaffee trinken.«

Von der Ironie ist es nicht weit zum bewussten oder unbewussten Schwindel. Das Beschönigen ist eine Sache, das Annehmen falscher Identitäten eine andere, oft vergnüglichere. Die Weiten des Netzes bieten unseren nomadischen Identitäten neue Räume der Selbsterfahrung. Ich kann mich in einen siebzehnjährigen Jüngling verwandeln, mit schrecklichem Musikgeschmack und eingescanntem Foto aus irgendeiner Zeitschrift, und versuchen, die süße Lisa, sechzehn, virtuell kennenzulernen. Wie oft es wohl vorkommt, dass Masken miteinander sprechen, vertauschte Geschlechter, falsche Altersangaben?

Aber wie hatte Vince es angestellt? Er sah so entspannt aus, lässig und selbstzufrieden; offenbar hatte ihn das Online-Dating aus seiner Krise befreit. Oder ihm zumindest den Glauben an seine sexuelle Potenz und Attraktivität wiedergegeben. Die traurige Performance auf dieser Privatparty schien lange zurückzuliegen.

Viele Männer um die dreißig, die so was wie eine vorgezogene Midlife-Crisis haben, durchstreifen das Netz auf der Suche nach willigem Fleisch. Ein bisschen geschwindelt hier, ein paar Haare retuschiert dort, und schon ist er fertig, der begehrenswerte Mann. Oft wird auch bewusst gelogen, was den echten Job angeht. Ich kenne Geschichten von Juristen, Marketingleuten und Werbern, die sich in Tom, Notarzt, verwandelten, um sich endlich mal den Traum zu erfüllen, mit einer Stewardess zu schlafen. Es ist kaum zu glauben, wie gut das funktioniert. Wenn die erste Hemmschwelle überwunden ist, ein Treffen, der erste Sex mit einer Internetbekanntschaft, gibt es kein Halten mehr.

Wir haben fast alle Erfahrung mit dem Online-Flirting. König Gunter hat vor Jahren eine unglaubliche Geschichte erlebt, die aus Gründen der Diskretion nicht näher ausgeführt wird, es bleibt nur zu sagen, dass auch Frauen das Netz zur Befriedigung ausgefallenster Wünsche zu benutzen wissen. SusiPop hatte mal eine kurze intensive Surfphase, sie meinte nur, es wäre vergnüglich gewesen, aber schnell hatte sie das Interesse wieder verloren. Sie ist eher eine Echtzeitperson. Die Eisprinzessin hingegen hat noch nie virtuell geflirtet. Sie findet das irgendwie – suspekt. Neulich saßen wir auf meiner Couch, den Computer vor uns, und ich blätterte mit ihr durch die Seiten von *Friendscout*. Ab und zu fand sich ein attraktiver Mann, und ich beobachtete die Eisprinzessin. Kurz war sie amüsiert, aber schnell wurde die Neugier durch desinteressierte Langeweile ersetzt. Vielleicht ist die Eisprinzessin zu sehr Dame für solche Spielereien. Und es scheint undenkbar, dass sie sich irgendein Motto aussuchen könnte.

Auch Flexter hatte schon ein paar Netzgeschichten erlebt. Wir trafen uns vormittags, er sah so gut aus, glücklich irgendwie, und erzählte von seiner neuen Freundin, die ein bisschen so aussieht wie Charlotte Gainsbourg und aus Kanada kommt. Wir bestellten ein riesiges italienisches Frühstück, ignorierten die drückende Hitze und rauchten beim Warten eine Zigarette.

»Ja, ich habe sie doch kurz gesehen, neulich im Club der Visionäre. Entzückend!«

Er lächelte geschmeichelt. »Ja, aber in zwei Monaten geht sie für ein Jahr nach Paris, um dort zu studieren. Vielleicht gehe ich mit, wenn ich dort einen Job finde. Vor kurzem hatte ich dieses Shooting für diese Zigarettenmarke, das gab ordentlich Cash. Aber sonst? Eigentlich will ich mir jetzt einen richtigen Job suchen, mal ein Jahr arbeiten oder so.«

Das Frühstück kam, und ich erzählte ihm von meinen Internetrecherchen: Er kannte natürlich alle einschlägigen Portale.

»Bei *Adultfriendfinder* bin ich auch mal gewesen, also ich hab's mir mal angesehen. Irgendwie kann ich nicht glauben, dass das echt sein soll. Welche Frauen haben es denn nötig, sich auf solche Weise zu präsentieren? Ich glaube, das ist alles Fake, und das sind irgendwelche Professionellen mit 0190er-Nummern.«

Ich wiegte mein blondes Köpfchen. »Weiß nicht, Flexter. Schau dir doch mal einige Profile bei *MySpace* an, die stellen doch alles rein, vom Privat-Strip bis hin zu sexuellen Vorlieben. Wobei das eher aus Nordamerika kommt. Wo hast du denn gedatet?«

Ich schwöre, er wurde ein bisschen rot. Bezaubernd.

»Na ja, ich war doch letztes Jahr für zwei Monate in London, wegen dieses Praktikums. Und da hab ich angefangen, bei *Craigs List* was reinzuschreiben.«

»Mhm«, sagte ich.

»Ja, da gibt es auch so Kategorien, eine ist *casual encounters*, eher was Sexuelles, die andere ist mehr so *Mann sucht Frau*. Am Anfang hab ich mir gar keine Mühe gemacht, nur geschrieben, Deutscher in London sucht Frauen, da hat natürlich keine geantwortet. Dann hab ich angefangen, mir genauer zu überlegen, was ich da reinschreibe, wie ich mich präsentiere. Ich habe da richtig dran gefeilt.«

War er schon wieder ein wenig rot geworden? Ach, Flexter. »Sag mal, ist dir auch aufgefallen, dass Männer eigentlich viel mehr über sich schreiben als Frauen? Das Weib lockt mit einem schönen Foto, und die Männer beantworten ausführlich alle Fragen.«

Er überlegte. »Eigentlich hast du Recht. Aber es ist ja auch in der Natur so, dass die Männer alles geben beim Balzen. Wie der Pfau. Und im Netz muss man sich ja verbal präsentieren, was rüberbringen von sich. Die Frauen schreiben da meist weniger, das ist wirklich mehr auf der optischen Ebene. Ein Freund von mir hat da mal was Fieses erlebt, er hat sich mit einer getroffen, nein, eigentlich hat sie ihn angerufen, wir waren gerade zusammen aus, im WMF, und dann hat sie gesagt, sie kommt jetzt im Taxi vorbei und nimmt ihn mit.«

Das klang ein wenig nach König Gunters Geschichte. Ich beugte mich vor. Flexter fing schon an zu gicksen. »Ich meine, die hatte ein echt tolles Foto von sich reingestellt, sie war auch nett und alles, aber als ich dann mit rausgegangen bin, hab ich sie noch kurz gesehen. Die hatte solche Kartoffelstampfer, mein Kumpel hat noch kurz entsetzt geschaut, da saß er schon im Taxi.«

»Ja, und dann?«

»Am nächsten Tag meinte er nur, er hätte sich gedacht: Da musst du jetzt durch.«

Wir mussten lachen. Dann sagte er: »Ich meine, das kenn ich auch. Das mit dem Durchmüssen. In London habe ich angefangen, verschiedene Vorlieben anzugeben. Einmal sagte ich, dass ich Interesse an älteren Frauen hätte. Da hat sich dann eine gemeldet, die sah klasse aus auf dem Foto. Ich habe dann gleich mal ihren Namen gegoogelt, und sie hatte einen coolen Job, sie war Moderedakteurin bei der *Sunday Times* oder so. Ich habe sie getroffen.«

Dieses Namen-Googeln. Das ist echt eine Seuche. Nicht, dass ich es nicht auch machen würde.

»Wir saßen dann in einer Bar, sie war echt interessant, nur mindestens 10 Kilo schwerer als auf dem Foto. Irgendwann sagte sie dann, dass sie gleich um die Ecke wohnt, da bin ich halt mitgegangen.«

Ich rührte in meinem Kaffee.

»Tja, da blieb ich dann die Nacht über. Es war seltsam, sie war eigentlich ziemlich forsch, also sie hat angefangen und so, und dann auch irgendwie prüde. Strange. Aber ich hatte auch so ein Gefühl wie: Da musst du jetzt durch. Schon der Erfahrung wegen. Sie hat mich am nächsten Tag angerufen, wollte mich in ein exquisites Restaurant zum Essen einladen, aber ich hab's gelassen. Ich hab dann noch einmal eine getroffen, die war sweet, aber da ging gar nichts beim ersten Treffen. Und an meinem letzten Abend ruft sie mich an, und ...«

Ich musste immer noch an die ältere Frau denken, Flexter sagte, die war ungefähr Mitte vierzig. Und an die Frau mit den Säulenbeinen. Da hatten sich die beiden Ladies einfach mal hübsche junge Kerle im Netz bestellt und das dann knallhart durchgezogen. Denn wenn man sich einmal auf ein Treffen eingelassen, sich den ganzen Stress gemacht hat, dann ist man auch zu Dingen bereit, die man sonst nicht unbedingt tun würde.

Wir hingen in unseren Sesseln. Das Frühstück war wirklich gigantisch gewesen.

Flexter sagte: »Die eine würde ich sogar noch mal treffen, wenn ich mal wieder in London bin. Aber gerade interessiert mich das alles sowieso nicht.«

Ich griff nach einer letzten Traube, die auf dem Teller lag.

Flexters Telefon klingelte: »Salut, chérie...«

Vince war das Ganze etwas professioneller angegangen. Er hatte verschiedene Profile bei verschiedenen Seiten angelegt und seine nicht unbeträchtliche Intelligenz für kunstvolles Schwindeln genutzt. Er wurde Rechtsanwalt, Herzspezialist und Hubschrauberpilot. Eins der Profile war relativ authentisch, aber sein beginnender Zynismus fand größeren Gefallen an einer Identität, die ihm weibliche Bewunderung einbrachte. Er suchte nicht nach Liebe, er wollte was zum Ficken. Und schaffte es manchmal, mehrere Verabredungen pro Woche zu haben. Was soll man denn machen, wenn einem plötzlich die ganze Welt virtuell zu Füßen liegt?

Bei Vince ließen sich die verschiedenen Phasen des virtuellen Flirts ganz deutlich unterscheiden. Zuerst kam der große Frust, Selbstzweifel, vorgezogene Midlife-Crisis, Verzweiflung. Dann kam die revitalisierende Phase, die Lässigkeit, die einen begleitet, wenn man endlich mal wieder gepoppt hat. Das kippte nach einer gewissen Zeit um in eine auszehrende Rastlosigkeit und in unangemessene Ansprüche.

Ich traf ihn vor einiger Zeit beim Grillen im Park, er sah wieder ziemlich schlecht aus. Er erzählte ein paar Geschichten, machte sich lustig über die Frauen, die auf seine gefaketen Profile reingefallen waren, und fuhr sich von Zeit zu Zeit über das markante Gesicht. Wenn Zynismus stinken würde, hätte man ihn auf eine einsame Insel verbannen müssen. Dann erzählte er von einer Frau, mit der er seit einiger Zeit mailen würde und die anders sei. Ich beobachtete ihn, ein Leuchten glitt über sein Gesicht. Er war doch nicht etwa vertikal geworden?

Das war jedoch nur ein kurzes Zwischenspiel, sein angeschlagenes Ego gefiel sich noch zu gut in der Rolle des gnadenlosen Womanizers. König Gunter und ich überlegten, wie lange er das wohl noch durchhalten würde. Vince ist einfach zu intelligent und zu sensibel für fortgeschrittenes Schweinemenschen-Verhalten.

»Ich glaube, er macht es nicht mehr lange. Hat er dir nicht von dieser einen Frau erzählt, die in einer Werbeagentur arbeitet, er meinte nur, sie hätten ein paar echt gute Mails geschrieben.«

König Gunter sah zu Vince rüber. Der unterhielt sich mit SusiPop, die strahlte, es lief gut bei ihr gerade. Nachdem ihr Video gezeigt worden war, hatte eine andere Galerie sie gebeten, bei einer Gruppenausstellung mitzumachen. Vince gestikulierte wild, und SusiPop nickte. Es roch nach Würstchen. Ich war hungrig.

»Ja«, sagte König Gunter, »ich glaube auch, dass Vince bald wieder aufhört mit diesem krassen Rumgeficke. Ich meine, sieh ihn doch mal an, der ist schon ganz abgemagert.«

Wir kicherten, so was Albernes.

»Hast du gesehen, wie strahlend SusiPop aussieht? Und wie fertig Vince? Sie hat mir vorhin erzählt, dass sie gestern mit ein paar Freunden aus war und dann einen jungen Typen mit nach Hause genommen hat. Und Vince hat doch eben noch geprahlt, dass er sich heute Nachmittag mit dieser Blondine getroffen hat, der mit dem Penthouse.«

»Ach die? Gestern habe ich gesehen, wie sie mit einem anderen Typen rumgeknutscht hat«, sagte König Gunter.

»Ja, aber es ist doch interessant, dass SusiPop so frisch aussieht und Vince so fertig. Ist vielleicht doch was dran an diesem Penetrieren-vs.-Penetriert-Werden-Gerede?«

»Ach, ich weiß auch nicht, vielleicht. Wir sollten sie mal drauf ansprechen.«

Wir lächelten uns an. Nie im Leben!

»Aber was ist mit Vince? So kann das doch nicht ewig weitergehen.«

»Natürlich nicht. Das hält er einfach nicht aus, mir hat er auch von dieser einen Frau erzählt, Kara heißt die oder Kira oder so. Ich sag dir, der verliebt sich bald wieder. Und es würde zu ihm passen, wenn er seine Frau online findet.«

»Wieso?«, fragte ich, während ich Senf auf ein Würstchen drückte. Ohne Brötchen versteht sich, auch an mir war Monsieur Montignac nicht spurlos vorübergegangen.

»Na, weil Vince sowieso so ein virtueller Typ ist. Das würde doch voll zu seinem Entfremdungsniveau passen.«

»Entfremdungsniveau, du hast sie doch nicht alle. Das ist doch nur unser pathologischer Freund Vinzmann, Entfremdung, na ja.«

Das Würstchen war gut. Flexter stand am Grill, das hatte er wirklich drauf. Die Eisprinzessin unterhielt sich gerade mit seiner Freundin, ich war gespannt, wie ihr Urteil ausfallen würde. Beziehungsweise, wie ungnädig sie das junge Reh wohl zu beurteilen beliebte.

»Und was ist eigentlich mit dir? Der schönen Sonja und so?«

König Gunter seufzte, lange. »Ich hab genug von Sonja, mir reicht's. Ich muss mich ablenken. Mich endlich wieder auf die Arbeit konzentrieren.«

Das würde er sicher gut hinbekommen, das mit dem Ablenken. Ich fragte mich, was wohl aus der Schwarzhaarigen aus dem Café geworden war, aber ich war nicht in der Stimmung für die Antwort. König Gunter schlenderte zum Grill und setzte sich neben die Eisprinzessin und Flexters neue Freundin. Jemand hatte frisches Bier geholt. SusiPop setzte sich neben mich und lächelte verschwörerisch:

»Weißt du was? Ich glaube, Vince ist verliebt. Er hat mir erzählt, dass er…«

4.0 Liebe

Liebe ist die Sehnsucht nach/bzw. die Realität einer kontinuier-
lichen Konversation, die dem Gegenüber ständig neu mitzuteilen versucht, was die Liebe ist: wie ein Ölbild, an dem man un-
unterbrochen weitermalt, um seinem Traum von Wirklichkeit
immer besser Ausdruck zu verleihen: Je älter man wird, desto
schwerer wird das Bild, desto vielschichtiger – wird es auch
schöner? Diese Hoffnung hält den Romantiker am Ticken.

Mann, Mitte dreißig

»Er malt so plakative Bilder. Postmoderne Szenerien mit halb-
bekleideten Mädchen, die gelangweilt in die Gegend blicken,
und Jünglingen, die sich nur für sich selbst zu interessieren
scheinen. Wie ein Bordell, in dem alle schon tot sind, nur die
Pose von Sexiness hält alles noch zusammen. Das ist so – billig. Obwohl ich zugeben muss, dass er sehr gut malen kann.
Aber dieser Fotorealismus. Für mich ist das schon lange passé.
Ich interessiere mich mehr für die Möglichkeiten der figurati-
ven Abstraktion.«

Ich musste lachen. Der letzte Satz hatte einen theatralischen
Beiklang. Ich saß mit SusiPop in einem Café, sie war dünn
geworden. Die drückende Hitze der Sommertage war einer un-
entschlossenen Herbststimmung gewichen. Sie analysierte weiter die Bilder eines Künstlers, den sie bei ihrer Gruppenausstellung kennengelernt hatte. Ihre dunklen Haare fielen in ihr
schmales Gesicht, die ausdrucksvollen Hände bewegten sich
flatternd, wie kleine Vögelchen.

»Irgendwie ist er auch ein ganz interessanter Typ. Sieht ein
bisschen aus wie der junge Gary Cooper, mit ganz dunkel-

blauen Augen. Aber so eingebildet, er hält sich tatsächlich für einen großen Künstler.«

Ganz im Gegensatz zu dir, meine Schöne, dachte ich und musterte sie. In ihrem Monolog war ein falscher Klang, etwas Heimliches, Verschwiegenes. Sie wirkte wie jemand, der so blitzartig von einer scharfen Klinge durchbohrt worden war, dass der Körper Zeit brauchte, die Wunde zu bemerken. Ich hörte nur aus den Ohrenwinkeln zu, als sie sich weiter über die Ausstellung ausließ, die Teilnehmer, die Presse. Es war ein ziemlicher Erfolg gewesen, und SusiPop hatte das Angebot bekommen, in einer kleinen Hamburger Galerie ein neues Video auszustellen. Der ganze Stress hatte an ihren Nerven gezerrt, die finanziellen Sorgen, die unangenehmen Überlegungen, als Kellnerin zu arbeiten. Die Ungewissheit der letzten Wochen machte ihr zartes, beherrschtes Gesicht noch filigraner und seltsam weich. Immer wieder kam sie in einem Nebensatz auf diesen Künstler zu sprechen, immer auf leicht ironische Weise.

Er hieß Konstantin Karger, war zweiunddreißig Jahre alt und lebte in Hamburg. Er hatte in Düsseldorf und in New York studiert und würde im Winter eine große Einzelausstellung in Chicago ausrichten. Diese ganzen Informationen sickerten durch SusiPops Sätze und bildeten ein kleines Häufchen in mir. Ein Konstantin-Karger-Häufchen, auf dem ein kleines Schild steckte: »Achtung, Achtung. Wir sehen uns noch öfter.«

Ich seufzte. Draußen zogen Wolkenfetzen vorbei, und neben mir Satzfetzen, ein Pärchen in Achtzigerjahre-Kleidung schien sich zu streiten. Liebe, ach Liebe. Das grassierte wohl gerade. SusiPop würde natürlich alles abstreiten, wenn ich sie fragte, aber ich stellte mir vor, wie sie sich schon ausgemalt hatte, bald einige Zeit in Hamburg zu verbringen.

Was war denn nur los? Zuerst Vince, dann SusiPop. Und

Flexter mit seiner bezaubernden kleinen Kanadierin. Es musste am Wetter liegen. Herbst ist die sehnsüchtigste Jahreszeit, was den Leidensdruck angeht. Die Ahnung des langen, kalten, einsamen Winters. Während im Frühling die Libido jubiliert, ist der Herbst der wehmütigen Hoffung vorbehalten.

König Gunter nickte dann immer und zitierte den letzten Absatz von Rilkes »Herbsttag«: »Wer jetzt kein Haus hat ... «

Aber eigentlich hatte sich nichts geändert. Wir waren alle noch genauso abgeklärte Romantiker wie eh und je. Nach wie vor oszillierend zwischen dem Ahnen um die Unmöglichkeit von Liebe und dem unerschütterlichen Glauben an sie.

Auf der einen, romantischen Seite erwarten uns Sternenaugen, dämliches Grinsen, haltlose Schwärmerei. Und wir blöken mit im großen Chor der Liebenden. Wie – unoriginell. Aber auch die andere Seite ist schwierig. Emotionale Erstarrung, innerliche Vereisung, dieser ganze pathetische Zynismus? Auch nicht überzeugend.

Wir sind geschmeidig. Und vorsichtig, manche mehr, manche weniger. Sex ist wichtig, unterhaltsam und des Öfteren ganz und gar von den Gefühlen zu trennen. Aber Sex mit Gefühlen ist besser. Verliebtheit ist vergnüglich und sorgt für ein größeres Maß an Beteiligung und Ansprache. Dieses ganze Geschwätz von One-Night-Stands ist doch für Anfänger. Die Profis suchen schon längst nach emotionalen Inszenierungen.

Aber Liebe? Wenn man alle Menschen der Welt fragen würde, was denn Liebe sei, hätte man wahrscheinlich ebenso viele Antworten wie Befragte. Liebe ist – ein Gefühl. Die Eisprinzessin sagte: »Liebe ist ein Gefängnis voll Freiheit. Und ein Zustand des Identischen. Das ist auch das Schreckliche, dieses

Mitfühlen und Mitleiden. Deshalb ist Liebe auch etwas Göttliches, ein Gefühl des Einsseins mit der Welt.«

Es gibt viele Arten der Liebe, viele Weisen einer Liebesbeziehung, unendliche Nuancierungen einer möglichen Empfindung. Wieder mal ein Unsagbares, Vielfältiges, seltsam Selbstidentisches. Ich sollte es fragmentarisieren, um etwas Licht in die Sache zu bringen. Fangen wir mit dem Höchsten an, der Bestimmung, dem Schicksal, dem Sturmwind, von dem wir alle mehr oder weniger heimlich hoffen, dass er komme und uns fortreißen möge. Die einzige große wahre Liebe. Shakespeare schrieb einst in seinem hundersechzehnten Sonett:

> Ich will der wahren Liebe Hindernisse
> nicht zugestehen! Lieb' ist nicht Liebe wert,
> die, wo sie Wandel sieht, sich wandeln ließe
> und sich zurückzieht, wenn man ihr verwehrt.
> Oh nein! Sie ist ein ausgerichtet' Zeichen,
> das Stürmen zusieht, ewig unbewegt:
> verirrten Booten als ein Stern, es reichen
> die Maße nicht, an ihren Wert gelegt.
> Die Liebe ist kein Narr der Zeit. Die runden
> blutvollen Lippen mag sie niedermähen,
> doch Liebe wechselt nicht in Tag und Stunden,
> sie überdauert, wenn die Zeiten gehen.
> Wenn dies als Trugbild sich an mir erweist,
> dann weiß kein Sterblicher, was Lieben heißt.

Diese Idee von Liebe ist das genaue Gegenteil von Beliebigkeit. Sie ist Bestimmung, und sie ist ewig. Sie hat dazu geführt, dass Menschen ins Kloster gingen, sich umbrachten oder den Rest ihres Lebens in selbstgewählter Einsamkeit fortexistierten. Wenn wir an sie denken, fallen uns Romeo und Julia ein,

Abelard und Heloïse, Tristan und Isolde. Und Werther, natürlich.

Liebe lebt oft vom Abgrund zwischen Bestimmung und Unerfüllbarkeit. Denn entweder sind es die Umstände, welche die Liebenden auseinanderreißen, oder es ist die Liebe selbst, die nicht erwidert wird. Diese Liebesidee hat die wunderbarsten Gedichte, Romane und Theaterstücke hervorgebracht, ohne sie wäre Hollywood arbeitslos. Sie steht hinter allen Überlegungen zur Liebe, sie ist Fluchtpunkt, Ideal und Erfüllungsverheißung.

Wir verhalten uns alle zu diesem Ideal. Wir können uns darüber lustigmachen, davon träumen oder die große Liebe pragmatisch betrachten. Aber dieses romantische Phantasma spukt in unseren Köpfen, da hilft aller Zynismus nicht. Mag das Stimmchen auch tief in uns begraben sein, irgendwo flüstert es noch leise:

»Ist er/sie der/die Richtige? Das Wahre, Gute und Schöne?«

»Schweig still, du lügnerisches Traumgespinst. Das ist doch alles emotionaler Fake, überzogene Erwartung, unerfüllbare Phantasterei.«

»Aber hattest du schon einmal *Lifechanging Sex?* Und hast du nicht gesehen, wie Leonardo DiCaprio sich für die reizende Rose geopfert hat? Es ist wahr, glaub mir nur. Die große Liebe existiert, und wenn du nur lange genug wartest, wirst auch du sie erfahren.«

»Ach, schweig still, du Teufel, bis dahin bin ich in Einsamkeit verrottet.«

»Du wirst schon sehen.«

Diese Stimme behält immer Recht. Aber man wendet sich mit einem Seufzer ab und konzentriert sich aufs Praktische. Ich muss immer noch an diese VIVA-Werbung denken, in der dieses pubertierende Pärchen knutscht und sie ihn fragt, ob er ihr für immer simsen würde. Dann sieht man das entsetzte Gesicht des Jünglings: »Für immer? Neeeeiiiiin«, scheint es zu sagen, und darüber den Slogan: *Mit VIVA bist Du nie allein.*

Andere Mütter haben auch hübsche Söhne, es gibt noch viele Fische im Teich, jung gefreit, lang bereut. Die Welt ist voller hübscher, interessanter, unterschiedlicher Menschen, und das Leben ist kurz, so kurz. Es ist an der Zeit, ein bisschen pragmatisch zu werden. Wie sollte man sich auch vorstellen können, einem Menschen ewige Treue zu schwören, wenn sich sowieso alles ständig ändert, die eigene Identität eingeschlossen? Und wenn man dazu noch plan- und orientierungslos durchs Leben schwankt, also nein, da kann man wirklich nichts versprechen, was über die nächste Urlaubsplanung hinausgeht.

Wir werden doch alle immer jünger, die selige Postadoleszenz hat uns fest in ihren trendigen Krallen. Neue Bürgerlichkeit, staatliche Reglorifizierung der Kleinfamilie[*], da können wir doch nur lachen. Nein, man sollte genießen, was man hat, und sich auf das freuen, was kommt. Und so gelangen wir vom »Tier, das versprechen kann« (Nietzsche) – denn Liebe, ewige Liebe, ist auch ein Versprechen, das man sich gibt – zum Lebensabschnittsgefährten.

Ich hasse dieses Wort, ich finde es ganz und gar abscheulich. Aber es klingt zumindest ein wenig nach Struktur, nach einem Leben, das Abschnitte hat. Das ist immer noch besser als das unbewusste Gleiten von einem Zustand in den nächsten. Wenn wir uns aber von diesem ganz und gar unromantischen Begriff abwenden und nur die dahinterliegende Idee betrachten, stoßen wir auf eine ziemlich lebbare Auffassung von

---

[*] König Gunter nannte das: Reproduktionspropaganda. Ein riesiger Werbefeldzug für ein Land ohne Volk. »Deutsche, vermehrt euch!«

Liebe. MTV-Moderatorin Sarah Kuttner sagte einmal: »Ich finde, man kann sich langsam mal von dem Gedanken ›die ewige Liebe‹ abwenden. Jedem, der sie hat, gönne ich sie von Herzen, da bin ich neidisch, aber ich finde, dass Beziehungen heute auch wahnsinnig schön funktionieren, wenn man drei Jahre eine Beziehung hat, dann geht es auseinander, und irgendwann kommt jemand Neues. Das bedeutet auch jedes Mal drei Jahre Glück.«

Das spiegelt eine Liebesidee, die von der Bergeslast der totalen Bestimmung befreit ist und trotzdem Raum für Romantik, Ewigkeit und genüssliches Verschmelzen bietet. Und wenn's halt nicht mehr läuft, wenn die Gefühle nicht mehr da sind, trennt man sich, mehr oder weniger einvernehmlich. »Die Liebe ist ein Geschenk. Sie kommt, wann sie will, bleibt, solange sie will, und wenn sie fort ist, ist sie fort.« Das sagte der österreichische Autor Gabriel Barylli.

Ein wenig problematisch wird es, wenn man sich in diesen seligen Jahren unversehens fortgepflanzt hat, aber wir sind ja alle emanzipiert und verantwortungsbewusst und fähig, auch nach dem Ende der Liebe einen entspannten Umgang miteinander zu pflegen. Und so lässt sich auch beobachten, Kinder hin oder her, dass viele ehemalige Liebespaare das Gewesene nach einer gewissen Abstandsphase in eine Freundschaft transformieren können. Denn man hatte sich so gern, man kennt sich so gut und will auf die Beziehung nicht verzichten.

»Is staying together the new breaking up?«, fragt Molly Thomas in ihrem Artikel für das Online-Magazin *Kitchen Sink Mag.* Sie erzählt von vielen Pärchen in ihrer näheren Umgebung, die alle auf die eine oder andere Weise noch miteinander verbandelt sind. Was soll man denn machen, wenn der oder die Exgeliebte im Lauf der Zeit einfach zur Familie gehört? Und

solange man keine furchtbare Geschichte erlebt hat, erscheint es ganz natürlich, eine liebevolle und wichtige Beziehung in irgendeiner Weise aufrechtzuerhalten. Wir wissen um den Wert des vorbehaltlosen Gemochtwerdens und lassen eine solche Person ungerne ziehen. Und mag es auch Jahre dauern: Was einmal uns gehörte, soll uns zumindest für immer zugänglich sein.

Und so sammelt man im Lauf der Jahre eine hübsche Entourage; ich muss immer noch an diese Studie denken, die besagte, dass man mit dem dreizehnten Versuch die höchste statistische Chance hat, den oder die Richtige zu treffen. Da hat man dann ganz schön was beisammen!

Aber ich komme ja ganz durcheinander. Wir wollen ja gar nicht mehr den oder die Richtige treffen. Nein, es gibt einfach mehrere »Richtige«. Einen nach dem anderen. Oder »den Richtigen für diese Zeit«. Und wir sind treu, solange die Liebe bleibt. Seelisch, oft auch körperlich. Serielle Monogamie nennt man das.

Es gibt also einen absoluten und einen pragmatischen Ansatz. Wobei auch der pragmatische Ansatz vom Absoluten lebt; eine Liebesgeschichte, die nicht an irgendeinem Punkt den Gedanken an Ewigkeit beinhaltet, ist die Hormone nicht wert, die ausgeschüttet werden. Das wissen wir alles. In den meisten von uns sind die verschiedenen Vorstellungen von Liebe, die sich teilweise gegenseitig ausschließen, gleichzeitig präsent. Wir wollen Ewigkeit! Wir wollen Bequemlichkeit, Kontinuität und Sicherheit! Wir wollen den besten und aufregendsten Sex, Begehren, Anziehungskraft, immer wieder aufs Neue! Wir wollen Raum zur Selbstentfaltung und jemanden, der uns wärmt in den kalten Nächten!

Die Liebe, diese »Himmelsmacht«, ist der letzte Rückzugsort der Transzendenz. Sie verspricht Schicksal, Bestimmung und persönlichste Ansprache. Was das Erleben von Liebe angeht, gibt es viele unterschiedliche Anschauungen. Eine sehr populäre geht davon aus, dass Liebe etwas ist, das einem ganz unversehens zustößt, wie, sagen wir mal, ein Autounfall. Man lebt so vor sich hin, und *WHOOM*, da passiert es. Man wird angesprungen und niedergerissen. Hollywood liebt diese Vorstellung von Liebe, sie lässt sich einfach sehr gut erzählen. Und so gibt es dann diese unzähligen Geschichten von Steve, dem Yuppie-Arschloch, der sich unversehens in die herzensgute Lola verliebt und, noch unvorhersehbarer, sie sich auch in ihn.

Diametral entgegengesetzt ist eine Vorstellung von Liebe, die bei uns selbst anfängt. Ich glaube, dass man ein liebevoller Mensch sein muss, um Liebe zu erleben. Dass Liebe nicht von außen, sondern zuerst und vor allem von innen kommt. Dass Lieben eine Fähigkeit ist, die man erlernen kann, und dass es mir ganz und gar unglaublich vorkommt, wenn einem Riesenschwein etwas so Wunderbares wie Liebe passiert. Ich denke, dass eine liebevolle Beziehung zu sich, seinen Freunden und seiner Umwelt die Voraussetzung ist für eine Liebesbeziehung. Wenn wir Liebe nicht im Alltag erleben, wie sollen wir sie dann erkennen, wenn sie uns plötzlich begegnet? Und wenn wir nie gelernt haben, uns auf einen anderen Menschen einzulassen, wie sollen wir das ausgerechnet bei einer Liebesbeziehung hinbekommen? Doch Liebe besitzt auch eine transformierende Kraft. Es kann sein, dass ihr unvorhergesehenes Auftauchen in einem Leben dieses verändert und jemand wärmer und lebendiger aus einer solchen Erfahrung hervorgeht. Das ist ein weiteres Lieblingsthema von Hollywood und aller Autoren, das reicht von »Der kleine Lord« zu »About a Boy«. Ach, Liebe. Ich will dich doch gar nicht festsetzen, du verheißungsvolles Wort. Nur ein wenig differenzieren.

Vince war ganz in Dunkelblau gekleidet, die Jeans hing lässig über seinem attraktiven Gesäß. Seine dunklen Augen leuchteten, als wir uns begrüßten. Wir saßen in einem kleinen vietnamesischen Restaurant, draußen hatte ein leichter Nieselregen eingesetzt.

»Gut siehst du aus«, sagte ich, und er lächelte und sagte: »Danke, du auch.«

Wir bestellten Essen und grünen Tee, und Vince beugte sich vor und sagte:

»Hat dir SusiPop auch von diesem Typen erzählt? Konstantin irgendwas, ein Künstler oder so. Ich habe sie gestern beim Ausgehen getroffen, sie war schon ziemlich blau und konnte gar nicht aufhören, von ihm zu erzählen. Also eigentlich hat sie sich über ihn aufgeregt, aber, du weißt ja…«

Ich seufzte. Und lachte. »Ja, den Namen habe ich auch schon gehört. Hast du ihn mal gesehen?«

Vince überlegte. »Ich kenne so eine Künstlerclique aus Hamburg, es kann sein, dass ich seinen Namen in diesem Kontext schon mal gehört habe. Merkwürdigerweise kommt es mir so vor, als hätte mir die Eisprinzessin mal von ihm erzählt.«

Ich runzelte die Stirn und blickte hinaus in den Regen. »Und was ist mit dir? Und dieser – Kira?«

Er wich meinem Blick aus und senkte den Kopf. Dann sah er mir in die Augen und sagte: »Ja, Kira heißt sie. Kira Franke.«

Dann schwieg er. Das Essen kam. Ich dachte über Liebe nach und den Drang, über sie zu sprechen. Im Allgemeinen hatte ich die Erfahrung gemacht, dass Männer weniger über solche Dinge sprachen als Frauen. Und dass die Entäußerung ab einem gewissen Punkt indirekt proportional zur Tiefe des Gefühls verlief. Was bedeuten soll, dass Verliebtheit meistens mit dem Wunsch einhergeht, das endlich wieder Empfundene in die Welt hinauszuschreien. Aber Liebe verschließt oft unseren Mund, nur das glückliche Strahlen wird man schwerer los.

Vince aß sehr konzentriert. Das konnte doch nicht sein, Vinzmann, König aller abgebrühten Zyniker, schien sich ernstlich verliebt zu haben. Ich beschloss, ihn durch ausgesuchte Aufmerksamkeit zum Sprechen zu bringen.

»Wie findest du eigentlich Flexters neue Freundin?«, fragte ich nach einer Weile. Es schien mir angebracht, das Thema unauffällig zu umkreisen.

»Die? Hübsch. Jung. Warum fragst du?«

»Ach, nur so. Die Eisprinzessin meinte, dass sie ihr irgendwie komisch vorgekommen wäre. So – leichtfertig. Als würde sie nur mit Flexter spielen, sich eine gute Zeit machen, bis sie nach Paris geht.«

Vince blickte unwillig und griff nach seinem Glas. »Also, ich weiß auch nicht, wie ernst Flexter das Ganze ist. Du kennst ihn ja, vielleicht haben sich da zwei gefunden. Und die Eisprinzessin. Die hat doch immer was auszusetzen.«

Mist, das war anders, als ich es mir vorgestellt hatte. Vince liebte es normalerweise, die Beziehungen seiner Freunde zu analysieren. Heute jedoch war er von einer zähen Schweigsamkeit. Ich beschloss, es frontal zu versuchen.

»Kira Franke«, sagte ich und machte eine kleine Pause. »Du hast mir irgendwann erzählt, dass sie in einer Agentur arbeitet. Was macht sie denn da?« Wie sieht sie aus, wie versteht ihr euch, was hält sie von Houellebecq und so weiter. Was waren wir alle neugierig. Was war ich neugierig.

Vince lächelte ein wissendes Lächeln. Er schien meine Bemühungen zu schätzen.

»Sie arbeitet in einer Eventagentur. Ihre Arbeit besteht darin, Parties auszurichten, sie selbst geht aber seltsamerweise nicht gerne aus. Sie kocht gut. Und ihre Wohnung ist toll.«

Er runzelte die Stirn. Ach Vince, was sollte das denn werden.

Er holte Luft. »Sie ist witzig. Und klug. Und sie hat eine phantastische Figur und ganz grüne Augen und lange braune Haare.«

»Mhm«, machte ich. Jetzt bloß nicht ablenken lassen, mein Schweigen war wie ein Sog. Seine Augen schweiften in die Ferne: »Weißt du, wir bewegen uns nicht in denselben Kreisen, wir haben unterschiedliche Interessen, auf den ersten Blick. Es ist komisch, eigentlich hätte ich Kira nie kennengelernt. Das Internet. Ist das nicht echt strange?«

Ich zuckte mit den Achseln.

»Neulich haben wir zusammen ›Woman of the Year‹ geguckt, den ersten Film von Katherine Hepburn und Spencer Tracy. Der war irgendwie langweilig, über lange Strecken, aber das Ende war …«, er lächelte, »das Ende war das Lustigste, was ich seit langem gesehen habe. Sie mag alte Schwarzweißfilme.«

»Wann lerne ich sie denn mal kennen?«, fragte ich, während ich mir die letzte Garnele in den Mund stopfte.

»Ich hab doch in zwei Wochen Geburtstag, da wollte ich ein Essen bei mir machen.«

Wow! Vince wollte Freunde zu sich nach Hause einladen und kochen. Er wohnte in einem sehr minimalistisch eingerichteten Apartment. Wir kannten uns schon seit einigen Jahren, aber ich war erst ein, zwei Mal bei ihm zu Hause gewesen. Die Eisprinzessin liebte es, seine Wohnung zu analysieren.

»Cool. Ich könnte diesen Louisiana-Salat mitbringen, den ich für Silvester gemacht habe.«

Er legte seinen markanten Kopf schief. »Dieses Nachkriegsdessert? Weißt du noch, wie wir alle ganz still wurden, nachdem wir das gegessen hatten?«

Ich erinnerte mich. 100 Gramm hatten ca. 1500 Kalorien. »Vielleicht fällt mir auch was anderes ein«, sagte ich.

»Mhm«, sagte Vince.

Liebe steht uns gut. Es gibt nichts, was den Teint mehr zum Strahlen bringt, bessere Laune schenkt und leichter mit der bösen Welt versöhnt. Wenn wir vom Hauch der Ewigkeit gestreift werden, macht alles auf einmal Sinn. Und es ist wahr, dass Sex mit jemandem, in den man verliebt ist, zum Köstlichsten gehört, was wir erleben können. Traditionell ist die Ehe die Verkörperung dieser gottgewollten Verbindung von Körper, Geist und Seele zweier Menschen, die auch noch ein Leben lang dauern soll.

Doch wir haben den Sex säkularisiert, das Begehren vom Begehrten getrennt und den Koitus nur um seiner selbst willen gesellschaftsfähig gemacht. Das ist ein Fortschritt und eine der Grundvoraussetzungen, genüsslich jagen zu gehen. Und doch besteht die Gefahr, den akkumulativen Tendenzen anheimzufallen. Ich musste immer wieder daran denken, wie meine wilde Freundin SusiPop mit dieser kleinen Stimme gefragt hatte, mit wie vielen sie denn noch schlafen müsse. Ein schwieriges Thema. Und sicher auch eine Frage des Alters, heutzutage treffen Menschen selten schon in jungen Jahren eine bindende Entscheidung. Doch die Jugend dauert mittlerweile so lange; man kann einfach nicht damit aufhören. Und dabei leben wir immer länger! Sollen alle mobil und flexibel sein, heyheyhey!

Außerdem hatte die Eisprinzessin gesagt, dass man erst um die dreißig bindungsreif würde. Ich hatte noch zwei Jahre. Das machte mich froh.

Sex ganz ohne Gefühle kann ein angenehmer Sport sein, aber nicht mehr. Mit unseren Gefühlen sorgen wir dafür, dass wir nicht nur unseren Körper teilen, sondern auch ein Stück unserer Seele. Und das vollendet sich in der gegenseitigen Bezauberung, die Liebe heißt. Es beginnt damit, dass sich unsere Körper aufeinander einspielen. Und es endet mit liebevoller Zärtlichkeit, dem Versprechen, dass es ein Morgen gibt, und danach noch ein Morgen, und wir schlafen ein, getröstet.

Neulich ging ich mit König Gunter zur Eröffnungsfeier eines neuen Theaters. Er war ziemlich still. Ich überlegte, ob er wohl die schöne Sonja getroffen hatte, wollte aber nicht fragen. König Gunter war also in sich gekehrt, und ich war ein wenig müde. Wenigstens floss der kostenlose Alkohol in Strömen, und irgendwann entdeckte ich einen Bekannten.

Jener war, wie so oft, ganz in schwarz gekleidet und hatte diesen konzentrierten Blick derjenigen, die trotz zu viel Alkohols im Blut eisern die Kontrolle über sich behalten. Wir gerieten in ein Gespräch über Sex und solche Sachen, und irgendwann sagte er: »Weißt du, wenn du jemanden liebst, dann willst du ihn auch ficken.« Er ging ganz sicher davon aus, dass ich ihn schon richtig verstehen würde, und so verstand ich ihn auch richtig. Er ist ein schwerer Mann, groß, breit, trotzdem geschmeidig. Seine klaren grünen Augen verraten wenig. Er presste Zeigefinger und Mittelfinger gegen den Daumen, machte dieses Zeichen und sagte: »Das ist es. Ich will die Frau, die ich liebe, kommen sehen. Das ist das Allerbeste. Wenn man älter wird, sich locker gemacht hat ...«

Ich schwieg, aufmerksam.

»Weißt du, dann ist das alles gar nicht mehr so wichtig. Man tut, was man will. Man ist entspannter.«

Er musste so um die vierzig sein, ich wusste es nicht genau.

»Meine Freundin arbeitet viel. Ich auch. Es ist diese verdammte Geschäftigkeit, manchmal fehlt es uns an Zeit. Zeit, wegzufahren und den ganzen Tag zu lesen und zu vögeln.«

Ich lächelte. So stellte auch ich mir meinen Urlaub vor. Er erwiderte mein Lächeln und erbot sich, mir noch ein Glas Rotwein zu bringen. Ich sah mich nach König Gunter um; er stand alleine an der Bar. Sah aus wie ein ausgesetztes Haustier. Er wirkte ernst, verlassen und seltsam alt. Ich nahm das Weinglas in Empfang und stellte mich zu ihm.

»Sieh dir die Leute an«, sagte er nach einer Weile. »Das ist alles so schrecklich langweilig. Und immer das Gleiche.«

Ich war noch beschwingt von der Unterhaltung und vom Wein und sagte leichthin: »Natürlich ist es immer das Gleiche. Aber der Wein schmeckt gut, und ich habe gerade einen hübschen Typen im Anzug gesehen. Und dahinten, diese Rothaarige, ist die nicht bezaubernd?«

König Gunter hatte einen genervten Gesichtsausdruck. »Ach, hör schon auf.« Er trank einen Schluck Bier und blickte verächtlich.

Was war denn los? König Gunter ist normalerweise mit einer gelassenen Heiterkeit gesegnet, oder vielmehr, er segnet sich selbst damit; fast nie sieht man ihn schlecht gelaunt, und noch seltener hört man irgendwelche Klagen. Doch gerade sah er ganz nach Liebeskummer aus. Da konnte nur Sonja dahinter stecken.

»Was ist los?«, fragte ich nach einer Weile.

Er wich meinem Blick aus. »Nichts.«

Ich versuchte wieder konstruktiv zu schweigen. Scheißliebe.

Wie sagte Hölderlin, auch er zurückgewiesen, am Anfang seines Gedichts »Lebenslauf«:

»Größers wolltest auch du, aber die Liebe zwingt
All uns nieder, das Leid beuget gewaltiger.«

Das Leid beugt. Wir beugen uns. Wir werden gebeugt, erhoben, fallengelassen, erhört, verschmäht, beleidigt, verherrlicht, beglückt, zerstört. Zumindest versteht es die Liebe, für unsere Unterhaltung zu sorgen.

König Gunter hingegen war nicht unterhaltsam. Er hatte sich hinter seiner schlechten Laune verschanzt und weigerte sich hervorzukommen. Ich trank noch ein wenig Wein und beobachtete die Anwesenden. Beim Ausgehen, zu welchem Anlass auch immer, sieht man meistens keine Verliebten, von den Diskoknutschern mal abgesehen. Oder wenn, dann verschwinden sie zeitig. Warum sollte man auch bleiben, bis es hell wird, wenn man sich stattdessen mit dem/der Geliebten genüsslich in den Kissen wälzen könnte? Oder man könnte sich einen wunderbaren alten Film ausleihen oder zusammen in die Sauna gehen oder gemeinsam baden oder sich etwas vorlesen; sich eine neue Ausstellung ansehen, kochen, Kino, Kamasutra. Ich seufzte. Liebe *war* ansteckend.

König Gunter stand immer noch schweigend neben mir. In letzter Zeit hatte er Abstand von Sonja gesucht, recherchiert, gearbeitet und ein paar wirklich gute Artikel verfasst. Er hatte eigentlich beschlossen, sie nicht mehr zu sehen. Vielleicht waren sie sich zufällig irgendwo begegnet. Und als er sie dann gesehen hatte, war alles wieder hochgekommen, wie schön sie war, wie schön es mit ihnen war, was doch alles sein könnte.

Das Schlimmste war, dass sie selbst litt unter ihrer Entschlusslosigkeit. König Gunter sah das natürlich, aber es änderte nichts. Wie sagt man? Liebe macht blind. Vielmehr, sie verhindert, dass Wissen zur Gewissheit wird. Sie lässt uns wünschen, wir könnten blind sein, manchmal. Und König

Gunter kriegte es ganz gut hin, das mit der selektiven Wahrnehmung. Ich drückte ihm ein frisches Bier in die Hand, wir prosteten uns zu, und kurz schlich ein Lächeln über seine feinen Züge.

»Auf das süße Leben«, sagte ich. Er nickte, schweigend.

4.1.   Romantische Fragmente

Selbst die beste Werbeagentur wird es nicht schaffen, uns Liebe zu verkaufen. Liebe ist nicht käuflich. Sie ist meta-ökonomisch und widersteht, löst sich von ihrer Umwelt, der sie aber dennoch immer wieder begegnet.

Für mich ist Liebe etwas unbedingt Melancholisches, Kindliches und Reines. Sie ist unschuldig, wie die Sinnlichkeit des Partners. Sie ist pure Poesie, schwerelos, grandios, momentan und lebendig.

Obwohl gerade die letzte Qualität ihr etwas Sterbliches verleiht, behält sie ihre Unsterblichkeit, da ihre Unbekümmertheit die Hüterin eines alten Versprechens ist: unserer eigenen Unsterblichkeit.   *Mann, Mitte dreißig*

Liebe ist das letzte große Versprechen, dass alles hier, unser Leben, unsere Existenz doch einen Sinn ergeben. Dass es Magie gibt, Schicksal und nicht enden wollende Bezauberung.

Wir Menschen haben im Allgemeinen ein großes Talent, uns selbst zu kränken. Der Verstand analysiert die Welt, die er begreifen will, und schafft dadurch eine neue, die nur sich selbst begreift.

Und was haben wir nicht alles Schreckliches herausgefunden. Die Erde ist nicht der Mittelpunkt des Universums, nein, sie ist nur ein Planet des Sonnensystems. Wir stammen gar nicht aus dem Paradies, nein, haarige Primaten sind unsere nächsten Anverwandten. Und dann hat auch noch Freud behauptet, dass wir gar nicht Herr sind im eigenen Haus, dass es ein Unterbewusstes gibt und ein Über-Ich und andere scheußliche Dinge, die uns an unserem freien Willen zweifeln lassen. Und die Genetik? Eigentlich sind wir doch nur aus kleinen Programmen zusammengesetzt, die uns zu allem Überfluss noch mit der Illusion von Bewusstsein versorgen.

Das ist alles sehr, sehr unangenehm für ein Geschöpf, das sich einst als Mitte des Universums sah.

Wir mögen zwar an Wissen gewonnen haben, an sichtbarem, analytischem Wissen, aber wir haben auch etwas verloren. Ein Gefühl der Verbundenheit. Mit jedem neuen Erkenntnisschritt entzog sich uns ein Stückchen Sinn. Wenn wir früher Affen sahen, dann waren das Mitgeschöpfe, irgendwie, man konnte sie essen oder ihnen zusehen, je nach Geschmack. Aber jetzt? Wir sehen unsere Vorfahren und wenden uns ermattet ab.

Das ist alles ganz und gar nicht neu, diese Entzauberung der Welt.

Aber es gibt sie noch, diese kleinen Widerstandsnester, in denen der letzte Sinn, die letzten Bezüge zur unfragmentarisierbaren Kontinuität des Seins sich festkrallen und uns locken mit ihren romantischen Verheißungen. Eros ist der letzte alte Gott, der uns geblieben ist. Einfach nicht totzukriegen, dieses fiese Biest. War immer schon der Gefährlichste unter den Großen.

Eros ist der letzte Gott, und die Romantik ist sein Parfüm.

Die ›deutsche‹ Romantik entstand als Widerstandsbewegung. Das Individuum, überfordert und entsetzt von den Auswirkungen der Industrialisierung und unzufrieden mit der vernunftbegründeten Weltsicht der damals populären Klassik, zog sich in die Natur zurück. Vielmehr in seine romantischen Ideen von der Natur. Bäume, Seen und Berge wurden wiederentdeckt und sich zu eigen gemacht. Die Natur hatte endlich ihr Imageproblem gelöst. Sie war wieder *in*. Gefühle waren *in*, Seelenbewegungen (und entsprechende Landschaften) und ganz besonders das individuelle Erleben. Es ging immer darum, selbst eine Verbindung zur Schöpfung herzustellen, die Welt ganz und gar subjektiv auszulegen.

Adina Popescu hat in *Der Freund Nr. 6* einen Artikel über Madame Bovary geschrieben, »Madame Bovary c'est nous«. Sie sieht jene als Hysterikerin, die, voller Sehnsucht nach dem Imaginären, ihre romantischen Träume an einer ganz und gar nicht korrespondierenden Wirklichkeit entzündet. Emma Bovary liebt ihre Liebe, das genau liebt sie, und so ist sie eine Heldin des Imaginären. Es lebe die Projektion! Darin ist Emma ein ganz und gar moderner Mensch, und Flaubert zeigt an ihr die Logik einer (Gefühls-)Welt, die sich selbst schafft. Ihr Blick gestaltet die Realität. Heute heißt das ja *Customize Reality*. Auf eine verdrehte Weise romantisch, gestalten wir permanent unser eigenes Erleben, und das betrifft auch oft genug die Inszenierung der eigenen Gefühlswelt.

Aber kehren wir zur Romantik als Idee einer Weltverbundenheit zurück. Ich glaube nämlich, ich bin Romantikerin. Mag es nichts als ein Neuronenrülpser sein: Ich fühle Frieden und Glück, wenn goldenes Abendlicht durch dichte Blätter schimmert. Oder wenn Regen auf heißen Asphalt fällt, im Sommer, und es auf diese ganz besondere Weise riecht. Im urbanen Kontext muss man den Begriff von Romantik ein wenig weiter fassen. Oder wie Roland Barthes sagt: »Die Natur von heute ist die Stadt.«

Vielleicht ist Romantik der Versuch, in allem Schönheit zu

entdecken. Oder Seele, die Gewissheit, dass etwas lebendig ist. Oder dass wir selbst lebendig sind.

Und am allerlebendigsten fühlen wir uns, wenn wir verliebt sind. Alles ist leicht, beschwingt und furchtbar sinnvoll.

Vince war verliebt, da waren die Eisprinzessin und ich uns einig. Wir waren bei seinem Geburtstagsessen gewesen. In seiner Wohnung war eine unsichtbare Veränderung vor sich gegangen; sie wirkte plötzlich – bewohnter. Vielleicht lag es auch an dem großen Blumenstrauß, der auf dem Tisch stand. Es war ein größeres Essen gewesen, Flexter und seine Freundin waren da, König Gunter, die Eisprinzessin, Kira, eine Freundin von ihr und ich.

SusiPop war zu der Zeit in Hamburg und vögelte wahrscheinlich gerade zu Ehren der dankenswerten Schönheit der Existenz. Sie wohnte bei Konstantin Karger und hatte in einem kurzen Telefonat berichtet, dass es ihr gutging. Was leicht untertrieben war. Sie jubilierte. Als ich später am Abend von SusiPop und Konstantin erzählte, zuckte die Eisprinzessin merklich zusammen.

»*Wie* heißt der mit Nachnamen?«, fragte sie.

»Karger. Konstantin Karger, Künstler aus Hamburg«, sagte ich. »Warum?«

Die Eisprinzessin war erblasst und wirkte plötzlich verunsichert. Ich wunderte mich, weil ich dachte, dass sie schon längst alles wissen müsste. Aber wir hatten in letzter Zeit von ihm nur als »dem Künstler« gesprochen.

»Ach, den kenn ich«, sagte sie dann. Und schwieg endgültig.

Aber Vince. Meine Güte, war der glücklich. Ein stilles, feines, zufriedenes Glück. Und endlich lernten wir Kira kennen. Ich mochte sie. Aber sie interessierte mich nicht besonders. Ich fand ihre Art zu schüchtern, irgendwie – langweilig. Was fand

Vince nur an ihr, fragte ich mich, und versuchte mich an unser Gespräch vor zwei Wochen zu erinnern.

Gerade unterhielt sie sich mit Flexters Freundin, während jener Vince und König Gunter mit der minuziösen Beschreibung des weiblichen Models unterhielt, mit dem er beim letzten Shooting vor der Kamera gestanden hatte. Die Stimmung zwischen Flexter und seiner Kanadierin schien merklich abgekühlt. Aber er wirkte entspannt, vielleicht täuschte ich mich auch.

Vince und Kira tauschten von Zeit zu Zeit liebevolle Blicke. Irgendwann sah mich König Gunter an und zuckte ganz leicht mit den Schultern. Wir verstanden uns wortlos. Kira passte nicht wirklich zu uns, zu den Freunden ihres Freundes. Aber irgendwie passte sie zu Vince.

Vielleicht ist das auch ein Geheimnis von Liebe. Sie ist etwas, das zuerst einmal nur die Betroffenen etwas angeht. Sie findet in einem ganz und gar exklusiven Raum statt. Was machte das schon, wenn ich Kira uninteressant fand. Ich musste ja nicht mit ihr schlafen. Viel wichtiger war, dass mein lieber Freund Vinzmann wieder zu leben und zu atmen schien und dass seine Wohnung – ich konnte das fast nicht aussprechen, nicht einmal in Gedanken – gemütlich wirkte. Als ob wirklich jemand dort zu Hause wäre.

Die Eisprinzessin war immer noch still. Ich war schon gespannt, was sie später über Kira sagen würde. Ich sah Kira noch mal an. Doch, sie war reizend. Die langen glänzenden Haare. Das feine Gesicht. Dann hörte ich sie lachen, ein perlendes, freies Lachen, und ich lächelte. Sie hatte wirklich wunderschöne Augen. Am anderen Ende des Tisches saß Vince und strahlte.

Es ist seltsam, wie die Liebe uns verwandelt. Und oft ist es nicht richtig greifbar, etwas Unsichtbares. Es ist spürbar, aber nicht unbedingt analysierbar. Genauso wie Liebesleid als schwarzer Schatten über uns hängt. König Gunter war weiterhin still, ich wunderte mich, er mochte es normalerweise, über seine Frauengeschichten zu sprechen. Aber jetzt schwieg er, und in ihm schwieg es. Dieses Verstummen verlieh ihm eine stille Würde. Und er trug sein Schweigen wie ein neues Gewand.

Romantik ist eigentlich etwas Unsichtbares. Sie ist unsichtbar, weil Gefühle unsichtbar sind und wir nur deren Anzeichen erkennen. »Sie strahlt so.« »Hat sie abgenommen?« »Er sieht ja wirklich beschissen aus.« Natürlich produziert Romantik auch Sichtbarkeit, so viele Kunstwerke sind von ihr inspiriert; tausendfach und in allen Nuancen wird die gefühlte Verbindung zur Welt beschrieben.

Romantik betrifft unser Herz, unsere Gefühle, das, was wir Seele nennen. Und Eros ist ein launischer Gott, der uns ganz schön auf Trab hält. Liebe ist das letzte große Glücksversprechen, und nichts ist bitterer, als einen Menschen zu sehen, der an dieses Versprechen nicht mehr glaubt.

Wenn wir an der Liebe verzweifeln, verzweifeln wir am Leben. Denn das Gegenteil von Liebe ist nicht Hass, sondern Gleichgültigkeit. Und kalt ist das leere Bett.

Die pornographischen Strategien richten sich auf unseren Körper, sie halten ein Sinnlichkeitssurrogat am Köcheln, und man kann sich durchs Leben wichsen, bis er endlich verstummt, der leidige Geschlechtstrieb. Auch eine Möglichkeit, mit dem Scheitern von Liebe umzugehen.

Pornos müssen Lust sichtbar machen. Und so beschränkt sich die Industrie darauf, die sichtbaren Indizien von Lust, also Schwänze, Nippel, Säfte!, herauszugreifen und zu einer pornographischen Wirklichkeit zusammenzustellen. Die Lust wird fragmentarisiert und dadurch sichtbar gemacht. Pornos produzieren sexuelle Codes, derer wir uns bedienen, wenn wir etwas bezüglich unserer Sexiness übermitteln wollen. Und bezüglich unserer Lust, und so stöhnen sie halt, die jungen Amerikanerinnen, denn so haben sie es gelernt.

Gefühle sind auch zunächst nicht sichtbar. Und analog zum Porno werden auch sie fragmentarisiert. Eine kluge Freundin hat einmal gesagt, Liebesromane seien Pornos für Frauen. Und irgendwie stimmt das auch. Pornos normieren Lust, und schlechte Liebesromane normieren Gefühle. In einer riesigen Verschwörung von der Sorte, die keine Anstifter, sondern nur Akteure kennt, haben wir haufenweise romantische Sichtbarkeiten produziert. Oder Liebescodes. Das echte Gefühl, das sich dem anderen wortlos oder wortmächtig mitteilt, wird allzu oft ersetzt durch die romantische Geste.

Ich habe mal in einer Kolumne gelesen, wie ein Mann sich über das entsetzliche Kitschbedürfnis der Mädels ausließ. Eben genau über diesen Hang zu den romantischen Codes. Das feine Restaurant, der Sonnenuntergang, die Blumen. Er meinte daraufhin, er könne mit alledem nicht so viel anfangen, aber wenn er aufwache, nachts, und seine schlafende Liebste beobachte und ihr dann vielleicht noch zärtlich die Decke wieder überlege, tja, das – fände er romantisch. Ich auch.

Romantik ist die Quelle aller Kreativität, und romantische Codes sind der Tod aller Anmut.

Es ist gut, dass es eine internationale Sprache der romantischen Symbole gibt, auf die wir zurückgreifen können. Und wirklich jeder freut sich über Blumen, auch Männer, gerade die, aber es zeugt von einer gewissen Eleganz, sich vorher unauffällig nach den jeweiligen Präferenzen zu erkundigen. Das Schlimme ist aber nicht, diese Codes zu benutzen, um etwas mitzuteilen, für das man keine besseren Worte findet. Nein, schlimm wird es erst, wenn die romantischen Codes die Gefühle ersetzen. Wenn die Versprechen und Bestätigungen zur hohlen Phrase verkommen, hinter der nur leere Gleichgültigkeit regiert. Der Satz »Ich liebe dich« kann das Banalste und das Bedeutungsvollste der Welt sein. Es hängt, wie eigentlich alles, ab von der Wahrhaftigkeit dessen, der ihn ausspricht, und dessen, der ihn erwidert.

Am schlimmsten ist, wenn sich das Marketing der romantischen Codes bedient. Das verwirrt uns, denn wir sind geeicht. Soll heißen, wir sind Sklaven der Semantik. Analog zur Legende vom »guten Sex« gibt es die Legende vom »großen Gefühl«. Und wir haben ein Problem. Uns gehen die Worte aus. Man kann das Wort »Liebe« heutzutage gar nicht mehr ernsthaft in den Mund nehmen. Höchstens ironisch gebrochen. Ein Freund, ein charmanter Mann Ende zwanzig, antwortete auf die Frage, was für ihn Liebe sei:

> Wenn ich das Wort höre? Leider etwas Süßliches, Lebkuchenherziges, Kitschiges, etwas, das, vor allem ausgesprochen, gewollt, herausgepresst, kehlig klingt – ein belastetes Wort also. Liebe, Herz, Lebkuchen, Ewigkeit, ›Goethe für Liebende‹, ›Liebste Elfriede, ich liebe Dich wirklich sehr, Dein Hans‹, Nur-die-Liebe-zählt, Lieblingsspeise, -farbe, -hobby, Liebesrausch, Liebesleben der Ameisen, Liebesnest.
>
> Auch: Ich kenne keine gute Liebesgeschichte, die nach 45 geschrieben wurde.

Das trifft ins Herz der schon vollzogenen Kommerzialisierung. Und markiert unser Wortproblem. Die Soziologin Eva Illouz bemerkt dazu:

Die romantische Leidenschaft ist alleine durch ihren Triumph in den Massenmedien und in der Konsumkultur noch weiter »entzaubert« worden. Aufgrund der ubiquitären Verwendung von Liebe zum Zweck des Warenverkaufs ist die Liebe im wirklichen Leben zu einer leeren Hülle geworden, derer man sich durchaus als Code und Klischee bewusst ist.

Aber da wehre ich mich, das können wir nicht durchgehen lassen. Ich möchte, dass dieses Wort »Liebe« erhalten bleibt und dass wir ein bisschen rot werden, wenn wir es aussprechen. Roland Barthes sagt in seinem Buch »Fragmente einer Sprache der Liebe«, er habe keinesfalls eine Philosophie der Liebe verfassen wollen, es gehe doch nur um ihre Bejahung. Dass es Liebe gibt, in all ihren Formen. Dass wir lieben können und es zulassen, geliebt zu werden.

Doch ich habe Angst. Dass alles noch viel, viel schlimmer wird. Dass wir innerlich endgültig erkalten, während wir öffentlich dem Pathos huldigen, der Pose, dem schluchzenden Versagerchen der zweihundertsten Folge »Popstars«. Denn das Öffentliche wird immer privater, diese endlosen Promi-Liebesgeschichten, der emotionale Schrott, der ständig auf uns herunterprasselt, während das Private immer öffentlicher wird; dieser gottverdammte Selbstdarstellungsmüll des Web 2.0.

2004 drehte der Starfotograf David LaChapelle für den Modekonzern H&M ein sechsminütiges Video. Titel: Romeo and Juliet. Inhalt: Eine afroamerikanische Julia und ein hispanoamerikanischer Romeo liegen in tollen H&M-Jeans auf einem Bett und schmusen, was das Zeug hält. Das machen sie echt gut, es war rührend und furchtbar nervig.

Schnitt. Wir schreiben das Jahr 2007. Wir Frauen wurden ja schon in diese ultrafemininen Fünfziger-Jahre-Kleidchen gesteckt und scheinen nur darauf zu warten, dass uns ein schneidiger Kavalier an der Bushaltestelle abholt. Mit dem können wir dann eine Kleinfamilie gründen, es wäre doch schön, wenn alles wieder einen Sinn ergäbe. Und ein ›Minimum‹ an familiären Strukturen wird ja immer dringender gebraucht, wenn der Staat auseinanderfällt und alles so herrlich global den Bach runtergeht.

Es ist Zeit, der Ironie den Kampf anzusagen, der Verwirrtheit, dem Egoismus. Denn eines ist Romantik mit Sicherheit nicht: witzig. Denn Witz bedeutet Distanz, während Romantik Verschmelzung ist.

Romantik ist pathetisch und großartig und absolut lebensnotwendig. Aber Ironie und Selbstrelativierung halte ich auch für unabdingbar, und ich denke, dass Liebe ohne Humor nicht funktionieren kann. Ein feines Gefühl für die kleinen Lächerlichkeiten und Schafäugigkeiten, was unser eigenes Umgehen mit unseren Emotionen betrifft, ist recht hilfreich. Und notwendig.

Aber zurück zum Marktgeschehen. Zurück zur Romantik, zurück zur Natur, zurück zur Idee des ewig Weiblichen und des ewig Männlichen. Ja, das ewig Weibliche. Nein, ich sag's jetzt nicht. A – A – Apfelkuchen (E. Hermann). Nein, ich werde nicht wütend. Ich beherrsche mich. Und lese lieber »Die neue F-Klasse« von Thea Dorn.

Diese Tendenzen zur romantischen Vereinfachung sind Strategien gegen die schreckliche Verwirrung, die allenthalben herrscht. Und so werden Dinge produziert, an denen wir uns scheinbar festhalten können. »Werdet Hausfrauen!« »Kauft süße Kleidchen!« »Seid doch einfach retrosexuell!«

Aber gerade in der Überforderung, der wir ständig ausgesetzt sind, steckt ein immenses kreatives Potential. Denn wenn es keinen propagierten Sinn mehr gibt, müssen wir selbst danach suchen. Auch die Ironisierung und Aushöhlung der Liebescodes zwingt uns im besten Fall, eigene zu entwickeln. Und die ironische Relativierung eigener und anderer Standpunkte lässt umso deutlicher den Punkt hervortreten, wo ebendiese Ironie nicht mehr angebracht ist.

Ich kann mich beispielsweise hinstellen und sagen, dass die Idee des Guten, Wahren und Schönen für mich immer noch Gültigkeit besitzt. Dass es Kunst gibt, die mich unendlich anrührt. Oder dass ich menschlichen Anstand, gute Manieren und die Bereitschaft, Verpflichtungen einzugehen, ebenfalls für Dinge halte, an denen ich mich auch heute noch orientieren kann. Und dass es herrlich ist, auf den Wellen der Kontingenz und der Ironie durch die Wirklichkeit zu surfen. Einmal nannte ich das »das Surfboard der Ambivalenz«. Eben dieses Austarieren, das Surfen zwischen dem Ironischen und dem Nicht-Beliebigen, Absoluten. Vielleicht ist unsere Zeit gerade dadurch gekennzeichnet, dass wir relativierende und absolute Standpunkte in uns vereinen. Und die befruchten sich im Idealfall gegenseitig. Der geschmeidige Witz der Ironie reißt dem Dogma die starre Maske vom Gesicht. Die Ethik wiederum markiert die Punkte des Widerstands gegen die Beliebigkeit. Und so sind wir mit etwas Glück und Können in der Lage, immer wieder angemessen zu reagieren.

Weil es aber anstrengend ist, auf dem Surfbrett, retten sich viele in die romantische Vereinfachung. Swarowski bietet derzeit kleine Tierchen an, die billig zu haben sind und eine Emo-Botschaft tragen: die »Lovelots«.

Mir wird wieder so heiß, so, so wütend. Wie mit dem Schaf. Die Lovelots tragen Namen wie »Shady«, »Große Missy Mo« und »Robby B.« Robby B.s Charakter steht für Loyalität und Qualität. *WOW*. Das Tierchen der Saison, ein Schmetterling, ein Vogel, ein Leopard. Der inflationäre Gebrauch von Herzchen, Schleifchen und Bändchen. Stadtrundfahrten für Teddybären. Die unfassbar erfolgreichen Zoo-TV-Shows, diese Bären, süüüüß. Bald sitzen alle in der Flauschi-Falle. Diese Verkitschung und Verniedlichung lässt sich allerorts beobachten, Emotionen werden in kleinen Häppchen serviert und beschworen. Aber mit diesen kuschligen kleinen Weltversicherungsarrangements lässt sich weder der Härte der Liebe noch der Härte des Lebens irgendwie beikommen. Und Frauen mit Hello-Kitty-Tasche lassen mich immer noch schaudern.

Die Industrie erschafft Erlebniswelten, in denen wir uns wohlfühlen sollen, attraktive Umgebungen und heitere Stimmung für alle Lebenslagen. Banken werben damit, dass wir uns ruhig um die Liebe kümmern könnten, denn das mit dem Geld regelten sie. Überall werden uns Emotionssurrogate angeboten, T-Shirts und Telenovelas senden einfache Botschaften aus. Wenn irgendwelche global vernetzten Medienyuppies die »Romantic Comedy« als Sinnpflaster auf den Wunden der Einsamkeit preisen, möchte ich am liebsten an deren Unaussprechliches greifen und kräftig zudrücken.

Die Eisprinzessin erlitt einen Schock, nachdem sie »Notting Hill« gesehen hatte. Totaler Realitätsverlust, widerwärtiges wirklichkeitsfernes Gutmenschengeseiere. Was nicht heißen soll, dass es nicht ganz und gar vergnüglich ist, sich mit solchen infantilen Inszenierungen für eine Weile abzulenken. Und natürlich gibt es auch herrliche herzerwärmende Filme, alte, neue, und man verlässt das Kino voller guter Vorsätze.

Aber es lässt sich doch ganz allgemein feststellen, dass unsere Gefühle mehr und mehr in den Fokus des Marktgeschehens rücken. Der Körper, der sich sowieso nach und nach ins Virtuelle verflüssigt (de Toldedo), ist längst schon von der pornographischen Ikonographie erfasst und durchdekliniert.

Neulich habe ich gelesen, dass in New York »Foot Lifting« immer populärer wird, auf deutsch: fußbezogene Schönheitschirurgie. Da wollte sich eine junge Frau glatt den kleinen Zeh abschneiden lassen, damit sie noch besser in ihre Manolos oder Louboutins passt. Aber hey, das sind doch nur Äußerlichkeiten. Es wird Zeit, auch noch den letzten Seelenrest zu Markte zu tragen. Es wird Zeit für große Emotionen, Nike-Fußballcamps, Adidas-Selbstfindungsläufe und ein Leben mit zero Kompromissen.

Im wirklichen Leben ist es schon viel schwieriger, mit dem großen Gefühl umzugehen. Denn die Ironie fließt schon ganz selbstverständlich durch unsere Adern. Mit dem Großen, dem Romantischen, dem Bestimmten, da tun wir uns schwer. Ein Aspekt dieser Unfähigkeit ist die Angst vor dem Liebesgeständnis. Ich gestehe, dass ich diese berühmten drei Worte nicht mag. Ich will sie im Idealfall weder hören noch aussprechen. Sie bedrängen mich, auf eine unangemessene Weise. Doch ich fühlte mich ertappt, als ich las, was Roland Barthes dazu zu sagen hatte:

Wer nicht *ich-liebe-dich* sagt (wessen Lippen sich kein *ich-liebe-dich* entlocken lässt), ist dazu verurteilt, die multiplen, unsicheren, zweifelhaften, kargen Zeichen der Liebe auszusenden, ihre Indizes, ihre ›Beweise‹: Gesten, Blicke, Seufzer, Anspielungen, Ellipsen: Er muss sich *deuten* lassen; er wird von der reaktiven Instanz der Liebeszeichen beherrscht, ist der dienstbaren Welt der Sprache eben darin entfremdet, *dass er nicht alles sagt* (Sklave ist, wer sich die Sprache beschneiden lässt, wer nur mit Mienenspiel, Gesichtsausdruck, Blicken sprechen kann).

Vor langer Zeit habe ich mich mit SusiPop über dieses Thema unterhalten. Denn oft habe ich beobachtet, dass es vor allem junge Frauen sind, die sich diesen Worten verwehren. Oder den Folgen dieser Worte. Wir saßen in einem Café; ich hatte mir gerade ein riesiges Schinkensandwich bestellt. Ich aß, und SusiPop, gutgekleidet wie immer, aber sichtlich erregt, sagte:

»Weißt du, Johannes, mit dem treffe ich mich schon seit einigen Wochen; ein echt cooler Typ. Na ja, wir sehen uns ab und zu, wir haben großartigen Sex, alles ist vergnüglich und easy. Und vor zwei Tagen sagt er mir, dass er sich in mich verliebt hat.« Sie war empört. »Wie konnte er mir das antun, was soll ich denn jetzt machen! Ich will doch keine Beziehung. Ich kann ihn einfach nicht wiedersehen.«

Ich lächelte versonnen. Das war mir ganz und gar nicht fremd, diese Angst vor den Liebesäußerungen der Männer. Ich schätze das Ungesagte, das Gefühlte, die verschiedenen Weisen, den anderen von der Zärtlichkeit meines Herzens zu überzeugen. Das ist fragil und organisch, und so ein Hammersatz wie »Ich liebe dich« am falschen Ort, zur falschen Zeit kann mich mächtig abturnen. Außerdem hasse ich Beziehungsgespräche, und der Schrecken aller Schrecken ist die Stille, wenn der andere auf die Antwort nach dem Satz wartet: »Ich dich auch.« Nein, nein, nein. Vielleicht nehme ich diese Worte auch zu ernst, wer weiß. Oder, schlimmer, ich bin doch noch Sklave meines mangelnden Mutes.

In all diesen Überlegungen ist die Liebe oder vielmehr der ritualisierte Liebescode etwas, von dem man meint, es würde die persönliche Freiheit bedrohen. Und wie vertraut ist mir das Lied, das smarte junge Frauen oder angehende Neo-Chauvinistas immer singen an dieser Stelle:

Ich muss mich auf mich konzentrieren,
Denn ich bin noch nicht so weit,
Auch will ich schnell Karriere machen
Für die Liebe keine Zeit.
Und dein süßer Seelenstrip
Lässt dich nicht in meiner Achtung steigen
Denn bei mir verwirrtem Ding
Musst du schon ein wenig Härte zeigen.
Auch bin ich mir nicht im Klaren
Über meine eigne Haltung
Und dein forsches Zukunftsdrängen
Verwehrt mir leider die Gestaltung.
Lass uns doch lieber Freunde bleiben
Denn jetzt wo ich um deine Liebe weiß
Will ich's mit einem anderen treiben
Der mich mag auch ohne diesen Scheiß.

SusiPop hatte die erste Strophe angestimmt und lavierte sich durch die verschiedenen Punkte; immer noch rotwangig, trank sie ihren Martini in hastigen Schlucken.

»Das ist alles so peinlich. Ich dachte wirklich, wir hätten nur eine gepflegte Affäre, am Anfang hat er mir sogar noch von dieser anderen erzählt, die er ab und zu trifft. Ich meine, was erwartet er jetzt von mir? Eine feste Beziehung?« Sie schnaubte.

Ich musste lachen, das war doch alles verdammt witzig. Vielleicht liegt es daran, dass es verschiedene Kategorien von Männern gibt. Zum einen sind da die, die wir mögen und schätzen und unsere Freunde nennen, mit denen wir aber niemals ins Bett gehen würden. Dann gibt es die, mit denen wir ins Bett gehen, uns sogar überlegen, dass man das doch beizeiten wiederholen könnte, also die Kategorie des entspannten

Fuck-Buddies. Und es gibt die, die unsere selbstsüchtigen kleinen Herzen zum Lodern und Schmelzen bringen, die, die wir anbeten, denen wir nachlaufen, in die wir uns verlieben. Und schließlich gibt es noch die Allerbesten und Allerseltensten, die uns lieben und die wir lieben, und das Glück scheint nur einen Atemhauch entfernt.

Aber ach, die Männer verweigern sich allzu gerne der Kategorisierung. Der Fuck-Buddy hat plötzlich romantische Anwandlungen, der Geliebte will nichts von einem wissen, und der alte Kumpel trägt seit Jahren seine geheime große Liebe im Herzen. Kein Wunder, dass wir ständig unzufrieden sind.

4.2 Die Legende vom großen Gefühl

Liebe ist für mich sehr verschieden von Verliebt- oder gar Ver-
knalltsein. Die Liebe schließt niemanden und nichts aus, das
heißt, es gibt nicht nur eine Person, für die man Liebe empfinden kann, und es sind nicht nur Menschen, denen man Liebe
entgegen bringen kann. Es ist für mich das Gegenteil von Langeweile, weil diese die totale Beziehungslosigkeit ist. Liebe ist
mehr wie zu Hause zu sein, das heißt in der Tätigkeit, bei der
Person etc. bei sich zu sein oder zu sich zu finden.

Frau, Ende zwanzig

SusiPop war immer noch in Hamburg. Es war ganz eindeutig,
sie loderte. Kein Fuck-Buddy-Geschwätz, kaum Geschichten
über ihre Arbeit; dafür volle Breitseite Konstantin. Ich hatte ein
paar Mal mit ihr telefoniert, und es hatte sich ungefähr so angehört:

»Ich kann gar nicht glauben, wie ähnlich wir uns sind. Er ist
so eigenständig, so ironisch, wir haben genau den gleichen
Humor. Die Farbe seiner Augen ist unglaublich. Er sagt auch,
dass ihm so etwas noch nie passiert sei, also, einmal hat er es
gesagt. Ich glaube, ich habe den besten Sex meines Lebens.
Und die Bilder, die er malt, sind großartig. Er hat gesagt, dass
wir unbedingt mal was zusammen machen müssen. Und er ist
echt der Held hier, ich mag seine Freunde, das sind alles so
hübsche lässige Künstler, und um die rum ist immer ein
Schwarm von Mädels.«

Sie kicherte, schlimm war das. Pubertärer Totalausfall.

»Wir können uns so toll unterhalten, wir sind in so vielem einer Meinung. Er hat große Hände. Er sieht so toll aus und macht sein eigenes Ding, er schert sich nicht um die Meinung der anderen. Und er geht gerne aus. Was wir schon saufen waren! Und seine Freunde sind so witzig. Und er ist sportlich, er hat so einen wunderbaren Körper, er ist so selbstsicher und...«

Ab da fing es dann an, sich zu wiederholen. SusiPop konnte das Ganze mühelos auf eine Stunde strecken. Ihr Lieblingsthema war, dass beide sich so ähnlich waren. Irgendwann sagte ich: »›Sehen heißt projizieren‹, sagt Lacan«, doch sie lachte nur.

Totale Gehirnwäsche.

Aber ich hörte es mir an. Denn natürlich musste sie vor Übermann Karger alles ganz lässig runterspielen, wir sind doch hier nicht im Kindergarten. Und manchmal wurde sie ganz still und ernst, meine kluge Freundin, weil ihr langsam dämmerte, dass das alles kein Spaß war und sie dabei war, ihr kostbares Herz an einen egomanischen Künstler zu verlieren, der mindestens ebenso professionell verführte wie sie selbst. Aber das verdrängte sie ganz schnell, und schon fing es wieder an mit dem unfassbar guten Sex und den vergnüglichen Abenden und...

Vince loderte gar nicht, nein, er war in einen wärmenden Mantel gehüllt und freute sich still. Immer noch ging er gerne aus, oft ohne Kira, der das aber anscheinend nicht das Geringste ausmachte. Vince sah aus wie jemand, der sich eine ganze Menge Gedanken über sich, seine Zukunft und das, was er sich wünschte im Leben, gemacht und dann sein ebenfalls so kostbares Herz in Hände gelegt hatte, die es zärtlich hielten. Das waren alles langsame, unaussprechliche Vorgänge. Manchmal flirtete er noch mit jungen Rehen, nur um sich zu beweisen, dass alles noch beim Alten war. Aber unmerklich änderte sich etwas. Kira kam schon ab und zu mit, und wir hatten gelernt, sie zu mögen, hinter ihrer Schüchternheit eine souveräne junge Frau zu sehen, die ihre Arbeit mochte und unserem Freund Vinzmann sehr zugetan war.

König Gunter und ich machten schon Witze darüber, wann Vince sie heiraten würde, und manchmal blieb uns dabei das Lachen im Hals stecken. Ich hatte ja noch zwei Jahre, bis ich endlich bindungsfähig sein würde, doch König Gunter sah die dreißig schon von der anderen Seite. Und Sonja? Er weigerte sich weiterhin, von ihr zu sprechen, aber es war klar, dass er sie noch einmal wiedergesehen hatte. Langsam kehrte das Funkeln in seine schönen Augen zurück, und einmal sagte er beiläufig: »Na ja, das geht jetzt fast ein Jahr. Ich hab einfach genug.«

Ich lächelte. Die Liebe, die Liebe.

Irgendwann, viel später, sagte Vince zu mir: »Weißt du, es ist wirklich seltsam. Ich fühle mich nicht mehr allein. Ich meine, wir sind immer einsam, auf eine gewisse Weise, das vergeht sicher nie, und ich würde mir auch gar nicht wünschen, dass das vergeht. Aber irgendwie ...«

Ich war ziemlich gerührt. Das klang wie das Schönste, was man sich von der Liebe erhoffen durfte. Vergnügen, Trost und eine zärtliche Geborgenheit, die nur zwischen zwei Menschen möglich ist.

Ja, die Liebe. Da kriegen wir doch alle noch feuchte Augen, da flattert das Herzchen, und da rast der Puls. Denn selten ist der pragmatische Blick und groß, riesengroß die romantische Sehnsucht. Wir sind alle verseucht von der Legende vom großen Gefühl, darunter machen wir's einfach nicht mehr.

Ich meine, wer stellt sich denn hin und sagt: »Ich bin ein ganz normaler Typ mit diesen und jenen Hobbies, und ich suche eine ganz normale Frau, gefallen muss sie mir natürlich schon, mit der ich eine Familie gründen kann.« Nein, das geht ungefähr so: »Ich bin ein ganz normaler Typ, der sich für was ganz Besonderes hält, und ich suche Angelina Jolie/Scarlett Johansson/Keira Knightly zwecks Fortpflanzung.« »Ich bin eine ganz normale junge Frau mit den üblichen Neurosen, aber ich bin ganz sicher, dass ihr alle nicht gut genug seid. Also Brad, wenn du endlich genug hast von dieser Zicke Jolie, ich bin bereit. Robbie Williams kann auch anrufen!«

Kein Wunder, dass wir langsam aussterben.

Die Legende vom großen Gefühl ist eine relativ neue Idee. Zwar hat die große Liebe, diese existenzielle Erschütterung, eine lange Tradition bei uns im Westen, aber sie war immer ein exklusives Ereignis, das wenigen Auserwählten zuteil wurde. Dann kam der Liebesroman, und *dann* kam Hollywood, das Ausagieren des Liebesromans mit anderen Mitteln, und plötzlich war die große Liebe etwas, auf das noch der letzte Idiot ein Anrecht zu haben glaubte. Also im Sinne dessen, dass es einem einfach so zustehe, dass die Liebe zur Türe hineinspaziert käme, und dann würde man endlich abgeholt, für immer. *Welcome to the Love Boat.*

Natürlich hat jeder Mensch ein Recht auf Liebe. Jedem von uns steht es zu, geliebt zu werden und zu lieben. Ich denke nur, dass Lieben eine Fähigkeit ist, etwas, das ganz fundamental mit uns selbst zusammenhängt. Verliebtheit ist einfach zu haben, dieses Begehren eines Begehrens, aber Liebe?

Sie fängt mit Verliebtheit an, dieser romantischen Bezauberung. Aber es gibt einen Punkt, an dem wir eine Entscheidung treffen. Verliebtheit ist vielleicht etwas, das uns in einem gewissen Maß zustößt, aber Liebe ist etwas, das wir zulassen müssen. Und das gilt ganz besonders für die Dauer. Denn das – bedeutet Arbeit. Das bedeutet kontinuierliche Kommunikation, den Versuch, am anderen das Besondere und Einmalige zu entdecken, immer wieder. Das bedeutet, sich auf dem schmalen Grat des Inspirierenden und Angemessenen zu bewegen und weder einer hohlen Distanz noch dem Wärmetod anheimzufallen. Das bedeutet... Na ja, wenn ich das alles so genau wüsste, wäre ich wohl schon in einer langen glücklichen Beziehung. Weil ich doch auch ein romantisches Schaf bin. Wie wir alle, eigentlich.

Roland Barthes bemerkte zu diesem Punkt:

Es gibt zwei Arten der Bejahung von Liebe. Am Anfang, wenn der Liebende dem anderen begegnet, steht zunächst die unverzügliche Bejahung (psychologisch: Betörung, Begeisterung, Überschwänglichkeit, verrückte Projektionen einer beglückten Zukunft; ich werde vom Verlangen, ja Zwang verzehrt, glücklich zu sein): Ich sage zu allem *ja* (und mache mich damit blind). Es folgt ein langer Tunnel: Mein erstes *ja* wird von Zweifeln untergraben, die Liebe als *Wert* ist unaufhörlich von Entwertung bedroht: Das ist der Zeitpunkt der traurigen Leidenschaft, der Heraufkunft von Ressentiment und Opfer. Aus diesem Tunnel kann ich jedoch wieder auftauchen; ich kann ihn »überwinden«, ohne ihn zu beseitigen; was ich ein erstes Mal bejaht habe, kann ich von Neuem bejahen, denn das, was ich dann bejahe, ist die Bejahung, nicht ihre Zufälligkeit; ich bejahe die erste Begegnung in ihrer Differenz, ich will ihre Wiederkehr, nicht ihre Wiederholung. Ich sage zum (alten oder neuen) Anderen: *Beginnen wir von neuem.*

Aber die Frage nach der Liebe und der Gestaltung von Liebe ist etwas sehr Persönliches. Ich kann ganz ehrlich sagen, dass ich wahrscheinlich nicht glücklich wäre mit Mann und Kind und einem kleinen Häuschen. Und heiraten wollte ich nie. Im

Prenzlauer Berg kriege ich regelmäßig Atemnot, alle die Buggies und so, trotzdem will ich irgendwann Kinder haben. Ich gebe zu, dass ich egoistisch, kompliziert und bindungsgestört bin. Weil ich Angst vor der Liebe habe. Weil oder obwohl ich sie kenne. Trotzdem lerne ich, mich einzulassen, in einem andauernden Akt der Selbsterziehung. Ich habe wie so viele Menschen, die mir nahestehen, einen Haufen widersprüchlicher Gefühle und Meinungen in mir, und damit muss ich klarkommen, muss eben herausfinden, was ich will, und vor allem, was ich brauche.

Alle Art von dogmatischem Geschwätz macht mich wütend. Denn ich finde, dass wir schon wesentlich weiter sind.

Jeder Einzelne von uns ist eine ganz besondere Antwort auf die Frage nach der Möglichkeit von Glück.

Es gibt Dinge, auf die können wir uns einigen, vielleicht darauf, dass wir alle Liebe brauchen, Geborgenheit, Anerkennung und Freundschaft. Und ab und zu einen herrlichen Fick. Wir dürfen uns auch aus freien Stücken entscheiden, alleine und glücklich/unglücklich zu sein. Tu, was du willst.

Aber wie das im Einzelnen aussieht, entzieht sich der Bewertung. Ich kann mich doch nicht hinstellen und sagen, dass wir alle wieder Hausfrauen werden sollen. Oder nur in einer festen Partnerschaft wahres Glück finden. Oder dass Homosexuelle und Lesben nicht heiraten dürfen[*]. Oder dass wir gefälligst alle Karriereweiber oder Karrieremänner sein müssen, die haufenweise Geld verdienen. Nein, was wir müssen, ist uns darüber klar werden, was wir wollen, und dann jemanden fin-

---

[*] Bei uns dürfen sie heiraten. Nur ohne alle geldwerten Vorteile, beispielsweise der Steuer gegenüber. Und das ist, wie der Gründer des mittlerweile geschlossenen Instituts für Sexualforschung, Volkmar Sigusch, der *SZ* gegenüber bemerkte, eine Frechheit.

den, der das Gleiche will. Vorausgesetzt, wir wollen jemanden finden. Vorausgesetzt, wir haben Lust, uns fortzupflanzen. Denn wie sagte Alice Schwarzer mal im *Spiegel*: »Wir müssen doch im Jahr 2006 dem Führer kein Kind mehr schenken.«

Liebescodes normieren unser Gefühl. An deren Schöpfung und Bestätigung wirken natürlich auch diverse Serien, Telenovelas und Fernsehfilme mit. Sie versorgen uns mit Verheißung, und legen die Choreographie fest. Diese verschiedenen Liebessituationen, mit denen wir uns dann zu identifizieren suchen.

Endlos sind die Kombinationsmöglichkeiten, aber sie lassen sich dennoch auf wenige Figuren reduzieren:

- Die Liebenden sind einander ähnlich oder stecken in einer ähnlichen Lebenssituation: »Tage wie dieser«.
- Die Liebenden sind sehr unterschiedlich, kommen aus verschiedenen sozialen oder kulturellen Welten: »Notting Hill«, »Titanic«, »The New World«.
- Einer der Liebenden ist krank/stirbt: »Love Story«, »Opfer einer großen Liebe«.
- Einer der Liebenden liebt schon lange, der andere wird sich durch einen äußeren Katalysator der eigenen Liebe bewusst. Das Modell heißt also – Freundschaft wird zu Liebe: »Die Hochzeit meines besten Freundes«, »Wedding Planner«.
- Um lieben zu können, muss sich einer der Protagonisten erst verwandeln, emotional oder, viel beliebter, äußerlich: »Pretty Woman«, »Stolz und Vorurteil«, »About a Boy«
- Die Liebe muss sich beweisen, Hindernisse sind soziale Unterschiede, seltsame Familien oder ein geheimes Doppelleben: »Mickey Blue Eyes«.

- Eine Liebe zerbricht an der Zeit, den Umständen, einem anderen Liebesobjekt: »5 mal 2«, »The Door in the Floor«.
- Die Liebe wird als Episode eines rauschhaften Begehrens oder einer einmaligen Begegnung erzählt: »Der letzte Tango in Paris«, »9 $^1/_2$ Wochen«, »Before Sunrise«.

Vielleicht ist es doch keine so gute Idee, die verschiedenen Liebeskonstellationen kategorisieren zu wollen. Denn vielfältig sind die Beziehungsmöglichkeiten, in den guten Filmen zumindest.

Aber es gibt zwei große Tendenzen. Das eine ist der Anfang der Liebe, das Überraschtwerden, das Herantasten, Erkennen, die vielfältigen Hindernisse bis zum Happy End. Und es gibt das Genre vom Ende der Liebe, vom langsamen, vom schnellen Sterben, eine Choreographie des Verlustes. Vielleicht bin ich damit schon beim großen Kino gelandet.

Aber eigentlich ging es mir um das Kleine, das Kleinliche, Dümmliche, weltbestätigende Emotionsfilmchen, die dämliche Telenovela, die unsäglichen »Romantic Comedies«, die intelligenzbeleidigenden Geschichten von guten Menschen mit echten Gefühlen, garniert mit einem Schuss Ironie.

Um etwas darzustellen, müssen wir es vereinfachen, mithin einpassen in ein Verständnis von Sichtbarkeit. Und wenn dieses zu platt wird, sein Verlieben, ihr Zweifeln (oder umgekehrt), die lächerlichen Hindernisse, das absehbare Ende, dann werden wir selbst banal.

Was viele dieser Filmchen auszeichnet ist die Kontinuität des Gefühls. Man liebt und hört nicht auf damit, nur die böse Welt steht dem Glück noch entgegen. Oder man selbst steht sich im Weg, aber das wird sich geben; man bemüht sich ja um Bewusstheit. Bezeichnend ist, dass sehr oft beide Protagonisten gleich viel und gleich mäßig lieben.

Und doch denke ich, dass Liebe als etwas, das zwischen zwei Menschen stattfindet, eine unendlich wandelbare Emotion ist. Vielleicht ist genau das der Punkt meines Unwohlseins. Dass uns eine Vorstellung von Liebe verkauft wird, die einfach ist, kontinuierlich und immer gleich. Dass es ein »Und sie lebten glücklich und zufrieden bis an ihr Ende« gibt. Dass genau dies die »Legende vom großen Gefühl« ist, das uns irgendwann erwischt und umschlingt und uns wärmt bis ans Ende unserer Tage.

Denn so sehr die bewegten Bilder den Anfang und ab und zu auch das Ende der Liebe lieben, so wenig populär ist das wechselhafte Dazwischen. Die Tage, an denen ich ihn ganz und gar nicht liebe. Die Momente der Abscheu, vor ihm, vor mir. Der Zweifel. Die größtmögliche Ferne. Das Wiederfinden meiner süßesten Zuneigung. Die größtmögliche Nähe. Das Miteinander-müde-Sein. Das stille Glück. Die Momente des Rausches. Die Gezeitenbewegungen des Begehrens. Euphorie. Verzweiflung. Sehnsucht. Überdruss. Alltäglichkeit.

Es gibt eine Szene in Godards »Die Verachtung«, in der ich eine wunderbare Liebesalltäglichkeit konserviert fand: Ein Paar ist in eine neue Wohnung gezogen, das rote Sofa, die Badewanne. Sie sind ganz einfach zu Hause, er zieht sich aus, nimmt ein Bad, sie ist in ein Laken gehüllt, liegt auf der Couch, badet auch. Er zieht sich an. Sie zieht sich an. Beide gehen in der Wohnung umher, in den verschiedensten Stadien der beiläufigen Bekleidung oder Nacktheit.

Das! Genau das. Wie die Erotik ist auch die Liebe etwas ganz und gar Subjektives, und für mich ist dieses selbstverständliche gemeinsame Bewohnen eines Raumes ein Moment der Liebe. Wenn man die Haushose anzieht. Wenn man sich die Kleider vom Leib reißt, dann, in einer nachträglichen Kühle, nachlässig nach einem Hemd greift, um aus der Küche etwas zu essen zu holen. Wenn man sich irgendetwas überwirft, um draußen Besorgungen zu erledigen, um es dann wieder auszuziehen, wenn man es ausziehen soll. Wenn es keinen Unterschied macht, ob man nackt ist oder bekleidet; und es nur das Vergnügen gibt am Wechsel der textilen Zustände.

Liebe ist Wahrnehmen. Und Wahrgenommenwerden. Ich erinnere mich, wie mir mein Vater einmal von einem besonderen, herrlichen Stoff erzählte. Daraus wollte er ein Kleid schneidern lassen, um es seiner Geliebten zu überreichen. Sie würde das Paket entgegennehmen, es öffnen, vorsichtig, und dann das Kleid daraus hervorziehen. Sie würde es anprobieren, und es würde nicht ganz passen, es wäre nicht vollkommen geschneidert. Aber in der Beklemmung, mit der Höflichkeit dessen, der ein Geschenk erhält, würde sie so tun, als machte es nichts. Nachdem er die Situation ein wenig ausgekostet haben würde, zöge er sodann das zweite, richtige Kleid hervor, das perfekt passen würde, bis in die letzte kleine Falte. Natürlich ging es nur um ihren Gesichtsausdruck in dem Moment, in dem sie das zweite Kleid anhätte.

Dieses Spiel mit Erwartung, Enttäuschung und unverhoffter Erfüllung ist ein Teil dessen, was da heißt: Ich sehe dich. Gerade Geschenke sind Ausdruck der unmittelbarsten Wahrnehmung. Wer kennt sie nicht, die Angst vor dem Geschenk des Geliebten? Die Angst davor, es gefiele einem nicht, man fände es langweilig, banal oder, schrecklicher, geschmacklos? Ganz zu schweigen von der bangen Erwartung, wenn man selbst ein Geschenk überreicht. Die Kunst, wunderbare Geschenke zu machen, ist ein Teil der Kunst des Liebens.

Die Kunst des Liebens. Ein kreatives Spiel, das immer schwankt zwischen Zitat und eigener Gestaltung. Denn zum einen rezitieren wir die großen Texte, die Liebenden sind sich ähnlich in ihrer Sprache, im Ausdruck ihres Gefühls. *Ich liebe dich, du bist mein, für immer, ich könnte für dich sterben, liebst du mich auch, wie sehr, für immer?* Das ist auch blökend und pathetisch, aber wahr, wahr, wahr. Und zum anderen ist keine Liebe sich gleich, die Struktur der Liebe ist sich gleich, nicht jedoch ihr Vollzug. Der Liebende partizipiert an der großen Gemeinschaft der Liebenden, teilt aber mit dem anderen den einmaligen Raum, der erschaffen wird von meiner und deiner Einzigartigkeit. Und eben darum ist dieser Raum notwendigerweise dynamisch, weil wir es sind, weil wir lebendig sind.

4.3. Gefühlssurfen

Die Generation, die die sexuelle Befreiung, das Begehren und die Lust in allen Formen durchgemacht hat, ist jetzt sexmüde und gibt sich wieder verliebt. Aber Vorsicht: Liebe erscheint bei ihr lediglich als gefühls- und affektmäßiger Zusatz, nicht als Leidenschaft oder Schicksal. (...)
Nach dem ganzen Sexpathos nun die neopathetische Liebesbeziehung mit ihren Ansprüchen. Nach der Trieb- und Libidorhetorik nun die neoromantische Leidenschaft. Es heißt jetzt nicht mehr: »Befreit euch sexuell!«, sondern: »Lasst euren Gefühlen und Liebesmöglichkeiten freien Lauf.«

Jean Baudrillard

Sein Name war Tim. Tim Brockmann.

Nach einigen Konstantin-Telefonaten wurde SusiPop selber klar, wie langweilig die ständige Wiederholung der Aussage »Er ist so toll« eigentlich war. Also fing sie an, ein wenig mehr von Hamburg zu erzählen. Ein Teil dieser Schilderung, die überraschenderweise doch immer einen Weg fand, zu Konstantin zurückzukehren, war die Beschreibung seiner Freunde. Es gab den lässigen, leicht brutalen Jonathan und eben Tim, laut SusiPop der charmanteste Mann, dem sie seit langem begegnet war.

»Er ist wirklich entzückend. So frech. So hübsch. Und er neigt dazu, sich ganz schrecklich zu betrinken, und dann gerät er außer Rand und Band und...«

Ich gebe zu, das machte mich neugierig. Er klang ganz wie jemand, den ich mögen könnte. Es liegt eine starke Anziehungskraft in dem, was Freunde oder Bekannte uns über einen attraktiven, schönen oder begehrenswerten Fremden erzählen. Es wird eine Art unsichtbarer Leuchtschrift über einem oder einer anderen aufgestellt, und das Interesse ist geweckt. Tim, soso. Ich beschloss, SusiPop in Hamburg zu besuchen.

Die Eisprinzessin wollte nicht mitkommen. Beiläufig hatte sie irgendwann erwähnt, dass sie mit Konstantin einmal etwas gehabt hätte. Es war ein typischer Eisprinzessinnen-Kommentar gewesen, ach, *der*, na ja, so und so. Dahinter schimmerte eine schlecht verheilte Wunde. Konstantin also. Hatte meine zwei liebsten Ladies niedergemäht. Den musste ich mir anschauen.

War SusiPop verliebt? Liebte sie? Schwer fassbar ist der Unterschied, und doch …

Wir sind oft auf ähnliche Weise verliebt, aber wir lieben immer sehr unterschiedlich. Vielleicht ist Liebe eben immer dadurch bestimmt, dass sie etwas ist, das zwischen zwei Menschen geschieht, während Verliebtheit sich erst mal an sich selbst ergötzt. Wir können das Begehren begehren, wir können in die Liebe verliebt sein; bei all diesen heftigen Emotionen scheint es einen gewissen Freiraum zu geben, sich ihrer nach Wunsch zu bedienen. Wir kennen alle diese unerträglichen Menschen, die ständig verliebt sind. Das reicht bis hin zu einem professionellen Gefühlsvampirismus, der sich an den durch den anderen verursachten Glückshormonen berauscht, bis der Überdruss wieder zuschlägt.

Verliebtheit ist ein Stadium akuter Geistesverwirrung, konstatiert auch Utz Thimm:

Manche Biologen sagen, dass es (das Verliebtsein) eine chemisch induzierte Form von Geisteskrankheit sei. Und tatsächlich ist es so, dass aus psychiatrischer Sicht Verliebtheit in sehr vielen Aspekten einer leichten Manie ähnelt. Man hat wenig Schlafbedürfnis, hat gute Laune, fühlt sich stark, entwickelt starke sexuelle Triebe. Insofern ist es auch kein Wunder, dass Patienten mit einer Manie sich sehr oft in irgendwelche Leute verlieben und eine übertriebene sexuelle Aktivität oder häufiges Verliebtsein auch wiederum als Symptom einer manischen Phase gelten.

Ich wusste es. Wir waren alle krank. Nur ich allein war gesund, denn ich hatte mich lange nicht verliebt. Es war diese ungute Art von Gesundheit, die in einer wohligen Selbstgefälligkeit den Mangel an Krankheit verdeckt. Es war an der Zeit, wieder ein wenig leidender zu werden.

Kann man sich vornehmen, sich zu verlieben? Mir fiel es nicht leicht, das wusste ich. Aber es war eine angenehme Leere in mir, die darauf wartete, mit Begehren und Zuwendung gefüllt zu werden.

Vor den Dauerverliebten stehe ich immer ein wenig ratlos. Ich habe den Verdacht, dass sie zu denen gehörten, die in ihrer Jugend für Boy Groups oder Pamela Anderson geschwärmt haben. Befindlichkeitssurfer. Man bewegt sich auf den angenehmen Wogen leichter, schwärmerischer Empfindungen und springt selten ins kalte Wasser einer echten Begegnung.

Ich hatte mich noch einmal mit der Eisprinzessin über Konstantin unterhalten. Sie fuhr sich verträumt durchs lange Haar, eine Geste, die sie seltsam verletzlich erscheinen ließ. Sie sagte:

»Ich kannte ihn schon lange vom Sehen. Wir haben uns vielleicht gegrüßt, aber...« Sie lächelte. »Bis wir an diesem Abend gemeinsam auf einer Vernissage waren. Die Bilder waren langweilig. Er kam auf mich zu, es stellte sich sofort eine Art Komplizenschaft ein. Er hatte ein blaues Hemd an. Wir betranken uns und landeten irgendwann in der Wohnung eines Bekannten. Wir verbrachten die Nacht miteinander, es war atemlos. Eine Erfahrung der totalen Gegenwart. Am nächsten Morgen fuhr er nach Hamburg zurück und nahm ein Stückchen mit von mir...« Sie schüttelte den Kopf, seufzte.

Ich beobachtete sie schweigend.

»Wir telefonierten. Und kurz darauf verreiste ich, weißt du noch, mit Elena, nach Frankreich. Ich liebte es, sein Bild in mir zu beschwören. Diese Möglichkeit, das war fast das vollkommene Glück. Dieser Abend war in einer Schneekugel konserviert; ich konnte sie ganz nach Belieben hervorholen, um sie zu betrachten. Ich wusste, dass ich ihn wiedersehen könnte, das erhöhte nur die Köstlichkeit. Aber ich hatte auch Angst davor, ihn wiederzusehen, diese Erinnerung zu verlieren. Aus der Ferne aber war es eine Sehnsucht... Das war ein glücklicher Urlaub.«

Sie senkte den Kopf, ihre langen Haare verdeckten die hohen Wangenknochen.

»Ich kam zurück. Ich habe ihn getroffen, natürlich, eine kurze Zeit des Glücks. Und dann... Er ist grausam, weißt du. Er begehrt nur, was er nicht haben kann. Er liebt kalte Frauen, er muss solche finden, die er mit seinen eigenen Projektionen überhäufen kann. Er tut das ganz unbewusst, er ist einfach, wie er ist. In seiner Welt existiert nur er. Er ist nicht sensibel, nicht interessiert. Er ist wunderschön. Ich habe mich in ihn verliebt, ich konnte nicht anders. Und für eine gewisse Zeit hat er meine Liebe geliebt. Dann nicht mehr...«

Sie schwieg wieder, diesmal endgültig. Ich wollte nach Susi-

Pop fragen, ließ es aber bleiben. Die Eisprinzessin sah in die Ferne. Es war Zeit, nach Hamburg zu fahren.

Wie wird Verliebtheit zu Liebe? Wie können sich rauschende Hormone in feine Seelenwunden verwandeln, was geschieht da? Denn sicher war, dass die Eisprinzessin ihn geliebt hatte. Eine nutzlose Verliebtheit wird man auf eine ähnliche Weise los wie überflüssige Pfunde. Disziplin, Selbstbemächtigung, Humor. Aber die Liebe? Sie zeichnet uns. Das sind die unsichtbaren Tätowierungen, die wir alle mit uns herumtragen. Stendhal beschreibt in seinem berühmten Buch »Über die Liebe« den Vorgang der Kristallisation:

»Lass den Kopf eines Liebenden vierundzwanzig Stunden arbeiten, und du wirst Folgendes finden:
In den Salzbergwerken von Salzburg wirft man in die verlassenen Tiefen des Stollens einen winterlich kahlen Baumzweig; zwei oder drei Monate später zieht man ihn wieder heraus, bedeckt mit glitzernden Kristallen; die kleinsten Ästchen, nicht dicker als eine Meisenkralle, sind besetzt mit einer Unzahl beweglicher blendender Diamanten; man kann den ursprünglichen Zweig nicht wiedererkennen.
Was ich Kristallisation nenne, ist die geistige Tätigkeit, die an allem, was sich darbietet, die Entdeckung macht, dass das geliebte Wesen neue Vorzüge hat.«

Wir sind selbst schuld, mal wieder. Unsere Phantasie, unsere Sehnsucht. Die Kristalle in der Schneekugel der Eisprinzessin, sie waren unter ihre Haut gelangt. König Gunter trug irgendwo in sich ein Abbild Sonjas, nadelfein geätzt. Vince wirkte wie jemand, der sich sehenden Auges einen zarten Traum in die Herzgegend stechen ließ.

315

Ich denke an den letzten Satz aus Marguerite Duras' Roman »Der Liebhaber«: »Und dann sagte er es. Er sagte ihr, dass es wie früher sei, dass er sie immer noch liebe, dass er nie aufhören werde, sie zu lieben, dass er sie lieben werde bis in den Tod.«

Es gibt die Liebe. Sie verwundet uns, metaphorisch, tatsächlich. Aufgeschürfte Knie, Rücken, genitale Vernichtungsszenarien. Für One-Night-Stands legen wir uns selten so ins Zeug. Manchmal lässt sie uns nicht mehr los, die Liebe. Manchmal lieben wir heftig, und trotzdem ist sie irgendwann fort...

Vorerst war es Zeit für eine urbane Erfahrung. Als ich Konstantin das erste Mal begegnete, war ich gerüstet. Die Erzählung der Eisprinzessin hatte sich wie ein Kettenhemd um mich gelegt, die Sorge um SusiPop war ein undurchdringlicher Panzer. Ich gefiel ihm. Das schmeichelte mir nicht. Es machte mich wütend. Er war wirklich sehr gutaussehend, aber auf eine Art, gegen die ich glücklicherweise unempfindlich bin. Er war sich auf eine unfassbar charmante Weise seiner selbst bewusst. Und ich war beeindruckt von seinen Bildern.

SusiPop und er spielten das lässige urbane Paar. Ironisch, unverbindlich, zärtlich. Einmal blieben sie mitten auf der Straße stehen, um sich zu küssen. Er mochte es, den Arm um sie zu legen, und sie duldete es. Der Schmerz folgte ihr wie ein schüchterner Gläubiger. Konstantin war strahlend gut gelaunt, er genoss es, mit mir zu flirten, während er SusiPops Schulter streichelte. Ich fragte nicht nach der Eisprinzessin.

SusiPop würde mit mir nach Berlin zurückfahren. Er hatte versprochen, bald mal auf Besuch zu kommen. Ihre Ausstellung war gelungen, sie hatte weitere Anfragen; all dies war vollkommen gleichgültig. Ich dachte darüber nach, ob er es wusste. Wahrscheinlich zog er es vor, es nicht zu wissen, man konnte sehen, dass er sie wirklich mochte. SusiPop leuchtete, sie hatte einen kurzen Rock an, eine weiße Bluse; eine Frau aus einem Gemälde. Er erfreute sich an ihrer Schönheit. Ich konnte nur zusehen. Und mich fragen, wann ich denn seine berühmten Freunde kennen lernen würde – am Abend, natürlich.

Wir gingen aus. Ich trank Vodka. Wir waren in einer Bar, und Jonathan kam vorbei, ein attraktiver Mann. Er war klein, kompakt, breitschultrig, und fing an, von seinem letzten Boxkampf zu erzählen. Auch er war Künstler, malte surrealistische Landschaftsbilder. Und irgendwann ging die Tür auf, ein kalter Hauch wehte herein, und da stand er, der freche Tim. Er war groß, schwarzhaarig; seine blauen Augen blickten spöttisch. Auch er machte Kunst, Lichtskulpturen und seltsame Installationen; die drei waren gemeinsam zur Akademie gegangen.

Sie gaben ein bezauberndes Trio ab. Manchmal beherrschen Männer, heterosexuelle Männer, die Kunst, einen liebevollen, geradezu zärtlichen Umgang miteinander zu pflegen. Aber diese hinreißenden Jungs waren nicht nur solidarisch miteinander, sie waren die Könige der Nacht, sie gingen aus, und die Frauen verfielen ihnen.

Jetzt stand Tim vor mir, er hatte eine Freundin gerade, das hatte ich irgendwann im Lauf des Tages erfahren, aber die Beziehung steckte in einer schwierigen Phase. Ich nahm mir vor, zu allem, was mir hier begegnen würde, einen gebührenden Abstand zu halten. Ich und mein Vodkaglas, was brauchte ich mehr. Wir tranken, wir unterhielten uns, Kunst, *Experience Design*, Selbstmordattentäter. Die Jungs waren nicht nur hübsch, sie waren auch schlau. Konstantin und SusiPop strahlten sich an, ab und zu, Frauen kamen an unseren Tisch, wurden begrüßt, geküsst und wieder entlassen.

Wir zogen weiter, in einen Club, ich hatte Lust zu tanzen. Aus den Augenwinkeln nahm ich wahr, wie Tim und ich uns beobachteten. Es gibt diese absolute Sicherheit, dass das Begehren ein beiderseitiges ist. Er war entzückend. Schelmisch, ironisch, auf eine souveräne Weise sinnlich. Er trank. Ich trank. Wir tanzten. In dieser kleinen Verlogenheit, die man sich selbst gegenüber so leicht aufbringen kann, hatte ich ganz zufällig ein phantastisches schwarzes Kleid angezogen. Irgendwann verabschiedete er sich, er müsse gehen, sich noch mit jemandem treffen. Sicher mit seiner Freundin, dachte ich mir. Männer mit Freundin sind tabu, eigentlich. Ich ermahnte mich. Und ertappte mich dabei, ständig an ihn zu denken, auch später, frühmorgens, als ich auf Konstantins Couch kollabierte.

Ich blieb übers Wochenende. Am letzten Abend, SusiPops letztem Abend in Hamburg, gingen wir wieder aus; es hieß, Tim würde auch kommen. Zufälligerweise hatte ich wieder etwas Ausgesuchtes an. SusiPop war euphorisch, sprach von Berlin, davon, dass es immer besonders schön sei, Berlin zu verlassen und wieder zurückzukehren. Konstantin versicherte, er würde sie bald besuchen kommen; Jonathan wollte auch mal wieder nach Berlin und sagte, ja, eigentlich müssten sie alle kommen und uns besuchen. *Mit Tim, mit Tim,* ein Palindrom toste in meinem Kopf. *Närrin,* schalt ich mich. Aber nein. Er gefiel mir. Ich wollte ihn, ich, Jägerin, hatte wieder eine Beute entdeckt, die ich in meinen Bau schaffen wollte, um mich genüsslich daran zu weiden. Nein. Doch.

Tim kam. Die Luft brannte. Wir wurden magisch voneinander angezogen, er begrüßte mich, ein Wangenkuss, Hitzewallungen. Er stahl Alkohol vom Tresen, Averna, pappig, süß. Wir tranken, übergossen uns mit dem braunen Zeug, standen vor dem DJ-Pult und küssten uns. Wilde, klebrige Küsse, ich war wieder sechzehn, wie aufregend war das alles.

Irgendwann trat ich SusiPop wieder unter die Augen, die in Zärtlichkeit eingehüllt war, in sehnsuchtsvolle Abschiedsstimmung. Sie lachte so sehr, als sie mich sah, derangiert, strahlend, siegesgewiss. Ich genoss die Gewissheit des Begehrtwerdens, die Küsse, die köstliche *Complicité*. Aber Küssen war nicht Fremdgehen, nicht wirklich. Ich würde nach Berlin fahren und ihn vergessen. Ganz sicher.

Wir verließen den Club, es war hell, wir waren alle höllisch betrunken, krakeelten, freuten uns aneinander, ich verabschiedete mich von Tim, ein Wangenkuss, wieder. Er würde vielleicht auch mal nach Berlin kommen, ja, schön, bis bald dann, ach ja, Telefonnummer, mach's gut. Wangenkuss, noch einer.

Am nächsten Morgen fuhren SusiPop und ich nach Hause, betont lässige Verabschiedung von Konstantin, auf bald. Sie war ziemlich still im Auto. Und auch ich dachte nicht an Tim. Auf keinen Fall. Gar nicht.

4.4   Die Macht der Nacht

Heute und gestern und von Anbeginn an ist die Liebe für mich
nichts als eine Verzweiflung, nichts als eine Verzweiflung jenseits aller Not und nichts als eine Verzweiflung allerhöchsten
Grades.   *Mann, Anfang dreißig*

Ich glaube nicht mehr an Generationen. Ich denke, dass es nur
zwei Arten von Leuten zwischen fünfundzwanzig und fünfundvierzig* gibt. Solche, die ausgehen, und solche, die nicht
ausgehen. Solche, die trinken, feiern, Drogen nehmen, und
solche, die es nicht tun. Das ist ein globales Unterscheidungs-
merkmal. Ich habe viel mehr mit einer israelischen Clubberin,
einem thailändischen Technofreak oder einem bulgarischen
Breakdancer gemeinsam als mit einem deutschen Angestellten, der noch nie betrunken war. Es geht um ein Lebensgefühl,
eine heidnische Kommunion, um – die Nacht.

Die Nacht ist kein Ort, sie ist ein Zustand. Im Quantenraum
ist sie ewig, ewig jetzt.

Sie ist eine Welt, eine *andere* Welt mit speziellen Regeln und
Codes. Ich habe mich darüber mit Flexter unterhalten, wir
saßen bei meinem Lieblingsjapaner im Prenzlauer Berg. Ich

---

* Die Altersgrenzen sind natürlich eine Schätzung. Manche fangen schon
mit fünfzehn an. Und ab vierzig dünnt es sich aus, aber seit wir immer jünger werden... Man wird sehen.

trank Pflaumenwein, er ein Bier, und wir versuchten eine Art Fragebogen zu erstellen. Wenn Sie mindestens zwei Mal mit »Ja« antworten, tja dann – wissen Sie, was ich meine.

1) Haben Sie sich schon einmal an einem echt peinlichen Ort übergeben (Teppich, Öffentlichkeit, Taxi)?

2) Wissen Sie, was mit »ekstatischer Ausdruckstanz« gemeint ist?

3) Haben Sie schon an einem Abend mehrere Menschen geküsst?

4) Haben Sie schon einmal eine Droge genommen, die Sie nicht kannten? Oder mehr als drei toxische Substanzen an einem Abend zu sich genommen?

5) Haben Sie schon einmal die Englein singen hören, und zwar im *wörtlichen* Sinne?

6) Kennen Sie das Land hinter den fünf Erschöpfungen?

7) Haben Sie schon einmal alles verstanden und alles wieder vergessen?

8) Haben Sie schon einmal mindestens zehn Stunden am Stück in einem Club/einer Bar oder Ähnlichem verbracht, oder waren Sie schon einmal über achtundvierzig Stunden am Stück unterwegs?

9) Haben Sie manchmal Angst, nach Hause zu gehen?

10) Sind Sie schon einmal aufgewacht und haben beschlossen, dass aktive Verdrängung tatsächlich erlernbar ist?

11) Sind Sie schon einmal irgendwo aufgewacht und wussten nicht, wo Sie waren? Oder haben Sie schon einmal an einem schrecklichen Ort übernachtet, den Sie aktiv verdrängen (Parkbank, Treppenhaus, Club)?

12) Kennen Sie das Gefühl, morgens zwischen acht und zwölf Uhr nach Hause zu kommen, und kennen Sie die

Blicke der Leute? Und wissen Sie, wie man Sie um sechzehn Uhr ansieht?

Sicher gab es noch mehr, aber wir waren ziemlich zufrieden. Ich verrate nicht, wie oft wir »Ja« angekreuzt haben, aber da waren Kreuze. Mehrere.

Die Nacht ist eine Welt, die parallel zur bürgerlichen Existenz existiert. Der Rausch ist kein Akt der Rebellion mehr, weil es sowieso nichts mehr gibt, wogegen wir rebellieren könnten, zumindest nicht auf den ersten Blick. Von den Mitteln des Protestes ganz zu schweigen. Demos? Volksbegehren? Pflastersteine? Nein, nein, nein. Camille de Toledo spricht von der »Neutralisierung des Aufbegehrens durch die schuldbeladene Erinnerung an den Holocaust und die enttäuschte Erinnerung an den Geist von 1968«. Also, »Schlaft gut, Kinder.« Nein, geht feiern!

Die Nacht ist ein Extra-Erfahrungsraum, und quer durch alle sozialen Schichten und Milieus teilen sich die Menschen in solche, die das Ausgehen kennen, und solche, die es nicht tun. SusiPop kennt sich wirklich aus mit dem Feiern. Als sie jünger war, gab es Phasen, Monate, Jahre, die sie der Nacht widmete. Einmal sagte sie: »Eigentlich passiert nichts. Und trotzdem passiert alles. Man erforscht seine Zustände, vielleicht ist es das. Es findet eine Art Erfahrung durch Anhäufung statt. Und doch – am Ende bleibt nicht einmal eine Erinnerung. Alles verschwimmt. Die Einzelheiten überlagern sich.«

Das stimmt. Deshalb war auch unser wilder Frauenabend etwas Besonderes gewesen, er ragte heraus, hatte sich festgesetzt. Manche Abende tun das, manche Begegnungen, Situationen. Aber die ungezählten Stunden, die auch ich schon in Bars und Clubs und sonstigen Örtlichkeiten verbracht hatte, wo waren sie? Sie verschwimmen zu einer riesigen amorphen Masse.

Natürlich gibt es Entwicklungen innerhalb der Nacht. Man wird geschickter, ausdauernder, abgebrühter und zugleich erfahrungsoffener. Vordergründig ist die Nacht ein posthierarchischer Raum, und jeder ist erst mal nur das, was er im Augenblick darstellt. Doch wenn man tiefer eintaucht, werden die geheimen Hierarchien sichtbar, die Welt der Clubbesitzer, Barleute, DJs und Türsteher. Die unsichtbaren Verbindungen zur Macht, zum intellektuellen und kulturellen Kapital. Und die Unterscheidung zwischen den Virtuosen, Geschmeidigen und den Unbeholfenen, Verunsicherten.

Was kann man lernen, in der Nacht? Jenseits von Gut und Böse noch Haltung zu bewahren. Mit den verschiedenen Codes zu spielen. Auch um acht Uhr morgens noch eine gewisse Eleganz zu besitzen.

Denn vielfältig sind die dunklen Schächte, in denen wir unversehenes verschwinden können. Da wären? Emotionaler Brechdurchfall. Hat Ihnen schon einmal jemand, der auf irgendwelchen Amphetaminen war, seine Lebensgeschichte erzählt? Scheußlich. Oder kennen Sie die Leute, die um jeden Preis cool sein müssen und alles tun für die, die sie für Helden der Nacht halten? Entwürdigend. Besonders schlimm sind die, die eingehüllt sind in die coolste Unberührbarkeit, die Versteinerten, die nach Stunden des Herumtreibens nur noch das Nötigste und Richtigste sagen und tun. Und wenn man da mal das Seelentürchen aufmacht und dahinter blökt ein kleines schwaches Ego; nun, das ist echt desillusionierend.

Ach, es gibt viel Vergnügen und viel Schande, und jeder, der ausgeht, kennt beide Seiten. Deshalb sind wir ja auch so gut in aktiver Verdrängung.

Die Nacht begleitet uns. Sie lebt von der Verheißung, den

Erwartungen, die wir an sie haben. Sehr schnell lernt das junge Reh oder der willige Welpe, dass an dem Satz »Wir sind die Party« echt was dran ist. Wer erwartet, dass die Nacht ihn abholt, wartet oft vergeblich, das passiert nur ganz selten, auf den allerbesten Festen. Nein, wir müssen uns hineinstürzen in ihre ewige Gegenwart.

Eines der beliebtesten Schreckensszenarien ist das folgende: »Ich stehe am Tresen und versuche, die Aufmerksamkeit des hübschen Mädchens/Jünglings neben mir zu erhaschen. Ich sehe auf die Uhr. Plötzlich merke ich, dass ich siebenundvierzig Jahre alt bin.« Oh Gott. Das macht echt Angst. Die Nacht ist ein süßer Peter-Pan-Traum, sie lässt uns unser Alter vergessen. Denn wir sind nur, was wir sind; es zählt allein der Zustand.

Auch schrecklich: »Mein liebster Pulli ist voller Babybrei. Ich habe seit Wochen nicht geschlafen und seit einem Jahr kein Buch mehr gelesen. Geschweige denn Freunde getroffen.« Oder: »Wenn ich noch sieben Jahre Überstunden mache und nur zwei Bier im Monat trinke, dann kann ich meiner Frau endlich das Haus kaufen, das sie sich wünscht. Mit zwei Kinderzimmern.« Nein, nein, nein, aber es hat ja auch niemand gesagt, dass es einfach sei.

Die Nacht ist der perfekte postmoderne Raum, sie ist die Transzendenz der Immanenz, besonders wenn man mal wieder die Englein singen hört. Erlebnisse von seltsamer Schönheit, Ekstase und Sinn sind tatsächlich möglich. Ich erinnere mich immer noch an die Closing Party des alten White Trash; an dem Abend hatte ich unfassbar viel getrunken, und irgendwann trat eine Art Zigeunerband auf. Gypsy-Sound ist sowieso die beste Musik, finde ich, wenn es ums ekstatische Tanzen geht. Und da waren wir nun alle, dicht, glücklich, euphorisch, es wurde wild getanzt, alles ergab Sinn, war bedeutungsvoll und wunderschön. Die Lesbarkeit der Welt ist eine der Verheißungen der Nacht. Und das kann echt süchtig machen, und schon sind wir wieder beim ersten Schreckensszenario.

Was das alles mit Liebe zu tun hat? Nichts. Alles. Es fängt damit an, dass die Nacht das Versprechen des immer Neuen in sich trägt. Dass es in ihr wimmelt von begehrenswertem Fleisch, dass sie uns lockt mit der Möglichkeit von Begegnung. Und sie leistet eine Vorsortierung, denn ihre Bewohner erkennen sich. Und paaren sich meist untereinander. Das ist das inzestuöse Moment.

Ich hätte echte Schwierigkeiten mit einem Mann, der nie ausgegangen ist. Es würde ein ganzer Teil meines Lebens fehlen, ein wichtiger Resonanzraum. Denn die nächtlichen Erfahrungen sind komplex, einzigartig und oft von Momenten hoher sozialer Dichte bestimmt. Außerdem gibt es den Freiraum, den man dem anderen automatisch zugesteht. Wir gehen gemeinsam aus, dann trennen wir uns, jeder erlebt etwas Eigenes, Gespräche, Begegnung; ab und zu treffen wir uns wieder. Aber eigentlich ist so ein Abend eine seltsam egoistische Veranstaltung, und genau das ist ein Teil des Reizes. Und manchmal hat so eine banale Liebesalltäglichkeit Schwierigkeiten, da mitzuhalten. Vor allem wenn einem noch nicht bewusst geworden ist, wie flüchtig diese Erfahrungen sind, wie wenig Substanz sie oft besitzen.

Liebe ist Bestimmtheit, sie ist nicht beliebig. Die Nacht verspricht uns, dass wir uns ändern können, dass wir sein können, was wir wollen. Oder uns zumindest so fühlen können. Was natürlich gelogen ist, aber finden Sie das mal raus, glückstrunken und total vernichtet an einem Sonntagmorgen. Aber wir arbeiten dran. Wir gehen alle nicht mehr so viel aus, und das ist ein Fortschritt. Wie alles ist es eine Frage des Maßes. Gerne stehe ich mit vierzig an einem exquisiten Tresen, in eine dieser Unterhaltungen verwickelt, die ich so liebe, während meine geliebten Kinder selig schlummern, vielleicht sind sie schon größer, vielleicht passt diese wunderbare Nanny auf sie auf, die ich eingestellt habe. Oder besser noch, der Vater. Dafür darf er dann nächstes Wochenende ausgehen.

Aber noch feiern wir. Besonders in Situationen, in denen das Leben uns fordert oder sich anschickt, eine gewisse Form anzunehmen. Wenn wir jemanden kennengelernt haben, der vielleicht doch mehr sein könnte als ein kurzer Flirt zum Beispiel, gibt es die Tendenz, sich hemmungslos in die Nacht zu stürzen. Ich neige fatalerweise dazu, mich vor wichtigen Terminen so richtig abzuschießen. Diese Mechanik des unbewussten Selbstboykotts ist ein häufiges Gesprächsthema. Da steht dann ein Mann am Tresen, Mitte dreißig, und erzählt einem, dass er schon längst zu Hause sein müsste, wichtige Verabredung morgen früh, aber irgendwie…

Ich bin da voller Verständnis. Und es gibt die Tendenz, sich mal wieder so richtig freizuvögeln, wenn einem der Verdacht kommt, das Herz sei in Gefahr.

SusiPop hatte natürlich begriffen, dass sie sich in einem Zustand höchster emotionaler Verwundbarkeit befand. In Berlin angekommen, machte sie sich daran, einen Panzer aus Männerkörpern und Drogenräuschen um sich zu errichten. Diese Grausamkeit, ist sie nur eine Reaktion auf die mögliche Grausamkeit des anderen?

Jedenfalls trat sie in eine Phase erhöhter nächtlicher und sexueller Aktivität ein. Diese paradoxe Mechanik gleicht der des unbewussten Selbstboykotts. Jemand hat Wichtiges zu erledigen und geht stattdessen aus. Jemand verliebt sich und will sich möglichst schnell freificken, auf Nummer sicher gehen.

Wir alle tun es. König Gunter und seine diversen Eoberungen. Vince und seine gesteigerten nächtlichen Aktivitäten, aber er scheint den Absprung zu schaffen, gerade. Flexter neigt eher zur Selbstbehinderung wegen zu viel Konsum von was auch immer … Aktive Selbstzerstörung.

Aber SusiPop. Sie war fatalistisch. Das stand ihr natürlich hervorragend, eine filigrane Grazie und der Hang zu schwarzem Augen-Make-up. Zuerst kamen die Männer. Dann kamen die Drogen. Die Kunst pausierte. Ab und zu telefonierte sie mit Konstantin, der sagte: »Ja, bald komme ich nach Berlin und …«

SusiPop tat weiterhin lässig und lenkte sich ab. Ich, die schlechteste Abschlepperin aller Zeiten, widmete mich hingegen dem schönen Vorgang der Kristallisation. Alkohol half auch, und so verkrustete diamanten sein Bild, weingetränkt. Sein Lächeln, seine Lippen, die Berührung mit meinen, seine Statur, die frechen Augen, ach Tim. Ich wehrte mich nicht. Ich genoss es sogar ein bisschen, diese ganze große Lächerlichkeit. Würde er nach Berlin kommen? Ich wusste es nicht. Einmal hatte ich ihn angerufen, eine Kinderplauderei, bedeutungslos.

Ich hatte Zeit. Einmal ging ich mit SusiPop feiern, ich weiß nicht, wo wir begannen, aber wir endeten in der Panoramabar. Verbrachten gemütliche acht Stunden in dieser Hochburg aller Großverpeilten. Wem man dort begegnet! Die Gespräche, die sich dort führen lassen! Diese Menschen, die ihre Seele Stück für Stück an den großen chemischen Ozean verkauft haben und noch funktionieren und tanzen und reden, und hinter den Augen ist nichts mehr, gar nichts. Vollkommene Selbstauslöschung.

Wir jedoch waren noch ziemlich lebendig. Und irgendwann, so gegen fünfzehn Uhr, begaben wir uns Richtung Heimat, wahnsinnig betrunken und was noch immer, stanken wir wie die Biberweibchen.

Es kam zu folgender Szene: Mit verquollenen Augen saßen zwei junge Frauen an den U-Bahngleisen der U 8, Alexanderplatz. Die eine: »Weißt du was? Ich hab eine großartige Idee. Lass uns doch einfach nach Hamburg fahren. Einfach so, jetzt, sofort. Wir gehen zu mir, packen unsere Sachen und gehen zum Busbahnhof.«

»Ja, verdammte Scheiße, ja, das machen wir. Wir überraschen die Jungs.«

Kurze Stille.

»Also, irgendwie sollten wir noch duschen.«

»Ja.« U-Bahnen fuhren vorbei.

»Weißt du, ich bin eigentlich voll fertig. Ich meine, ich muss kotzen oder so. Und schlafen. Vielleicht macht das jetzt auch keinen so guten Eindruck, weißt du, was ich meine?«

SusiPop war kurz eingenickt. Sie fuhr hoch. »Ja ... Wir verschieben das einfach. Auf nächstes Wochenende.«

»Ja, das machen wir. Ganz sicher. Und jetzt gehen wir schlafen.«

Wir blieben in Berlin. Die Zeit verging. Einmal verbrachte SusiPop ein legendäres Wochenende auf Crystal, sie erzählte, sie sei dann einfach drei Tage am Stück unterwegs gewesen. Nach achtundvierzig Stunden hatte sie den seltsamen Drang entwickelt, statt in ihrem Bett unter dem großen Tisch in ihrem Wohnzimmer schlafen zu wollen. Es war nur ein wenig schwierig gewesen, das ihrem Mitbewohner zu erklären. Ich nannte das »prothetische Sargkonstruktion«, und sie lächelte tiefgründig. Dann kam es noch zu einem Ecstasy-Zwischenfall, Susi-Pop war auf den Gedanken gekommen, einfach mal zwei Pillen einzuwerfen, und hatte nach eigenen Angaben »acht Stunden mit dem Tod gekämpft«.

Das sind natürlich immer entsetzliche Geschichten, die haben wir alle auf Lager, auch die, wie die Eisprinzessin einmal auf einer Party zurückblieb und sich ein Lager aus Klopapier baute, wie Vince zweiundsiebzig Stunden auf Koks unterwegs war und zwei Tage nicht mehr sprechen konnte, was Flexter auf LSD passierte und so fort. Aber bei SusiPop war echt Schicht im Schacht. Auch aktive Selbstzerstörung hat ihre Grenzen. Sie atmete tief. Sie erhob sich aus ihren Laken, streichelte noch einmal beiläufig den muskulösen Rücken von Zack, Ted, Bill oder wie auch immer das junge Ding hieß, das ihre Nacht gewärmt hatte, und rief Konstantin an.

Die Liebe und die Nacht. Eros und Dionysos, diese beiden halten uns fest in ihren heiligen Armen. Nach beidem können wir süchtig werden. Beides kann uns zerstören. Wir können die Nacht lieben und uns in der Liebe umnachten. Und beide neigen dazu, uns manchmal unversehens auszuspucken. Es kann passieren, dass die Liebe fortgeht. Dass sie einfach nicht mehr da ist, und wir schauen auf die erloschene Schlacke vergangener Gefühle und fragen uns, wie das passieren konnte.

Auch die Nacht kann ihr Gesicht abwenden, oder wir wenden uns ab. Es kommt zu Veteranentum und diesen typischen Sätzen:

»Also, ich gehe grad nicht mehr so viel aus.«

»Es gibt ja auch keinen guten Club mehr, weißt du noch, wie es war damals im ›alten‹ WMF/Cookies/103.«

»Ich kenne niemanden mehr. Wo kommen denn all diese Menschen her, die hab ich ja noch nie gesehen.«

Die Nacht hat nie Probleme, neue Jünger* zu finden. Der

---

* Die Liebe hat auch *nie* Probleme mit neuen Protagonisten. Darin ist sie fast noch besser als die Nacht, denn sie erwischt einen oft mehrmals.

Kult lebt fort und fort. Das liegt auch daran, dass sie doch ein wenig verlässlicher ist als die unstete Liebe. Sie ist wie ein alter Freund, der uns meistens mit offenen Armen empfängt und sagt: »Setz dich doch. Was willst du trinken? Hast du die schönen Mädchen/Jungs gesehen, die ich frisch rekrutiert habe? Willst du tanzen? Drogen? Ach, wir haben Zeit…« Denn wir haben gelernt: Die Nacht ist nie langweilig. Und wenn es langweilig ist, ist es unsere eigene Schuld. Oder es gibt einfach keine guten Clubs mehr, und alle sind zehn Jahre jünger als man selbst, und überhaupt…

In der Nacht können wir sichtbar werden, können unsere Einsamkeit, unsere Euphorie und unsere Verzweiflung Gestalt gewinnen. Die Nacht ist eine Berührungsinstallation. Wenn SusiPop sich mit Drogen und Männern vernichtet, macht sie ihren Schmerz sichtbar. Der einsame Trinker am Tresen verwandelt seine Einsamkeit in eine Einsamkeitsperformance, die wenigstens noch im sozialen Raum stattfindet. Die Wut auf sich, der Hass, sie finden ein Pendant in den entsetzlichen Demütigungen, denen wir uns manchmal aussetzen. Wie Vince durch diverse Parties taumelte, jede Zurückweisung eigentlich eine Bestätigung: »Ja, ich bin es nicht wert.«

Aber auch der Rausch, das Feiern von Erfolgen findet seinen Ort in der Nacht. Wie schön ist es, gut gelaunt und phantastisch angezogen in einen Club zu schweben, mit den Männern und Frauen zu flirten, jemanden mit nach Hause zu nehmen, siegesgewiss?

Durch die soziale Dimension des Ausgehens potenziert sich das, was eigentlich nur in uns selbst stattfindet. Und es gibt diese wunderbaren Gespräche, in den Toilettenkabinen, am Tresen, diese Lust am Ausdruck, der Dancefloor, die Runden, die man dreht. Ach, es ist doch alles sehr vergnüglich.

Und die Liebe? Bedeutet Liebe nicht Ausschließlichkeit,

während die Nacht von ihren Versprechungen lebt? Ich habe eine kleine Statuette, eine Nachbildung aus einem griechischen Museum. Darauf ist Eros abgebildet, mit kleinen Flügeln, der schlafend an einer wohl geleerten Weinamphore lehnt. Wenigstens die Götter scheinen sich zu mögen, geht es doch bei beiden um den Rausch, um Verwundungen, seltsame Rituale und Ekstase.

Wenn wir frisch verliebt sind, neigen wir dazu, weniger auszugehen. Es stellt sich eine gewisse Häuslichkeit ein. Aber in wen verlieben wir uns denn? Meistens in jemanden, der auch Erfahrung mit dem Ausgehen hat. Und es kann wunderbar sein, gemeinsam mit dem/der Liebsten durch die nächtlichen Räume zu streifen, weil wir gelernt haben, uns alleine zu amüsieren und das Wiederfinden umso mehr zu schätzen. Und wie köstlich ist es, nach einer wilden Nacht ins warme Bett zu schlüpfen, wo jemand, schlaftrunken, schon auf einen wartet?

Sie würden nach Berlin kommen. Ich weiß nicht, was genau SusiPop zu Konstantin gesagt hat, aber es hatte gewirkt. Mittlerweile hatte ich ein schönes kristallenes Zweiglein und übte mich in heuchlerischer Gleichgültigkeit:

»Ach, hat Konstantin eigentlich auch was über Tim gesagt?«

»Ja, sie wollen alle kommen, ein befreundeter Künstler hat eine Ausstellung in Berlin.«

»Aha.«

König Gunter konnte den Namen »Tim« schon nicht mehr hören. Wir brauchen ja immer wenigstens einen, bei dem wir den emotionalen Schutt abladen, der sich so ansammelt. Aber ich versuchte mich zu beherrschen. Und ironisierte und verbeiläufigte, um auch mir selbst gegenüber zu verdecken, dass er mich doch sehr angerührt hatte, der freche Tim. Dass mein Herz schneller schlug und dass ich Sehnsucht hatte. Ich tat cool.

König Gunter war in dieser fragilen Stimmung, die kurz vor der totalen Resignation herrscht. Er hatte Sonja gesagt, dass er nichts mehr von ihr hören wollte, und fand sich vordergründig damit ab. Auch *Das Geschwätz* über die anderen Frauen hatte aufgehört. Er arbeitete viel und schien in sich zu ruhen, endlich. Ich hoffte, dass es keine trügerische Ruhe war.

Die Eisprinzessin war noch kälter geworden, hatte sich in einem Mantel aus Eiskristallen gehüllt und harrte der Dinge, die da kommen würden. Sie hatte einen dieser unverbindlichen Flirts, die sie immer hat, die Männer sind einfach verrückt nach ihr, denn jeder glaubt, es sei an ihm, das Eis zu schmelzen.

Vince beobachtete das Ganze aus der Ferne, eine lässige kleine Spötterei im Blick. Manchmal sprach er von Kira, immer nur kurz, und war glücklich.

Ich wartete. Tim, Tim, Tim.

4.5   Die postromantischen Flaneure

Entdeckung an einer jungen Frau (Bertolt Brecht)

Des morgens nüchterner Abschied, eine Frau
Kühl zwischen Tür und Angel, kühl besehn
Da sah ich: eine Strähn in ihrem Haar war grau
Ich konnt mich nicht entschließen mehr zu gehn

Stumm nahm ich ihre Brust, und als sie fragte
Warum ich, Nachtgast, nach Verlauf der Nacht
Nicht gehen wolle, denn so war's gedacht
Sah ich sie unumwunden an und sagte:

Ist's nur noch eine Nacht, will ich noch bleiben
Doch nütze deine Zeit, das ist das Schlimme
Dass du so zwischen Tür und Angel stehst

Und lass uns die Gespräche rascher treiben
Denn wir vergaßen ganz, dass du vergehst
Und es verschlug Begierde mir die Stimme

Post. Postmodern, postromantisch, postrevolutionär. Wenn
ich's nicht besser wüsste, würde ich sagen, wir seien alle Brief-
träger. Und beförderten Post, die niemals ankäme. Man ver-
weigert uns eigene Begriffe, nur noch abgehangenes, mit
trendigen Vorsilben (auch neo-, retro- oder metro- sind sehr

beliebt) versehenes Vokabular steht uns zur Gegenwartsbe-schreibung zur Verfügung. Doch hinter diesen Hilfs-Hilfswör-tern verschwindet die Wirklichkeit, die sich sowieso recht rar zu machen scheint in diesen Tagen. Vielmehr die Zukunft macht sich rar. Die Gegenwart ist endlos und die Vergangen-heit übermächtig.

Ich habe mich einmal mit Vince darüber unterhalten; wir saßen in einem indischen Restaurant, und er rührte lange in einer Tasse mit schwarzem Tee. Dann sagte er:

»Weißt du, im Fernsehen gibt es zwei Kategorien von Serien. Das Erste sind die klassischen Serien, bei denen jede Folge für sich besteht. Ein typisches Format ist beispielsweise die Krimi-serie, bei der jede Folge einen abgeschlossenen Fall behandelt. Es ist einfach, die Handlung zu verstehen, weil die Grundkon-stellation sich nicht ändert, und es macht nichts, wenn man mal eine Folge verpasst.«

Ich trank einen Schluck Lychee-Lassi und besah mir sein Gesicht. Manchmal hatte man bei Vince den Eindruck, dass er von einer Schicht aus Wachs überzogen war, die ihn versiegelte und die Welt ausschloss. Diese Schicht, ich fand sie nicht wie-der. Er ging immer noch aus, schließlich war er DJ, manchmal kam Kira vorbei, um ihn beim Auflegen zu besuchen, aber er hatte sich mit ihr eher ins Private zurückgezogen. Hatte sich eine exklusive Welt geschaffen, die ihn auf eine andere Weise unberührbar machte. Ich wusste nicht, ob er glücklich war oder ob er glücklich sein wollte. Aber er wirkte lebendiger, ich kann Ihnen sagen, das war ein schöner Anblick, ein rotwangi-ger, strahleäugiger Vince, der lächelte. Er fuhr fort:

»Dann gibt es ein anderes Format, das auch eine Art Serie darstellt. Man nennt das ›Serial‹. Irgendwann hat man ange-fangen, und weil das Format Erfolg hatte, wurde einfach nicht mehr aufgehört. Irgendwo auf dem Weg verliert sich das Konzept, und das Ding fängt an zu wuchern. Serials sind dadurch bestimmt, dass man sie kennen muss, dass jemand mit einer einzelnen Folge überhaupt nichts anfangen kann. Irgendwann bilden sie ein fast undurchdringliches Geflecht, kein Ende ist in Sicht, auch wenn die letzten Folgen überhaupt keinen Sinn mehr ergeben.«

Ich nickte. Vince hatte Erfahrung mit dem Fernsehen, und er hatte diese Unterscheidung angeführt, weil wir uns eigentlich in einem Gespräch über die Gegenwart befanden. Die Gegenwart kommt mir nämlich vor wie ein Serial. Diese unendliche Anhäufung, diese Endlosigkeit, diese »Verbreiterung«. Ein totales Nebeneinander von allem. Das geht einher mit dem Verlust eines übergeordneten Konzepts oder historischen Bezuges; das Ende der Geschichte halt. Und so staut sich das Präsens an den Gestaden der Ewigkeit, und wir sind kurz davor, am Schlick zu ersticken. Was die Schlammproduktion angeht, betätigen wir uns aber nebenbei noch im hobbyarchäologischen Bereich und analysieren die jüngste Vergangenheit, also alles nach 1945, mit einem kleinen Abstecher in die goldenen Zwanziger. Wir sind Hamster im Retro-Loop. Wobei natürlich auch die Vergangenheit fragmentarisiert wird, um sie sichtbar zu machen. Es geht immer nur um Teile, die ansprechend präsentiert werden. Eines der Instrumente, um dieser immer stärker anwachsenden Masse Herr zu werden, ist die Best-of-Liste. Was gerade nicht alles neu sortiert wird! Die besten Hits. Die besten Filme. Die besten Bücher. Listen werden immer wichtiger, ich sehe da noch einiges auf uns zukommen, sie tragen Namen wie: »Kanon«, »Klassiker« oder »Edition XY«.

Aber warum staut es sich, an den Gestaden? Weil es nicht mehr abfließen kann in Richtung Zukunft, weil es keine Selbstverständlichkeit von Zukunft mehr gibt. Denn so fing mein

Gespräch mit Vince eigentlich an. Er sagte: »Ist dir mal aufgefallen, dass es keine Science-Fiction-Filme mehr gibt, keine großen? Von den endlosen Wiederholungen von ›Star Trek‹ und dem Remake von ›Star Wars‹ mal abgesehen. Zukunft ist *out*.«

Ich nickte.

»Das passt auch ganz gut zum Konsumieren. Man soll den Leuten nicht erzählen, dass sie es irgendwann besser haben werden, es verkauft sich doch leichter im Hier und Jetzt. Denn man hat es sofort besser.«

Ich lächelte. Er hatte Recht. Ein anderer Mann, ein junger, verunsicherter, mit dem ich mich einmal weintrinkend an einem dieser Tresen unterhalten habe, sagte: »Die Zukunft ist angstbeladen.« Nun, er wirkte selbst ein wenig angstbeladen, aber er traf sicherlich einen Punkt. Die Menschen in meinem Alter sind mit einem Versprechen von Sicherheit aufgewachsen, das die Gegenwart nicht einlöst. Und wie man uns schon genannt hat: Generation Praktikum, eine Frechheit, also wirklich. Und – die prekäre Generation. Ach, scheiß auf Generationen, wie gesagt, ich glaube nicht daran. Aber trotzdem haben wir alle ähnliche Probleme, von denen die ungewisse Zukunft nur einen Bruchteil darstellt. Aber war das je besser? Auf *Spiegel online* veröffentliche Renée Zucker eine Polemik mit dem Titel: »Generation Depri«. Darin macht sie sich über das große Wehklagen der »Sandwich«-Generation lustig, also der zwischen 1960 und 1980 Geborenen:

Ausgerechnet jetzt, in der Mitte unserer Existenz, ist das Leben so kompliziert geworden – mit neuen Verantwortlichkeiten und unerwarteten Verbindlichkeiten –, dass wir froh sind, uns einigermaßen erfolgreich von einem Tag zum nächsten zu hangeln«, klagt es in der *FAZ* aus der Generation am Abgrund, als habe es zum Zeitpunkt ihrer Geburt eine Urkunde mit der planungssicheren Zusage gegeben, dass das Leben ein einziges Fest sei.

Die Autorin ist zweiundfünfzig und weiß auch gerade nicht, wo ihre Rente mal herkommen soll. Ich mochte ihren Artikel, aus dem eine heitere Gelassenheit und vor allem eine spöttische Wut über diese dreißigjährigen Jammerlappen spricht.

»Die Zukunft ist angstbeladen.« Soso.

Die einzige Gewissheit, die wir im Leben haben, ist der Tod. Wir sind sterblich. Und unvollkommen und zuweilen schrecklich einsam, ängstlich und verzweifelt. Das müssen wir aushalten. Um wirklich zu leben, um die kostbaren Momente oder Begegnungen schätzen zu können, die uns versprechen, dass wir uns irren. Der Verlust der Zukunft ist eine Leugnung des Todes, ein Einrichten, eine hübsche Bequemlichkeit.

Diese Hoffnungslosigkeit, diese wohlfeile Verzweiflung von übersättigten Postadoleszenten, diese hedonistische Jetztbezogenheit ist das Resultat eines Lebens, das kein Morgen kennt. Wir ersticken an unserer selbst geschaffenen Gegenwart, und ein Entkommen scheint schwer möglich. Das ist die individuelle Dimension, und in ihr drückt sich etwas aus, das die Eisprinzessin »die Endzeitstimmung« nennt. Keine Zukunft, keine Geschichte.

Sie bemerkte dann noch, dass besonders Männer an dieser Haltung Gefallen fänden; diese Stimmung sei meist aufs Unheiligste verquickt mit extrem überfrachteten romantischen Erwartungen. »Alles Scheiße hier, zukunftslos, nutzlos und sowieso hohl, falsch, und nichtig. Aber du, Prinzessin, du allein und ich – wir beide.« Wahrscheinlich verbrauchen diese Herren einen ganzen Berg an Taschentüchern auf dem einsamen Weg ins fünfzigste Lebensjahr. Und Pornos.

Die andere, überzeitliche Dimension haben wir fast aus den Augen verloren. Das Wissen, dass es weitergeht. Dass wir Teil sind einer großen, jahrtausendealten Geschichte. Dass wir Spuren hinterlassen, Ideen, Kinder, Werke, die fortbestehen, auch wenn wir nicht mehr sind. Der Verlust des genealogischen Bewusstseins ist der Verlust einer Selbstverständlichkeit von Zukunft. Kinder, beispielsweise, sind der Ausdruck einer solchen Selbstverständlichkeit. Dass es einfach weitergeht, mit uns, ohne uns, einfach immer weiter...

Jean-Claude Guillebaud sagt dazu: »Wenn die Zukunft ihren Wert verloren hat, so deshalb, weil sie nicht mehr durch einen Entwurf, einen kollektiven Ehrgeiz oder sogar eine Ideologie gekennzeichnet ist. Als Vorstellung ist sie zufallsbedingt, rätselhaft geworden, nicht zu entziffern. Sie hat aufgehört, auf die Gegenwart zurückzuwirken.«

Nachdem wir alle Utopien gründlich geschändet haben, vielmehr sie sich selbst außer Kraft setzten, scheinen wir ein Problem zu haben. Wie soll es weitergehen? Was passiert denn noch? Religionskriege, Hexenverbrennungen, totaler Überwachungsstaat? Androidensex, Klonung, Totaloperationen? Hängen wir doch in der tödlichen Spirale, ist kein Entkommen möglich, *hello again* (gesungen), süße Barbarei?

Ich glaube nicht daran. Es gibt zarte Utopien, Träume von Bewusstsein, von Anteilnahme und globaler Solidarität. Es fängt schon an mit Begriffen wie »Nachhaltigkeit«, »Ressourcenkontrolle« und »Verantwortung«. Ökostrom, Fair Trade, Hilfe zur Selbsthilfe. Ich wünsche mir immer noch technischen Fortschritt; ich liebe Technik, Biotechnik, Holoprojektoren, wasserstoffbetriebene Gleiter, wo bleibt ihr denn?!!

Wir dürfen uns nicht einreden lassen, dass die Utopien tot sind. Wenn dieser Gedanke stirbt, dann sind wir wieder ein wenig mehr dort, wo wir nie hinwollten. Im Zombie-Land.

Wenn wir den Tod verlieren, verlieren wir das Leben. Bataille sagt: »Erotik kann man bestimmen als das Jasagen zum Leben bis in den Tod. (…) Eine Herausforderung des Todes aus Gleichgültigkeit ihm gegenüber.« Wir müssen es wissen, das mit dem Tod. Um es wieder vergessen zu können, aber auch um das Gefühl des Unersetzlichen, Kostbaren aufrechtzuerhalten, das der bloßen Tatsache innewohnt, dass wir gerade hier und jetzt am Leben sind.

Denn wir vertreiben uns mehr und mehr aus der Gegenwart. Wir flüchten uns ins Virtuelle, in verschiedenste Formationen der Erstarrung und Entfremdung. Wir sind aus dem Takt gekommen. Es ist pervers, dass gerade das »Ausmaß« der Gegenwart, die schiere ungeordnete Masse ihrer Faktizität, die Informationen, mit denen wir überschüttet werden, die Vielzahl dessen, was nebeneinander existiert, uns dazu bringt, sie fliehen zu wollen. Nicht zu vergessen der immense Druck, den eine immer pornographischer und pervers perfektionistischer werdende Medienkultur erzeugt.

Und wohin geht die Flucht? Ja, genau dahin. In die Vergangenheit. Die Retro-Bewegung hat ein fast religiöses Ausmaß erreicht; wobei auch da kräftig fragmentarisiert wird. Fröhlich existieren die verschiedensten Vergangenheiten nebeneinander, und das Individuum bedient sich nach Gusto. Die Vergangenheit wird immer wieder neu gesampelt. Und somit vollkommen beliebig.

Doch wir haben ein zärtlich-nostalgisches Verhältnis zu unserer Jugend, wo alles besser und einfacher und überschaubarer war. Ich habe auch ein liebevolles Verhältnis zu meinen Teenagerjahren. Wie ich das erste Mal gekotzt habe. Der erste Joint. Die ersten Demütigungen. Die ersten Zurückweisungen. Nein, ich will ehrlich sein, ich hatte ziemlich viel Spaß. Zwischen den schlimmen Phasen. Und ich würde um nichts in der Welt wieder sechzehn sein wollen, obwohl ich immer noch fast so aussehe.

Ich hege eine große Affinität zu einer Vergangenheit, die niemals meine war. Ich liebe den Jugendstil, die großen Romane des neunzehnten und zwanzigsten Jahrhunderts, alte Möbel, solche Dinge. Auch hätte ich gerne in den zwanziger Jahren in Berlin gelebt oder bei den Existenzialisten in Paris, und wie gerne wäre ich ins »Studio 54« gegangen, und und und…

Ich kenne diese Epochen nur aus Dokumenten, Büchern, Filmen. Es gibt viele Leute, die so ein eklektisches Retroverhalten an den Tag legen, dabei sucht sich jeder aus der ihm genehmen Epoche das Passende aus und kombiniert es nach Belieben neu.

Es geht aber auch linientreuer. Ein Freund von mir liebt die siebziger Jahre und alle Objekte, die aus ihnen stammen. Wegen seines exquisiten Geschmacks würde man allerdings niemals eine dieser bunten Tapeten bei ihm finden. Obwohl – jetzt wo ich darüber nachdenke, ja, er hat eine orangefarbene Lampe. Eine kleine. Als ich mich mit ihm über retro unterhielt, sagte er: »Ich mag diese alten Objekte, sie sind aus der Zeit, in der ich geboren wurde. Ich bin damit aufgewachsen, sie vermitteln mir ein Gefühl von Heimat.«

Es gibt also sowohl die Sehnsucht nach Vergangenheit im Allgemeinen als auch die Sehnsucht nach der eigenen Vergangenheit. Letzteres ist tröstlicher. Ich saß einmal auf dem Balkon der Wohnung meiner Eltern und blickte zufällig auf das alte Thermometer, das dort hing. Rührung stieg in mir hoch. Es hing da schon, als ich geboren wurde. Als kleines Mädchen hatte ich es betrachtet, um in Erfahrung zu bringen, ob es warm genug wäre, eine kurze Hose anzuziehen. Ein zartes Gefühl der Kontinuität überkam mich und machte mich glücklich. Denn davon ist die nostalgische Regung bestimmt. Von einer Sehnsucht nach überzeitlicher Verbundenheit.

Deshalb ist das ganze Retrozeug auch so attraktiv gerade, weil es aus einer Zeit vor der allgemeinen Verwirrung stammt und uns so Sinn und Bedeutung anbietet. Damals, als ich meine erste Jeans kaufte, ja damals...

Guillebaud sagt dazu: »Schließlich müssen wir an jenes andere Symptom erinnern, das ebenso vielsagend ist wie das Verschwinden der Zukunft: die geschwätzige und aufdringliche Nostalgie, das Schwelgen in Erinnerungen, die Faszinationskraft der Vergangenheit – lauter Reflexe, die uns in eine endlose Suche nach der verlorenen Zeit stürzen. Wir leben inzwischen mit der Nase in den Archiven, und unser Geist ertrinkt in rückwärtsgewandter Sehnsucht. (...) Aus der tyrannischen Gegenwart steht uns nur noch der Ausweg nach hinten offen. Die einzige Mobilität in der Zeit, die uns noch bleibt, ist der Weg zurück.«

Wir lieben unsere Jugend. Wir lieben sie so sehr, und die Gegenwart ist so beängstigend und vielfältig, dass wir beschließen, einfach nicht mehr mit dem Jungsein aufzuhören. Willkommen zur ewigen Adoleszenz und ade, ihr sieben Mannesalter.

Wenn die Wirklichkeit derart unwohnlich wird, ist Rebellion der stillen Sorte der einzige Ausweg. Und so sind wir alle Teenager, im Herzen. Wir scheuen uns vor allem, was uns bindet, denn nur in der Illusion von Leichtigkeit und Flexibilität meinen wir, den massiven täglichen Anforderungen gewachsen zu sein. Älterwerden ist *out*. In dem Maß, wie sich die Gegenwart ausdehnt, dehnen wir unsere Jugend aus. Oder sollte ich sagen, Pubertät?

Ich erinnere mich an eine Frau, die ich vor vielen Jahren einmal auf einer italienischen Straße entlanggehen sah. Sie war mindestens sechzig Jahre alt, hatte prachtvolle graue Haare, ein schönes belebtes und gelebtes Gesicht und einen phantastischen schwarzen Anzug an. Ich sah sie, damals achtzehnjährig, und dachte mir: »*Wow*. So will ich auch mal aussehen.« Sie machte mir Lust auf das Älterwerden. Lust, die verschiedenen Erfahrungen, die wir in verschiedenen Lebenssituationen und -abschnitten machen können, wirklich mitzuerleben.

Ich mag es auch, die alten Damen und Herren in den südlichen Ländern zu beobachten; sie bevölkern die Straßen, Plätze und Cafés, die Ladies tragen oft schwarz, die Herren bevorzugen blau, sie sind geschäftig, dennoch gemütlich und natürlicher Teil ihrer Umgebung. In Berlin erscheinen mir alte Leute oft wie flüchtige Gespenster; sie tragen Beige und huschen durch die Straßen, bedacht darauf, nicht aufzufallen.

Manchmal spreche ich mit der Eisprinzessin darüber, wie wir alt und biestig in einem Café sitzen werden, hochvergnügt, ein Likörchen, ein Törtchen, und uns gnadenlos über alle Anwesenden auslassen. Wir üben das schon.

Doch meistens ist man damit beschäftigt, sich in einer gewissen, aber nicht zu großen Distanz vom Hier und Jetzt aufzuhalten. Was natürlich auch der Liebe im Weg steht, die sowohl von der absoluten Gegenwart als auch von der (und sei sie gelogen) Gewissheit von Zukunft lebt. Verlieben ist nicht allzu schwer, aber lieben...

Ab dem Punkt, an dem man eine Entscheidung für einen anderen Menschen trifft, beschließt, es mit ihm oder ihr zu versuchen, bindet man sich. Aber so als ewiger Teenager... Probleme, Probleme. Nein, wir flanieren lieber, in unserer ganzen zerrissenen Sehnsucht. Wir schnuppern hier und testen da, und wenn man sich nicht vorsieht, sind zwanzig Jahre vergangen. Ich war wenigstens verliebt. Und wie gut mir das stand. Wie gut mir Tim stand, ach, bald würden sie nach Berlin kommen.

Wir sind postromantische Flaneure, postmoderne, post-suchen-Sie-sich's-aus. Jedenfalls sind wir in Bewegung, wir bevölkern die Straßen, wir verstecken uns hinter unserem coolen Styling und probieren aus, was es heißt, am Leben zu sein. Das coole Styling mit passendem Lebensgefühl zeigt, dass wir zumindest eines verstanden haben: »*Keep cool.*« Mach dich unberührbar, unerreichbar, nicht anfällig für die einfachste aller Kritiken: »Du siehst ja echt schlecht aus. Und was du schon wieder anhast!« Nein, wir sind *good looking.* Und damit das auch so bleibt, pilgert man gerne in den nächsten 300-Quadratmeter-Shop, prophylaktisch sozusagen.

Ein nomadisches Schweifen zwischen Existenzmöglichkeiten ist dieses Flanieren, ein stetes Versuchen und Probieren. Denn heyheyhey, wir sind doch jung und sexy, schon vergessen? Und mit dem Vorrecht der Jugend wird einiges ausprobiert, die Identität ist fließend, auch noch mit Mitte vierzig. Vom Subjekt zum Projekt, hat der brasilianische Philosoph Vilém Flusser das genannt. Wir flanieren zwischen verschiedenen Lebensstilen, sexuellen Ausrichtungen und emotionalen Erfahrungsräumen. Wir legen uns nicht fest. Flanieren ist die einzige Bewegung, die möglich ist, wenn alles nebeneinander existiert. Denn so kriegen wir von allem etwas mit, sind aber nicht gezwungen, eine bindende Entscheidung zu treffen. Denn hey – um die Ecke könnte doch was Besseres warten, ganz sicher.

Aber die Liebe, was machen wir denn jetzt mit der Liebe, wo wir doch schon postromantische Flaneure sind? Und getrieben von der Vorstellung, dass man sich immer und immer verbessern könnte? Begegnung ist einfach, wir leben in einer Zeit, in der oberflächliche Kommunikation leicht ist, man spricht sich halt an, wo auch immer. Aber dann? Die Eisprinzessin meinte einmal, wir hätten die Kunst der Verführung verlernt. Und das Umgehen miteinander, wie es weitergeht nach den ersten Nächten. Sie sagt, wir haben ein Verhaltensproblem. Wie uns geben, wie andeuten, bestimmen, dass man mehr will, weniger will, den anderen will?

Wir werden überschüttet mit medialen Stereotypen, Verhaltensanweisungen und Promi-Liebesgeschichten, aber das ist alles unbrauchbar. Und so haben wir oft ein eher diffuses Verhältnis zu unseren eigenen Gefühlen, und wenn es zu anstrengend wird, flanieren wir einfach weiter.

Die Schwierigkeiten im Umgang liegen auch daran, dass die Geschlechterzuordnungen mehr und mehr verschwimmen. Auch hier entsteht ein großartiges kreatives Potenzial, ein kategoriensprengender Humanismus. Ric Graf, Anfang zwanzig, schreibt in seinem Buch »iCool« von seinem Begehren; davon, dass Männer wie Frauen ihn gleichermaßen anziehen. Daraus spricht eine Leichtigkeit, die sich nur auf die Besonderheit eines Menschen bezieht, nicht auf diese scheußlichen Kategorien wie hetero, homo oder bi. Wir sind sexuelle Wesen, so einfach ist das. Und so schwer. Denn mit diesen Unbestimmtheiten wächst auch die Verwirrung; alles scheint möglich. Sowohl was die sexuelle Orientierung betrifft, als auch den Modus Operandi.

One-Night-Stand? Affäre, kurz, lang? Wie oft, wie sehr, wie intensiv? Und was ist mit der Liebe, verdammt noch mal, denn Ficken ist gefährlich. Hinterrücks trifft der Pfeil des Mistbuben den einen, die andere, und dann steht man da.

Wie SusiPop. Wie König Gunter, seitdem er die schöne Sonja das erste Mal gesehen hat; obwohl er versucht, das zu verdängen, sie zu verdrängen, ihre grazile Gestalt, ihren schnellen Witz, ihr bezauberndes Lächeln. Nein, er schreibt und arbeitet viel, das tut ihm gut; er ist produktiv gerade. Aber die anderen Frauen, sosehr sie sich auch bemühen, entlocken ihm nur ein müdes Gähnen. Doch seltsamerweise finden die Ladies genau dieses ungemein attraktiv. Es gab da eine, Laura, die verfolgte ihn regelrecht. Fing an, ihm bis zu fünfzig SMS am Tag zu schreiben, und König Gunter war in einer komischen Verzweiflung.

»Was mache ich denn jetzt? Das ist doch Stalking?«

Wir amüsierten uns.

Die arme Laura gab es schließlich auf, obwohl sie immer noch der Meinung war, König Gunter sei ihr Mann fürs Leben. Stalking ist nur ein Ausdruck der Unsicherheit, na ja, und einer kleinen Persönlichkeitsstörung. Wie sag ich's, was sag ich, wie…? Denn die Orientierung ist schwierig geworden, und manchmal scheint sie fast unmöglich.

Wir spielen mit unseren sexuellen Identitäten, Frauen verwandeln sich in chauvinistische Schweine und Männer in sexlose Flauschis. Junge Mädchen verwandeln sich in zarte Feen, und der anorexische Hungertod ist nur noch drei Äpfel entfernt. Junge Männer werden zu eiskalten Engeln, die sich sehenden Auges in den Abgrund feiern.

In einer sich immer stärker feminisierenden Gesellschaft, in der Softskills und Kommunikationsfähigkeit gefragt sind, scheinen die Frauen auf den ersten Blick besser dazustehen. Und die Männer, zum ersten Mal seit langen an den Rand gedrängt, begeben sich auf die Suche nach ihrer Identität. Und die Frauen? Genießen die Macht. Verwandeln sich in feuchte Männerträume und werden zu dem schrecklichen Bild, welches das Männerbusiness Porno einst als Wichsvorlage kreierte.

Und mittendrin wir. Wie leben, wie sprechen, wie lieben?

4.6 Die Ökonomie der Optionen

Ich stelle mir vor, dass Liebe jener Zustand ist, für den man sich irgendwann entscheidet, auf den man sich einlässt. Es ist ein sehr erwachsenes Gefühl, das voraussetzt, dass man sich selbst und die eigenen Muster sehr gut kennt. Dass man auf egozentrische Gefühle wie Stolz freiwillig verzichtet, dass man für den anderen Verantwortung übernimmt, vielleicht sogar mehr Distanz zum anderen hat – gerade, um ihn sehen zu können. Vor allem aber, dass man Verantwortung für die eigenen Abgründe übernimmt, ohne sie dem anderen aufzubürden – vielmehr den anderen vor diesen schützt. Es ist der Blick von sich weg zum anderen hin, ohne sich selbst dabei aus den Augen zu verlieren. Jenes Gefühl, dass man trotz belasteter Familiengeschichte irgendwann dennoch ein großzügiges Verhältnis zu seinen alternden Eltern entwickelt oder aber jene Großzügigkeit einer Mutter gegenüber ihrem Kind.

Frau, Anfang dreißig

Die Eisprinzessin wollte mitkommen. Sie hatte schon immer einen Hang zum Voyeurismus gehabt und ein ausgeprägtes Gefühl für territoriale Angelegenheiten. Es war natürlich zu Gesprächen gekommen, vielmehr zu Plaudereien zwischen ihr und SusiPop. Diese hütete sich instinktsicher davor, genauer in die Eisprinzessin zu dringen; es war, als wüsste sie es schon, alles.

Ich hingegen befand mich im Rausch der Erwartung, in

einem zugleich sehnsuchtsvollen wie auch einigermaßen lächerlichen Zustand; das war mir durchaus bewusst. Und dahinter, da war es. Das uneingestandene Gefühl. Ich mochte ihn. Wirklich.

Gleichzeitig entstand eine seltsame Solidarität zwischen uns dreien, wie eine Vorahnung, dass wir einander noch brauchen würden. König Gunter beobachtete diese geschwätzigen Vorgänge aus sicherer Entfernung. Flexter machte sich sowieso rar in letzter Zeit, er mied die alten Plätze; auch er schien sich gerade auf jemanden einzulassen. Ich hatte ihn einmal kurz getroffen. Er erzählte auf liebevolle und kluge Weise von seiner Freundin, ich musste lächeln. Wieder mal einer gerettet, zeitweise. Vince hingegen, ein ähnlich voyeuristischer Mensch wie die Eisprinzessin, hatte es sich in seiner Loge bequem gemacht und blickte belustigt auf den ganzen Zirkus hinab; vermutlich dann und wann einen Blick auf seine prächtige Kira werfend.

Die Jungs sollten bei ihrem Künstlerfreund wohnen. Sie trafen spätabends an einem Freitag ein. Nach einigen Telefonaten beschloss man, sich in einem Club zu treffen. Wir nahmen das Auto der Eisprinzessin. Und da waren wir nun, wir drei. Die Eisprinzessin gab sich kühl, gelassen, schon gezeichnet von den Sprenkeln einer beginnenden Hysterie. Ihr aktueller Verehrer sollte später nachkommen, ein netter, kluger und charmanter Mann. Nicht ganz so hübsch, aber sehr witzig, wirklich. Auch sie hatte versucht, sich bestmöglich zu wappnen.

SusiPop war gelöst, freudig, entspannt. Sie hatte sich selbst schon so viel Schmerz zugefügt, dass ihr mittlerweile alles egal war. Sie wollte Konstantin. Sie wollte ihn lieben, von ihm geliebt werden, sie sehnte sich nach Verbindlichkeit. Und sie hatte vor, ihm das irgendwie mitzuteilen, auf die coolstmögliche Weise, versteht sich.

Ich hingegen war ziemlich mit meinen Eitelkeiten beschäftigt. Was zieh ich an, wie krieg ich ihn rum, wie gefall ich ihm? Weiter, schon tiefer gelagert: Er hat eine Freundin, ich will doch gar nichts von ihm, doch, mit ihm schlafen, nein, doch, ich begehre ihn, ich begehre mein Begehren, Küsse, ach Küsse. Die übliche Verwirrung eben. Und dahinter, ganz weit hinten, schimmerte und funkelte es, und in einer fernen Höhle sah man ein Prinzenbild, edelsteingeschmückt.

Ich tat, was ich in solchen Fällen immer tue, ich trank. Flüchtete mich sofort an die Bar, bestelle einen doppelten Vodka, und hielt mich an dem Glas fest. Die anderen beiden kamen nach, und dann saßen wir an der Bar, wir drei. Die Musik war mittelmäßig, wir unterhielten uns und beobachteten die Anwesenden. Einige Zeit später hatten die Jungs ihren ersten großen Auftritt. Mein Gott, sahen die gut aus. Sie rauschten heran, kamen von ihrem Künstlerfreund, bei dem sie logierten, vorläufig zumindest, denn SusiPop und ich hatten Absichten, die private Übernachtungen einschlossen.

Konstantin kam zu uns, er begrüßte mich, die Eisprinzessin, ein kurzer kalter Schleier legte sich über die Szenerie, dann küsste er SusiPop, zärtlich. Jonathan, charmant, wissend, begrüßte uns auf leicht süffisante Weise. Diese Jungs liebten *Das Geschwätz* ebenso sehr wie wir, und so war die ganze Situation aufgeladen, umdickt von einem vielfältigen Netz aus Beobachtung und Gegenbeobachtung.

Tim, verführerisch, anmutig, begann sofort, mit der Eisprinzessin zu flirten; sie kannten sich von früher. Aber wir hatten uns begrüßt, geküsst, es war klar, wie und wo diese Geschichte enden würde. Ich unterhielt mich mit Jonathan, der mir mit einer gewissen Genugtuung von Tims Freundin erzählte, er sagte aber auch, dass es zwischen ihnen kriselte.

SusiPop und Konstantin hatten sich in ihre private Welt zurückgezogen; ich sah die Augen meiner Freundin liebevoll an seinen hängen, während seine Blicke absichtslos und kühl über Brüste und hohe Wangenknochen schweiften. Es war seltsam, er hatte wirklich mehr mit der Eisprinzessin gemeinsam als mit der so lebendigen SusiPop. Kurz dachte ich darüber nach, wie es wohl gewesen war mit den beiden. Die Eisprinzessin und der Eisprinz, sich mit scharfkantigen Kristallen bewerfend. Doch nun schwiegen die Waffen. Nur manchmal sah ich ein Schimmern in den Augen der Eisprinzessin, als sie den schönen Konstantin beobachtete, der alles verkörperte, was sie an Männern schätzte. Oder geschätzt hatte, denn diese »kalten Kavaliere« können am Ende nur eines lieben: ihre Projektionen. Nicht einmal sich selbst.

Später stand ich mit Tim in einer Ecke, und noch später waren wir auf dem Weg zu mir. SusiPop und Konstantin hatten sich schon früher verabschiedet. Die Eisprinzessin war noch geblieben, in eine amüsante Unterhaltung mit Jonathan und ihrem Verehrer verstrickt. Sie hielt sich gut, in dieser Nacht.

Am nächsten Morgen verließ mich Tim, um sich mit den anderen beiden zum Frühstücken zu treffen; wir würden uns später sehen, bei der Vernissage ihres Freundes. Ich lag in meinem Bett und war glücklich. Ich hatte mich verliebt, er war wirklich bezaubernd, er gefiel mir. Ich malte mir aus, wie wir uns treffen würden, einmal in Hamburg, ein anderes Mal in Berlin, vergnügliche Wochenenden voller wilder Saufereien und amüsanter Ereignisse. Ich wollte keine Beziehung, keine Verpflichtungen. Aber ihn, ihn wollte ich.

Schnitt. Die Vernissage.

Den Nachmittag hatte ich mit der Eisprinzessin verbracht, die den Grund für mein Strahlen erriet und irgendwann bemerkte: »Heute kommen noch andere Freunde der Jungs. Jonathan hat gestern irgendwas von einer Belgierin erzählt, die wohnt auch seit kurzem in Hamburg, und Tim zieht sie offenbar als Nachfolgerin in Betracht.« Ich hörte nicht auf sie, wollte nicht hören. Ich freute mich einfach nur, ihn wiederzusehen.

SusiPop hatte den Tag mit Konstantin verbracht, aber als wir später ein paar Worte wechselten, sagte sie: »Ich kann es ihm nicht sagen. Was soll ich ihm denn sagen? Hey, du alter Aufreißer, willst du ein bisschen monogam werden für mich? Er flirtet einfach gerne, siehst du, wie er da mit dieser Rothaarigen steht, die so scharf auf ihn ist, dass ich es sogar riechen kann? Ich weiß auch nicht, was mit mir los ist.«

Ich streichelte ihren Rücken, und sie ging los, um mir ein Bier zu holen. Denn auch ich war nicht mehr allzu guter Dinge. Tim war ziemlich kühl gewesen, als ich ihn wiedersah. Er legte eine gewisse Unverbindlichkeit an den Tag, hatte mich nur kurz begrüßt und sich dann in eine Unterhaltung mit einer dunkelhaarigen Frau vertieft. Ich war verwirrt. Was war passiert?

Die Jungs schienen wie ausgewechselt. Besser gesagt, wir sahen sie endlich mal bei ihrer Künstlerboy-Routine. Flirten, saufen, Kunstgeschwätz. Da war wenig Raum für Ausschließlichkeit. Tim verbrachte den ganzen Abend, von einigen Runden abgesehen, an der Seite der Dunkelhaarigen. Irgendwann steckte mir Jonathan, dass das die besagte Belgierin sei, auch eine Künstlerin, jung, Anfang zwanzig. Sie war wirklich hübsch, und vor allem hing sie an seinen Lippen. Männer lieben es, einer Frau die Welt zu erklären. Ein zartes Gesicht, das achtungsvoll zu ihnen aufschaut, während sie größere und kleinere Zusammenhänge skizzieren, herrlich. Deshalb sind die »schönen Zwanzigjährigen« bei vielen Altersstufen so beliebt.

Bei mir ist das etwas schwierig, das mit der Welterklärung. Es endet des Öfteren damit, dass ich dem Herren irgendwelche Bücher empfehle. Nun ja, das ist halt die Ware, die ich anzubieten habe. Ich trank Bier und Bier und noch mehr Bier und kochte vor Wut. Auch Vince war da, mit Kira, und König Gunter, geschmeidig, gutaussehend, verhalten gelangweilt und von Verehrerinnen belagert. Sie beobachteten uns, unsere bösen Freunde, und hatten ein feines Gespür für die stattfindenden Zurückweisungen. Die Hamburger Jungs waren auch dazu übergegangen, sich besonders um die Eisprinzessin zu kümmern; ich sah Tim, wie er ihr ein Bier holte, sie war unnahbar und wunderschön. Ihr klugen Augen blickten tief, ganz tief.

Irgendwann saß ich draußen mit SusiPop, wir waren ziemlich betrunken und ziemlich aufgebracht. Aus den Augenwinkeln sah ich Tim mit der kleinen Belgierin. Das führte doch alles nirgendwo hin. Bitterer Schmerz. Trotzdem kam ich noch mit, als die ganze Gruppe aufbrach, um noch eine Party in der Nähe meiner Wohnung aufzusuchen. Konstantin und SusiPop hatten sich wiedergefunden, für den Moment zumindest. Und auch Tim suchte nun meine Nähe, und kurz war es freudig in mir, aber dann kam eine kalte Woge verletzten Stolzes, und ich wandte mich ab. Die anderen wollten noch ausgehen, in irgendeinen Club, und Tim versuchte mich zum Mitkommen zu überreden, oder wenn nicht, könne man vielleicht später noch vorbeischauen?

Ich verweigerte mich, einsam, stolz, die anderen zogen davon, und ich blieb alleine zurück, neben mir ein schales Bier. Ich beschloss mal wieder, mein Leben zu ändern, und spazierte nachdenklich nach Hause.

Am nächsten Morgen erwachte ich früh, mit einem Gefühl entsetzlicher Beklemmung, der Gewissheit, etwas verpasst zu haben. Die anderen schliefen noch, aber was war passiert in dieser Nacht? Die Belgierin, was war mit ihr? Ich litt, war verkatert, hatte Kopfschmerzen.

Da war es wieder, das Problem mit den Optionen. Wie soll man sich denn für eine oder einen entscheiden, wenn einem die allerschönste Vielfältigkeit zur Verfügung steht? Und was soll man aus seinem Leben machen, wenn alles möglich scheint? Denn alles besteht nebeneinander in voller Sichtbarkeit und scheint austauschbar. Bitch oder Blaustrumpf, Intellektueller oder Dummkopf, Alkoholiker oder Erfolgsmensch. Durch die Bewegung des Flanierens sind wir dazu übergegangen, uns alle Optionen offenzuhalten und gleichzeitig der Gewissheit zu entgehen, dass wir voller Widersprüche stecken. Denn wir sind erfolgreiche Alkoholiker, romantische Sexmaschinen, verzweifelte Hedonisten, intellektuelle Wichsvorlagen und und und…

Ironisch, geschmeidig, beweglich flanieren wir vor uns hin. Bis es zu spät ist, manchmal. Freiheit bedeutet auch: die Freiheit der Entscheidung. Was bedeutet, an gewissen Punkten eine Entscheidung zu treffen. Oder wie Foucault es ausdrückt: »Das Subjekt ist souverän in seiner Unterwerfung.« Unterwerfung unter eine Struktur, einen Lebenstil, den man pflegt, kurz: eine Weise der Vergesellschaftung und Partizipation.

Der erste Schritt ist das Verständnis dieser Strukturen, der verschiedenen Sinnangebote, der diskursiven Positionen, liberal konservativ, pervers, normal, was auch immer. Das ist natürlich alles eine Konstruktion; auf eine gewisse, nietzscheanische Weise gibt es keine absolute Wahrheit oder Objektivität. Und das ist genau der Punkt, an dem unser aller Leben existenziell wird, jenseits alles Bürgerlichen, Pornographischen oder Neoliberalen.

Guillebaud sagt dazu: »Fortan sind wir dazu verurteilt, nackt und voller Angst zu erleben, was uns dank Gnade der Götter mehr oder minder erspart blieb: Nun muss jeder seine Antworten selbst finden.«

Ja ja, die transzendentale Obdachlosigkeit. Aber hey, da waren wir schon, spätestens seit Nietzsche. Und in diese Leere ragen schon seit mindestens zweitausend Jahren die gleichen Antworten:

Liebe deinen Nächsten wie dich selbst. Sei respektvoll, großzügig und freundlich. Wahrhaftig. Kümmere dich um die Menschen, die dir nahestehen. Wasch dich, und putz dir die Zähne. Übernimm Verantwortung für deine Taten, auch in der Liebe. Vor allem da. Finde eine Tätigkeit, die mit deinen Fähigkeiten korrespondiert. Werde dir deiner selbst bewusst, und nimm dein Schicksal in die eigenen Hände, verdammt noch mal.

Jenseits der Strukturen herrscht Leere, lebensfeindliches Chaos. Saint-Exupéry sagt dazu:

Ich habe nie verstanden, weshalb man den Zwang von der Freiheit unterscheidet. Je mehr Straßen ich ziehe, umso freier bist du in deiner Wahl. Aber jede Straße ist ein Zwang, denn ich habe sie mit Schranken eingefasst. Was aber nennst du Freiheit, wenn es keine Straßen gibt, zwischen denen du wählen kannst? Nennst du Freiheit das Recht, im Leeren umherzuirren? Sobald der Zwang eines Weges begründet wurde, steigert sich zugleich deine Freiheit…

Und das ist dann irgendwann das Problem bei dem postadoleszenten Rumgeficke, bei dem »ich mach irgendwie, irgendwas«, bei der ganzen großen Entscheidungsunlust, die uns wie eine Seuche heimzusuchen scheint. Entscheiden heißt gestalten. Unentschlossenheit heißt gestaltet werden.

Die Ökonomie der Optionen. Vom Konsum über die Lebensstile und Weltanschauungen – wir ersticken fast am Angebot. An dieser Stelle kommt ein schönes Wort zum Tragen: Selbstbeherrschung. Selbstbeherrschung im Sinne einer »Sorge um sich«. Foucault benutzt diesen Begriff in seinem Werk »Sexualität und Wahrheit«, um den antiken Gebrauch der Lüste zu illustrieren. Denn in der Antike war Mäßigung eine Tugend, die es zu erstreben galt, jenseits aller sexuellen Kategorisierungen.

Auf die Lust bezogen war mit der »Sorge um sich« keinesfalls Askese oder Beschneidung gemeint, sondern ein verständnisvoller Umgang mit den eigenen Ressourcen, der aus einer Kenntnis und Bewusstheit gegenüber den eigenen Bedürfnissen resultierte. Dieser bewusste Umgang mit sich, diese Selbstsorge, war eine Technik, das Leben selbst zu bestimmen. Und um sich zu beherrschen, muss man sich kennen.

Gleichzeitig nimmt diese Weise zu denken auf etwas Bezug, das heute gerne verdrängt wird. Die Endlichkeit unserer Energie, unserer Zeit, unseres Vermögens. Klar, wir können alles machen, alles beschlafen, alles ausprobieren, was man arbeiten und werkeln und tun könnte, aber irgendwann...

Es geht doch darum, sich ähnlich zu werden. Oder zu dem zu werden, der man ist. Dieses Sich-ähnlich-Werden ist schon ein Pfad, eine gewisse Ausrichtung, eine Entscheidungshilfe, was die Optionen angeht. Ein kluger Freund von mir sprach einmal davon, dass auch diese Bewegung hin zum Sich-ähnlich-Werden von einem Ideal bestimmt sei, beispielsweise einer romantischen Sehnsucht, und man verirre sich dann ab und zu ins haltlose Jagen oder ins unmäßige Trinken; aber das sei keine Paradoxie, sondern eher ein Abkommen. Denn eigentlich wisse jeder und jede Einzelne auf eine Weise recht gut Bescheid über sich, über das Ähnliche und die Wege, die richtigen und die falschen. Er hatte Recht, auf diese unangenehme Art, die immer etwas brav und behäbig ist. Ich hielt dagegen, dass die Vergnügungen der Jagd sich durchaus in fröhlicher Unvereinbarkeit zu einer tiefen Sehnsucht nach Liebe und Bindung verhalten könnten und dass es auch vorkomme, dass ich an einem Tag ganz sicher sei, wirklich ernsthaft, bald Kinder zu wollen, während ich an einem anderen Tag vollkommen davon überzeugt sei, mein Leben alleine, arbeitend, mit Büchern, Reisen und Affären zu verbringen…

Dieses Werden hin zu sich selbst ist eine manchmal unbewusste, manchmal aber auch sehr kontrollierte Bewegung. Kontrolle setzt dort ein, wo es eine Vorstellung von Zukunft gibt. Selbstbeherrschung heißt unter anderem, im Jetzt auch ein Morgen zu bedenken; sich etwas zu versagen, um etwas anderes in Zukunft noch mehr genießen zu können.

Ähnlich werden sollen wir uns. Und heimisch fühlen sollen wir uns, in der Gegenwart und trotz ihrer. Denn diese ist lebensfeindlich geworden, bombardiert uns mit ihren Kaufangeboten, schändet uns mit ihren pornographischen Menschenbildern und terrorisiert uns mit der totalen Sichtbarkeit von allem und jedem. Kein guter Ort. Aber der einzige.

Die Gegenwart bedarf eines Filters, der Gestaltung und Informationskontrolle. Wir werden überschüttet mit medialem Trash, mit Gemeinheiten und schier endloser Dummheit. Da hilft auch Ironie nicht weiter. Diese globalen Glamourpüppchen, deren Mangel an Persönlichkeit nur noch von ihrer Magersucht übertroffen wird; diese Promis und ihre öffentlichen Liebesgeschichten; diese Drecksblätter wie die *Bildzeitung*, für die Menschen nur Sachen sind. Und alles, alles ist pornographisch überhöht und subtil erotisch aufgeladen. Kein Wunder, dass manche nicht mehr atmen können.

Wenn es keine Strukturen mehr gibt – denn alles oben Beschriebene sind nur Schändlichkeitspartikel, die im freien Raum schweben und ihn ins Endlose verdicken –, dann müssen wir uns selbst welche schaffen. Denn wir brauchen Strukturen, sie sind der Ort, an dem wir uns heimisch fühlen. Roland Barthes bemerkte dazu: »Es gibt zwar kein Glück der Struktur; aber jede Struktur ist bewohnbar, und das ist sogar ihre treffendste Definition.«

Es ist ja nicht so, dass meine Familie ein stetes Glück wäre. Oder die Freundschaften, die ich pflege. Auch ich selbst bin – schwierig. Aber ich halte meine Liebsten aus, und sie ertragen mich, und so sind wir uns – eine Heimat. Wir müssen dem Chaos Ordnung entgegensetzten. Nur so macht das Dionysische wirklich Spaß. Die Vielfältigkeit muss gestaltet werden, das Leben braucht Andockstellen, an denen es sich entfalten kann. Diese Stellen sind das persönliche Interesse.

Ich kann mir nichts Tristeres vorstellen als einen Menschen, der hilflos konsumierend keine persönlichen Leidenschaften kennt. Denn diese ordnen und schaffen Zukunft. Mag es eine Nabokov'sche Schmetterlingssammlung sein oder Juliens fundiertes Interesse für die Pornographie, die schönen Jungs der Eisprinzessin oder unser aller mehr oder weniger offensichtliche Suche nach Liebe und beruflicher Erfüllung; wir sollten uns beschäftigen. Mit Dingen, die wir uns ausgesucht haben, denen wir uns widmen wollen.

Ich glaube an Bildung. An Bücher, an Erkenntnis und Auseinandersetzung und daran, dass Wissen uns frei macht. Und uns vor immer neue Fragen stellt. Ich glaube auch an – das Sich-Aussetzen. Der Welt, den anderen, den Erfahrungen. Bildung hat durchaus nicht unbedingt etwas mit Büchern zu tun, vielmehr mit Wissen. Das muss aber irgendwie erworben werden, gewollt werden, geschätzt werden. Auch an der Bar tut

sich manche Erkenntnis auf. Oder in Museen. In guten Doku-
mentationen. Gesprächen. Beim Reisen. Bei – was weiß ich. Es
findet sich immer etwas.

Es gibt da diese Zeilen von Goethe: »Wer nicht von dreitausend Jahren sich weiß Rechenschaft zu geben, bleib im Dun-
keln unerfahren, mag von Tag zu Tage leben.« Dreitausend
Jahre? Ganz ehrlich, davon bin ich noch Lichtjahre entfernt.
Aber diese Worte haben mich berührt. Sie geben mir das Gefühl, für den Rest meines Lebens etwas zu tun zu haben. All
die Bücher, die ich noch lesen will, die Bilder, die ich noch
sehen will, die Filme, die Länder, die Meere, die Sprachen, die
ich noch lernen will. Ach, und die Menschen. Diese unfassbar
fremdartigen und mir doch ähnlichen Individuen, die jetzt mit
mir am Leben sind. All dies gibt mir ein Gefühl von Heimat
und von Perspektive.

Und was ich mir alles *nicht* mehr anhören muss, wovon ich
frei bin! Es hat keinen Sinn, die *Bildzeitung* zu lesen. Es ist
nutzlos, sich gewisse Sachen im Fernsehen anzusehen. Stefan
Raab bereitet mir körperliche Schmerzen. Sonya Kraus macht
mir Angst. Soaps und Telenovelas machen mich wütend. Auch
Pornos bringen mich kein Stück weiter. Und Menschen, die
borniert sind und engherzig oder dumm und von subtiler
Grausamkeit; die brauch ich auch nicht.

Denn meine Zeit ist kostbar, ich bin kostbar, jeder von uns.
Die Ökonomie der Optionen bedeutet genau dies: Meine Zeit
ist wertvoll, und sie ist nicht unbegrenzt.

Ich unterhielt mich einmal mit Vince darüber, und er sagte:
»Weißt du, ich denke schon, dass alles möglich ist. Ich glaube
an mich, daran, dass ich alles erreichen kann. Eine eigene
Firma gründen, Naomi Campbell heiraten, alles. Aber irgend-
wie – ich will mich nicht totarbeiten. Ich will irgendwann eine
Familie haben und Zeit dafür. Ich brauche auch Zeit für mich,

für die Dinge, die mich interessieren, fürs Ausgehen, meine Freunde. Und langsam werde ich mir darüber klar, wie ich meine Zeit und meine Energie am besten verteile.« Er dachte an Kira, das merkte ich. Dieser wohltuende Pragmatismus ist eine ziemlich erwachsene Antwort auf die existenzielle Situation, in der wir uns alle befinden.

Pragmatismus heißt: ein Abschätzen des Machbaren, der Energie, die wir haben, der Wünsche und Träume, die wir verwirklichen wollen. Unter allen Möglichkeiten suchen wir uns die aus, die sich mit dem, was wir wirklich wollen, vereinbaren lassen. Tu, was du willst. Und fürs Amüsement steht immer noch die Nacht bereit, glitzernd und verheißungsvoll.

Auch der Konsum, ohne den wir nicht leben können, ich jedenfalls nicht, ist bestenfalls bestimmt von einer Ökonomie der Optionen. Ich meine, ich liebe Shopping, das muss ich hier mal ganz deutlich sagen. Und auch sonst konsumiere ich gerne. Aber auch hier gibt es ein Moment der Bewusstheit, das zwischen dem Erlesenen und dem Überflüssigen unterscheiden sollte. Nicht, dass ich nicht neulich wieder eine nicht ganz superbe Hose gekauft hätte, nur weil sie so billig war. Nicht, dass ich nicht vor kurzem wieder einen Mund geküsst hätte, nur weil er sich anbot. Trotzdem: Was den Konsum angeht, den echten, ist jeder Kauf eine Entscheidung. Ich kaufe, wähle, entscheide, also bin ich. Auch durch äußere Objekte, die Wohnungseinrichtung, die Kleidung, das Reisegepäck inszenieren wir unsere Identität. Die persönliche Ästhetik ist die Ausweitung unserer Selbstsphäre. Und die Entwicklung eines eigenen Stils ist ein Moment des Widerstands gegen die Beliebigkeit. Sie sollten mal den phantastischen Sessel sehen, den ich mir neulich gekauft habe. Er steht mir gut, und ja, er bereichert mich.

Der eigene Stil, das jeweils Einzigartige, Persönliche ist genau das, was wir einer immer pornographischeren, verwirrenderen und seltsam grausamer werdenden Gegenwart entgegensetzen können. Der Groupisierung, dem Geklonten und dem geschickt Verkauften.

Aber immer schön am Leben bleiben! Denn am Ende dieser Verfeinerungstendenzen steht Des Esseintes und winkt mit seiner juwelengeschmückten toten Schildkröte, Sie erinnern sich? Vince, der alte Ästhet, hatte auch mal eine Phase, wo das ungelebte Leben durch ausgesuchte Objekte ersetzt wurde. Man kaufte und miniaturisierte, und am Ende bekam man keine Luft mehr. Er stand kurz vor der Selbstbefruchtung. Denn es ist fatal, die Accessoires mit dem Echten zu verwechseln, mit dem lebenden atmenden Fleisch, das doch nur geschmückt werden will. Und doch ist es herrlich, in existenziell bedeutsamen Momenten ein phantastisches Kleid anzuhaben und danach in einem exquisit eingerichteten Zimmer aufs Seidenbett zu fallen …

Genau dort befand ich mich, immer noch, auf meinem Bett. Da half auch mein schönes Zimmer nicht, ich litt und bereute. Ach Tim, wie konnte ich nur?

Endlich rief die Eisprinzessin an und teilte mir mit, dass Tim die Nacht bei der kleinen Belgierin verbracht hatte, in irgendeiner Wohnung. Schmerz, großer, wahnsinniger Schmerz. Ich Idiotin. Er Schwein. Das Ganze – peinlich, im wahrsten Sinne des Wortes.

Am Nachmittag trafen wir uns, wir Grazien. SusiPop war munter, von einer gewissen Düsterkeit unterspült. Es war ihr schlichtweg unmöglich gewesen, mit Konstantin ein substanzvolles Gespräch zu führen, überdies hatte er sich maßlos betrunken. Die Eisprinzessin, überaus gelangweilt von ihrem Verehrer und schmerzlich getroffen von ihrer unerreichbaren Vergangenheit, schwieg und trank einen Kir Royal. Ich versuchte herauszufinden, ob Tim die Nacht *mit* oder *bei* der kleinen Belgierin verbracht hatte, und schämte mich meiner.

Am Abend gab es dann ein großes Essen mit allen Protagonisten dieser Misslichkeit. Ich beobachtete Tim, wundäugig. Er beobachtete mich, schuldäugig. Wir sprachen nicht. Konstantin gab sich ostentativ gut gelaunt, wohl um seinen massiven Kater zu verdecken. SusiPop hielt mit, was die allgemeine Lustigkeit anging. Ich schwieg und trank. Viel.

Wenig später teilte sich die Gruppe, und wir, begleitet von Konstantin und Jonathan, gingen noch aus. Tim blieb zurück. Wir verabschiedeten uns mit einem kleinen Nicken.

So ein Schwein, so ein Arsch, Mistkerl, Idiot! Und ich? Vollidiotin!, toste es in mir. Auf dem Weg in den ersten Club hielten wir an einer Tankstelle, und ich kaufte mir diskret eine Flasche Vodka, halblitrig. Ich muss auch noch von dem Mantel erzählen, den ich an diesem Abend anhatte; er war noch neu damals, wir gewöhnten uns erst aneinander. Er war grün, lang, uniformartig und ungemein repräsentativ.

Gut, ich, mein Mantel und die Vodkaflasche standen in diesem Club; ich unterhielt mich oberflächlich mit ein paar Bekannten. Währenddessen trank ich die Flasche aus, ertränkte meinen Kummer und die Demütigung in kaltem, klarem Vodka. Auf dem Weg in den zweiten Club war ich dann schon unfassbar betrunken. Dort angekommen, verlor ich als Erstes meine Tasche, darin mein Handy, mein Geldbeutel und mein Schlüssel. Es war mir egal. Die Eisprinzessin war in dem ersten Club geblieben, Konstantin und SusiPop waren verschwunden, und ich stand da mit irgendwelchen entfernten Bekannten. Und amüsierte mich prächtig.

Auf einmal stand Tim vor mir. Was dann passierte, weiß ich nicht mehr. Ich glaube, dass wir uns noch geküsst haben, sicher bin ich mir jedoch nicht. Jedenfalls saß ich irgendwann, immer noch taschenlos und jenseits von Gut und Böse, neben Tim im Auto seines Kumpels. Sie fuhren mich nach Hause. In meinem benebelten Hirn war irgendwie die Gewissheit aufgetaucht, dass Tim mit zu mir kommen würde.

Die Türe meiner damaligen Wohnung konnte man auch ohne Schlüssel mithilfe einer Plasikkarte öffnen. Und so dachte ich, dass alle meine Probleme gelöst seien. Doch nein, auf meine lallende Frage bekam ich eine abschlägige Antwort. Das war's. *Fuck you bloody bastard.* In meiner Empörung, auch über mich, vergaß ich ganz, die Jungs um Hilfe zu bitten. Ich stieg aus dem Auto, warf die Tür hinter mir zu und stand morgens, in einer kalten Nacht, total besoffen und ohne Schlüssel vor meiner Haustür. Das müssen Sie sich jetzt vorstellen, ich, der repräsentative Mantel, die Fahne und das mangelnde Sprachvermögen.

Zuerst versuchte ich bei dem kleinen Kiezladen neben meiner Wohnung eine Plasikkarte zu bekommen. Darin saß aber nur die alte türkische Mutter des Betreibers und sah mich an wie jemanden, der verwahrt gehört. Kein Plastik. Dann trat ich auf einen dieser orangefarbenen Müllwagen zu, der gerade vor meinem Haus hielt, und nuschelte:

»Äh, haben Sie vielleicht 'ne alte Karte, ich muss in meine Wohnung einbrechen.«

Man gab mir seltsamerweise ein Messer, mit schwarzem Griff und gebogener Klinge. Ich bedankte mich und begab mich vor meine Wohnungstüre. Und da stand ich nun, mindestens eine halbe Stunde, immer noch jämmerlich betrunken, und säbelte an meiner Tür herum. Vergeblich.

Ich war dem Zusammenbruch nahe und dachte nur noch

daran, irgendwo auszuruhen. Und so geschah es dann, dass auch ich, das erste Mal in meinem Leben, im Treppenhaus übernachtete. Ich schlich zu den obersten Stufen und deckte mich mit meinem Mantel zu. Da ging mir so einiges durch den Kopf, im Treppenhaus. Über Würde. Über Männer. Über Mut. Und vor allem, es war wie eine Leuchtschrift in mir: »Wenn hier irgendjemand angebetet, begehrt und toll gefunden wird, dann – bin *ich* das.«

Einige Zeit später erhob ich mich, gereinigt, aber immer noch ziemlich angetrunken. Erlebte noch eine kleinere Odyssee und stand endlich, so gegen zehn, mit einer alten Bahncard vor meiner Wohnungstür, die ich öffnete, um gleich darauf ins Bett zu fallen. Ich schlief tief.

Das Sich-ähnlich-Werden hat auch eine Dimension der Selbsterziehung. Und in der Liebe, vor allem da, haben wir diese bitter nötig. Weil wir es alle in uns haben, kalte Egoisten zu werden, die irgendwann in Einsamkeit verrotten.

Bildung ist wichtig, aber Herzensbildung? Die ist elementar.

Flaubert hat diesem Thema ein Buch gewidmet, »Die Erziehung der Gefühle«. Darin beschreibt er die Entwicklung des jungen Frédéric Moreau, dessen Leben alleine durch seine romantische Sehnsucht nach der verheirateten Mme Arnaux bestimmt wird. Doch Frédéric wird kein besserer Mensch durch seine Gefühle. Flauberts Buch ist kein Bildungsroman, sondern die exakt beobachtete Geschichte einer fortlaufenden Desillusionierung. Und am Ende, als Frédéric seine alt gewordene Geliebte zum letzten Mal trifft, ist er nur noch eine leere, triviale Hülle. Er lässt sie wieder gehen, gleichgültig, ohne ein Liebeswort. Er ist nicht mehr fähig zu fühlen. Sein Herz ist erkaltet.

Das bittere Ende eines Mannes, der versäumte, seine Gefühle zu erziehen. Denn erziehen müssen wir unsere selbstsüchtigen Herzen, damit sie nicht zu Stein werden und wir sterben, ohne es zu merken. Manchmal erziehen wir uns auch gegenseitig; die Liebe kann eigentlich nur so funktionieren.

Ich musste an das Gespräch mit Flexter denken, über seine Freundin. Er hatte gesagt:

»Sie hat eine ausgleichende Wirkung auf mich. Indem ich sie immer besser kennenlerne, mit ihr Zeit verbringe, lerne ich auch eine andere Sichtweise auf das Leben kennen, auf andere Menschen, darauf – wie man sich entscheiden kann zu leben. Einiges werde ich fortan anders tun und sehen. Und sie wird sich auch einiges, was sie in mir sieht, zu eigen machen.«

Da sind sie wieder, die Spuren, die wir aneinander hinterlassen, die wechselseitigen Einflüsse. Und auch das gemeinsame Bemühen um Verständnis, das uns – reifen lässt. Wenn wir uns denn auf einen anderen einlassen, wirklich einlassen. Denn seine Gefühle zu erziehen heißt zunächst, sie zuzulassen. Und dann den Mut zu haben, sie auszusprechen. Und das alles auszuhalten, für diese Momente, in denen ein Weiches, Schönes, Verschlafenes neben einem liegt und noch ganz benommen die Arme ausbreitet, in die man sich dann schmiegt, getröstet. Oder für diese ganz einzigartige Weise, beobachtet zu werden, und wegen der genau richtigen Dinge geschätzt zu sein.

Die Jungs waren wieder gefahren. Wir blieben zurück. SusiPop hatte es unter keinen Umständen geschafft, sich mit Konstantin ins Einvernehmen zu setzen. Ich war waidwund, sah aber klarer. Ich hatte mich nur in meine Projektion verliebt, das war das eine. Wir kannten uns doch kaum. Er war einfach ein bezaubernder, leichtfertiger Junge, und ich musste mal damit anfangen, mir darüber klar zu werden, was ich von einem Menschen erwarten konnte. Das andere war, dass ich mich mal wieder nicht getraut hatte, zu ihm zu sagen: »Ich finde dich toll. Ich will dich kennenlernen.« Nein, ich war cool und schweigsam und dachte, Männer könnten Gedanken lesen. Aber jetzt war es zu spät, fürs Erste jedenfalls. Die Liebe hat es ja prinzipiell an sich, dass es für sie nie zu spät ist.

Doch ich hatte gerade die Schnauze voll von diesen verwirrten Schönlingen um die dreißig. Und, ganz ehrlich, ich merkte, dass es an der Zeit war, mit dem Hinterherlaufen aufzuhören. Es reichte. Ich wollte erobert werden, nicht erobern. Oder besser noch – dieses schöne Spiel gemeinsam spielen. Willkommen, ihr Männer.

Die Eisprinzessin war irgendwie – bestimmter geworden. Sie hatte alles beobachtet, alle feinen Nuancen registriert, und es kam langsam zu gewissen Veränderungen. Was nicht bedeutete, dass sie ihren Verehrer nicht sofort in die Wüste geschickt hätte. Zum Selbstbetrug ist sie einfach nicht in diesem Maße fähig. Nicht auf Dauer.

Viel später sagte sie einmal zu mir: »Es ging mir immer erst mal gut, wenn ich beiläufigen Sex in lockeren freundschaftlichen Beziehungen hatte, ohne Verpflichtung und ohne Angst vor Verlust. Gleichzeitig wuchsen sich die Gleichgültigkeit und die innere Leere aus; es war seltsam, das an mir selbst zu beobachten. Dass ich genau das in mir trug, was ich (insbesondere an Männern oder männlichen Prinzessinnen) immer so unverständlich fand. Und so anziehend.

Dabei ist es wohl die männliche Seite in mir; früher war ich noch neidisch darauf: Kälte, Unbeteiligtsein, Leere. Tja. Beinah vollzogene innere Umwandlung.«

Aber damals war sie noch kalt, und von stillem Grimm erfüllt, der sich ab und an in kleinen hysterischen Anfällen Luft machte. Dann schimpfte sie auf die Männer, analysierte ihre eigene innere Leere und Eiseskälte, und war auf entsetzlich unangenehme Weise verzweifelt.

SusiPop war nicht verzweifelt, das hatte sie hinter sich. Sie war fatalistisch. Die Telefonate mit Konstantin wurden wieder aufgenommen. Auch sie war beratungsresistent. Tim ließ einmal Grüße ausrichten, was ich ignorierte.

Ich ignoriere ihn, bekämpfte die Gefühlsreste und machte mich daran, das Prinzenbild zu demontieren. Ein schmerzlicher Prozess.

Aber Liebe? SusiPop hatte es einfach wirklich erwischt, haltlos, schmerzlich und wahrscheinlich ohne Hoffnung. Aber sie gab nicht auf. Sie hatte das Gefühl, es ihm unbedingt sagen zu müssen, sie meinte, sich nur davon freimachen zu können, wenn sie sich ein für alle Mal entäußert hätte. Und so beschloss sie, Konstantin einen Liebesbrief zu schreiben, meine schöne, mutige Freundin. Das wurde ein langer, kunstvoller, ehrlicher Brief, den ich lange danach einmal gelesen habe.

SusiPop schickte den Brief ab und rutschte wieder ein wenig in die Nacht hinein; sie wartete. Und doch gab es nichts zu erwarten bei Konstantin. Eines Tages rief er sie an, bedankte sich, tat gerührt und vermied sorgfältig, auf das Gesagte einzugehen. Ihr Brief war wie ein Schrei in der kalten weiten Nacht – und es war nichts da, was antwortete.

Das wurde ihr langsam klar. Es könnte immer so weitergehen, Konstantin würde sich an ihr erfreuen, wenn sie darauf achtete, ihn nicht zu langweilen; man könnte sich sehen, von Zeit zu Zeit. Aber jedes Mal würde ihr das Herz fast brechen. Sie wandte sich weinend ab. Sie versuchte mittels der üblichen exorzistischen Praktiken, Abstand zu gewinnen (diesmal hieß er William). Und sie litt. Und dann wurde es besser, langsam, sehr langsam.

Manchmal telefonierte sie noch mit ihm, vielleicht um sich

zu beweisen, dass es ihr nichts mehr ausmachte. Selten spielte sie mit dem Gedanken, wieder eine lockere Beziehung zu ihm aufzunehmen, und ich sah sie daraufhin immer scharf an. Und sie lachte über das ihr mögliche Maß an Selbsttäuschung.

Vordergründig betrachtet hatten die Jungs gewonnen, sie waren eingerauscht und hatten uns besiegt zurückgelassen. Aber in Wirklichkeit – waren wir mutiger gewesen. SusiPop hatte Konstantin ihre Liebe gestanden, auch wenn es ihm nicht möglich war, sie zu erwidern. Die Eisprinzessin hatte sich der Mechanik der Gleichgültigkeit ausgesetzt und dabei etwas über sich gelernt. Und ich hatte mich in meine Verliebtheit gestürzt, war gescheitert und hatte endlich begriffen, wer hier vor allem geliebt und gewollt werden wollte: *ich*. Und SusiPop und die Eisprinzessin, meine eigenwilligen und besonderen Freundinnen. Dass wir uns selbst zu lieben lernen mussten, um die Liebe eines anderen zuzulassen.

Auf dass auch wir fähig werden würden zu lieben, irgendwann...

4.7.   Résistance du cœur

Wir gehen am Strand spazieren. Es ist herbstlich, windig, das Licht verwaschen. Du suchst nach Holz. Wir sitzen auf einem alten Boot und rauchen eine Zigarette. Du küsst mich nicht. Später gehen wir umher, und ich sage: ›Ich will etwas essen, mir ist kalt, ich habe Lust auf Meeresfrüchte.‹ Du bückst dich und zeichnest mit einem Stock einen Fisch in den Sand, eine Pfanne und ein Haus. Du lächelst. Ich denke, dass ich dich vielleicht lieben könnte.

Frau, Ende zwanzig

Die Übermacht der Bilder hat dem Begehren die Sprache genommen. Die Pornographisierung der Gegenwart hat unsere Körper geschändet. Der Konsum der Romantik vergiftet unsere Empfindungen. Aber wir wehren uns. Ich glaube an Schönheit, Einzigartigkeit und die flüchtige Poesie des Privaten. Und an die Liebe. Der Diktatur der Sichtbarkeit wird das Unsichtbare entgegengesetzt, die Wahrnehmung des Herzens. Der Widerstand des Herzens, *la résistance du cœur*[*].

Wir ersticken fast im Trash, in der Dummheit, in der Schändlichkeit. Und wir fühlen unbestimmte Traurigkeit, existenzielles Unbehagen, wie Nietzsche es nennt. Den Trash können wir bekämpfen, indem wir uns ihm nicht mehr aussetzen.

---

[*] Dieser Begriff stammt nicht von mir. Er wurde mir von der geheimen Untergrundorganisation R.D.C. zur Verfügung gestellt; die Rechte daran liegen ganz bei ihnen.

Informationskontrolle. Der Aus-Knopf. Das existenzielle Unbehagen allerdings muss ausgehalten werden. Es lässt sich nicht wegmotivieren.

Wir sind schon mehr als einmal fast daran zerbrochen, meine Freunde und ich. An Weltrettungspsychosen über Depressionen bis hin zur aktiven Selbstzerstörung[*]. Aber wir bleiben am Leben. Wir wagen, wir versagen, wir gewinnen.

Wie es weitergeht? Flexter hat ein Jobangebot in Paris, er wird wohl übersiedeln. Vince hat ernsthaft vor, mit Kira eine Wohnung zu beziehen. Die Eisprinzessin ist etwas mehr Prinzessin und etwas weniger Eis, und ich warte darauf, dass die Welt es bemerkt. SusiPop ist tätig und fleißig und hat erste Erfolge mit ihrer Kunst. Ganz selten telefoniert sie noch mit Konstantin. König Gunter hat sich zurückgezogen; er hat ein Angebot für eine größere Artikelserie bekommen und ist gerade in Shanghai, um dort zu recherchieren.

Wird Vince mit Kira glücklich werden? Wird Flexter Paris erobern? Wird SusiPop eine berühmte Künstlerin? Wird die Eisprinzessin zufrieden sein? Wird König Gunter Sonja wiedersehen? Werde ich ein angemessenes Lebensmodell finden und endlich wieder meinen Pilates-Kurs besuchen?

Ich weiß es nicht. Ich werde es erleben.

Aber ich weiß, dass wir nicht leben können ohne Poesie, ohne eine gefühlte Verbindung zur Welt. Ohne Blumenduft, eine wunderbare Unterhaltung, Zärtlichkeit. Es liegt an uns, heimisch zu werden in dieser Welt, und ehrlich, sie sehnt sich da-

---

[*] Ehrlich gesagt sind wir auch verschiedentlich an der *eigenen* Dummheit fast zerbrochen.

nach, bewohnt zu sein. Sie überschüttet uns mit ihren Schönheiten; wir müssen uns nur auf sie einlassen.

Das Poetische ist von Natur aus flüchtig, wenn es nicht in einem Gedicht oder einem Gemälde festgehalten wird. Es ist nicht dokumentierbar. Nur erfahrbar. Es sind diese kostbaren Momente der Verbrüderung, sei es im Gespräch, in der Liebe, in der Erotik oder mit der Natur, die uns sagen, dass wir nicht alleine sind. Dass wir heimisch sind, hier, miteinander, dass wir hierher gehören. Und zueinander.

Ich kann nicht leben ohne die anderen. Ich kann nicht fortbestehen ohne das Wunder der Fremdheit, die in jedem anderen steckt, und das noch viel größere Wunder, dass Kommunikation möglich ist.

Gespräche um sechs Uhr morgens. Cafébesuche mit der Eisprinzessin. Ein Vince, der strahlt. SusiPop beim Jagen. Das feine Lächeln von König Gunter. Flexter, wenn er von Liebe spricht.

Vielleicht ist es genau dieser Hauch des Fremden, der das Poetische bestimmt. Dieser Moment der Kommunikation. Denn dieses Fremde, so es denn Gestalt gewinnen kann in einem »Miteinander«, ist niemals banal. So weit wie nur möglich entfernt von diesen Weltversicherungsgesprächen über Geld, Anschauungen, Erfahrungen. Kein Nicken. Ein Bejahen.

Ich erinnere mich, als ich einmal mit SusiPop und der Eisprinzessin in einer dieser Open-Air-Bars saß; die beiden redeten über Männer und solche Sachen, und ich befand mich in einem seltsam melancholischen Zustand. Irgendwie konnte ich an diesem Abend nicht heimisch werden mit den beiden; es langweilte mich. Indessen beschäftigte ich mich damit, die Bäume zu beobachten, die diesen Ort, am Wasser gelegen, umstanden. Da gab es einen großen, blättrigen, dessen Geäst bestrahlt wurde. Die Blätter schienen zu tanzen im künstlichen Licht. Dieser Baum war mein Zuhause für diese Zeit. Oder vielmehr – seine flüchtige Schönheit.

Das Poetische ist unsichtbar im Sinn des Unfragmentarisierbaren. Und flüchtig. Poetische Momente sind Kostbarkeiten, Perlen im Erleben, in der Erinnerung. Machtfreie Räume, in denen sich die Subjektivität entfaltet, gewachsen auf dem Boden von Respekt, Solidarität und Empfindsamkeit. In denen Kommunikation möglich ist, ob es nun Menschen betrifft oder Bücher oder Bäume.

Und immer wieder die Schönheit, der Glaube an die Eleganz. Wir werden elegant, wenn wir uns ähnlich sind. Unsere Körper sind anmutig, wenn wir sie bewohnen. Unsere Worte sind treffend, wahrhaftig und schön, wenn wir sie zu gebrauchen wissen und meinen, was wir sagen. Und so kommt es dann zu Gesprächen, denn im Privaten, Fraktalen, im interesselosen, aber nicht uninteressierten Wohlgefallen, kann ein Austausch stattfinden. Und im Fest der Standpunkte und Eigenheiten erblüht die Poesie.

Es ist nicht ganz verkehrt, für solche Gespräche feine Getränke (Bier geht auch) zur Verfügung zu haben. Gutes Essen. Schöne Räumlichkeiten. Geschmackvolle Kleider, wie immer die im Einzelfall aussehen mögen. Und einen geschärften Verstand, der sich mitteilen kann.

Manchmal besteht die Freude im Fremdsein des anderen. Manchmal auch darin, miteinander »schöner« zu werden. Ich habe einen alten Freund, wir sehen uns selten. Aber wenn wir uns sehen, sehen wir uns ganz. Weil wir uns ein wenig ähnlich sind, am anderen genau das mögen, was uns auch an uns selbst gefällt, gehen wir gestärkt und erheitert aus diesen Begegnungen hervor.

Das ist auch so eine Sache, immer und immer wieder: die

Wahrnehmung. Etwas außerhalb einem selbst Liegendes wirklich zu sehen, es zuzulassen und darin einzigartige Schönheit zu entdecken. Oder auch das spezifisch Abscheuliche. Und die unendliche Vielfalt dazwischen.

Die *Résistance du cœur* ist der Widerstand gegen das Beliebige, das Geschwätzige und Dümmliche, gegen die grausamen pornographischen Klonisierungen und die immer subtiler werdenden Normierungsnetze. Gegen die Sichtbarkeit setzt sie das Unsichtbare. Denn das Geheimnis stirbt, verflüchtigt sich, wenn es ans Licht gezerrt wird. Gegen den Selbstentblößungs-Brechdurchfall das Bewusste. Gegen das Offensichtliche das Poetische. Und gegen das Hässliche, das Billige und allzu Allgemeingültige setzt sie Anmut, Schönheit und die Ästhetik des Besonderen.

Und die Liebe? Sie ist ein Wagnis, immer ein Wagnis. Mutig sollen wir sein, wagemutig geradezu.

> Wer sprechen will und wagt's nicht
> Wer heimlich seufzt und sagt's nicht
> Wer ein Mädchen liebt und küsst's nicht
> Der heißt ein Mann und ist's nicht*.

Sich trauen, erhört werden, abgewiesen werden, und vor allem: die Leidenschaft wieder entdecken. Die Kultivierung des Begehrens. Die Bewusstheit bezüglich der eigenen Emotionen. Das Spiel zwischen Kontrolle und Kontrollverlust.

Und das Recht auf eine »Sprache der Liebe«. Nehmen müssen wir diese bedauernswerten kitschverkrusteten Phrasen, sie durch uns durchfließen lassen, sie reinigen, säubern, auf dass

---

* Kurt Schwitters, »Mensch ärgere deine Frau nicht«

wir sie auf eine neue Weise benutzen können. Sie ist so arm geworden, unsere Sprache des Begehrens: »Du hast so 'n geilen Arsch.« *Bäh.*

Denn echtes Begehren ist eine Kunst, wie die Liebe eine Kunst ist.

Und im Urbass der Welt dröhnt das immer gleiche Lied:

Die Welt, so wurde ihr mit einem Mal klar, drehte sich um Sexualität. Einzigartig in diesem Sonnensystem von totem Gestein, Schneebällen und Gaszellen, bildete die Erde ein Theater, eine rotierende Bühne, wo sich auf einer dünnen grünen Schicht organischen Lebens unzählige endlose Szenen abspielten, bei denen es explizit oder zwischen den Zeilen fast ausschließlich um Sexualität ging. In diesem biosphärischen Epos waren die Figuren entweder Samentütchen oder Eierdepots (ein paar flexiblere Darsteller, die Amöben etwa, konnten in beide Rollen schlüpfen, aber das war eine aussterbende Kunst), und Szenerie, Kulissen und Kostüme waren nur dazu bestimmt, das Verschmelzen von Heldensamen und Heldinnenei zu fördern oder zu erleichtern. Farben, Gerüche und Geräusche von organischen Dingen hatten sich zu sexuellen Reizstoffen entwickelt und dienten dazu, Milliarden von romantischen Plots Milliarden mehr oder weniger glücklichen Enden zuzuführen.*

Hören Sie es? Das große *BOOGAWOOM?* Den Big Beat, die unendliche Vereinigung? Das tiefe Lachen der großen Göttin, die Ihnen zuwinkt und sagt: Mal wieder vögeln, zu Ehren der

---

* Das erkennt Ellen Cherry, Protagonistin in Tom Robbins' Roman »Salomés siebter Schleier«, als besagte Salomé besagten Tanz aufführt, in sieben Schleier gehüllt. Der erste, den sie lüftet, ist der über ihrem kleinen rosigen Geschlecht. Und sie tanzt...

dankenswerten Schönheit der Existenz? Das Kichern des schönen Jünglings, als die kräftige Hand eines gutgebauten Mannes nach ihm langt? Die kühlen Finger einer schwarzäugigen Frau, die mit nachlässiger Bestimmtheit einen zarten Schenkel entlangfahren? Das Geräusch, das die andere dabei macht? Das Licht auf dem Gesicht des jungen Mädchens, als sie zum ersten Mal ihren Liebsten küsst?

Sehen Sie es? Das große Bemühen allenthalben, die Balzgesänge, die fehlgeleiteten Fettabsaugungen? Spüren Sie es? Die mächtigen uralten Ströme, nehmen, genommen werden, lieben, begehren, ficken, *oh yeah baby*. In der griechischen Mythologie schafft Gaia, die Erde, Uranus, den Himmel. Erster Auftritt Eros, ältester der Götter. Und getrieben vom Begehren penetriert Uranus Gaia, fickt der Himmel die Erde sozusagen, und es entstehen sanfte Hügel, als Gaia sich krümmt vor Lust. Na ja, das nimmt kein gutes Ende, das Ganze; weil er nicht aufhören will, in Gaia einzudringen, ersinnt sie mit Hilfe ihres Sohnes Kronos (Vater von Zeus) einen Plan, Uranus zu entmannen. Das glückt, und sein abgetrenntes Glied landet irgendwo vor der Küste Zyperns. Da sich aber schon Samen, fertig zum Ausstoß, in seinem Glied befunden hatte, bildet sich dort, an der Küste, ein Schaum. Und aus diesem entsteht Aphrodite, die »Schaumgeborene«, Göttin der Schönheit und der – Liebe. Wie auch immer, das ist ein altes Lied. Unser Lied. Und eins, und zwei, und drei:

Oh my darling please surrender...

Anmut. Was ist Anmut? Zum einen natürliche Grazie, die einige glückliche Geschöpfe einfach so besitzen, genetischer Vorteil, Balletttraining, Charme bis in die atomaren Verästelungen. Zum anderen eine Art Energie, die sich im Einklang mit der eigenen Person befindet. Und mit der Umgebung. Der zarte Schimmer beseelten Fleisches, die lässige Geschmeidigkeit bewohnter Körper, die vollkommene Choreographie einer Situation. Oder das, was D. H. Lawrence in seinem 1928 verfassen Essay »Sex *versus* Schönheit« unter »Sex-Appeal« versteht:

> Die Ausstrahlung von Wärme, die Glut des Geschlechtlichen: das ist der wahre Sex-Appeal. In uns allen schlummert oder brennt das Feuer des Geschlechts. Wenn wir neunzig werden, ist es immer noch da. Wenn es aber abstirbt, werden wir so ein gespenstischer lebender Leichnam, wie sie unseligerweise immer zahlreicher werden.

Auch Anmut ist eine Spielart des Angemessenen, des Sich-angemessen-Seins. Anmut betrifft uns, unseren Umgang mit anderen und überhaupt alles, was man als Interaktion bezeichnen könnte. Ein komplexer Tanz. Ein Intuitiv-ins-Schwarze-Treffen, göttliche Angemessenheit, zarte Perfektion. Eine vollkommene Verführung. Ein gelungener Abend. Das genau richtige Kleid. Und natürlich – der Flow.

Die anmutigen Momente sind meist von kurzer Dauer und heben sich gerade von der Folie der unausweichlichen alltäglichen Räudigkeit und unvermeidbaren Tölpelhaftigkeit von Zeit zu Zeit aufs Angenehmste ab. Auch Liebe macht uns anmutig, das Strahlen, das Leuchten. Vielleicht weil sie die persönlichste aller Ansprachen ist, und wir dann ganz bei uns sind. So lange sie bleibt, das alte Miststück.

Die *Résistance du cœur* ist auch der Charme der Eigenwilligkeit, der Kauzigkeiten und der unbedingten Widerständigkeit. Das ist nicht unbedingt immer anmutig, aber durchaus und alle Zeit würdevoll. Wir sollten unsere Wunden mit Stolz tragen, unsere Schrullen und Falten pflegen, unsere Perversionen kultivieren.

Denn wir befinden uns immer im Verhältnis zu unserer eigenen Geschichte. Der Schlamm, aus dem wir ganz allein gekrochen sind, macht uns aus. Wir können ihm entwachsen, aber ihn niemals loswerden. Wir sollten ihn kennen und ein wenig liebhaben.

Sind es nicht genau diese Unverwechselbarkeiten, die körperlichen und seelischen Eigenheiten, an denen sich die Liebe festmacht und sagt: Nur Du. Du allein.

Und dann? Das Spiel, das große ewige Theater, unsere Existenz. Wir sind wandelbar. Wir verändern uns, wir können uns verändern, und wie das aussieht, liegt an jedem Einzelnen. Es hat immer schon zu den größtmöglichen Gemeinheiten gehört, Menschen in Kategorien zu stopfen und dann den Schlüssel wegzuwerfen.

Wir inszenieren uns immer wieder neu, wir spielen viele Rollen und haben das Recht, unsere Meinungen und Haltungen zu ändern.

Das Leben liebt Überraschungen. Und wir lieben das Staunen.

Wenn wir uns einlassen auf das Spiel der Möglichkeiten und Formen, immer wieder, dann leben wir. Und tanzen über dem Nichts, der kalten leeren Unendlichkeit. Vorhang auf. Wir tanzen. Wir lieben, wir verzweifeln, wir vögeln, wir lernen. Wir feiern. Die Ästhetik der Existenz.

Und es gibt dieses Lächeln. Über den Abgrund aller Zeiten hinweg. Ein Lächeln …

Literaturhinweise

Amis, Martin: Pornoland. Im Hollywood der Lustfabriken, Knesebeck, München 2004

Arcan, Nelly: Hure, Tropen, München 2002

Aretino Pietro: Die Gespräche des göttlichen Pietro Aretino, Insel, Frankfurt am Main 1999

Barthes, Roland: Die helle Kammer, Suhrkamp, Frankfurt am Main 1985

Barthes, Roland: Fragmente einer Sprache der Liebe, Suhrkamp, Frankfurt am Main 1984

Bataille, George: Das obszöne Werk, Rowohlt, Reinbek bei Hamburg 1977

Bataille, George: Die Erotik, Matthes & Seitz, München 1994

Baudrillard, Jean: Das perfekte Verbrechen, Matthes & Seitz, Berlin 1996

Baudrillard, Jean: Short Cuts, Zweitausendeins, Frankfurt am Main 2003

Benjamin, Walter: Allegorien kultureller Erfahrung/Zentralpark, Suhrkamp, Frankfurt am Main 1984

Benjamin, Walter: Das Kunstwerk im Zeitalter seiner technischen Reproduzierbarkeit, Suhrkamp, Frankfurt am Main 1963

Bentley, Toni: Ich ergebe mich, Heyne, München 2006

Bolz, Norbert: Das konsumistische Manifest, Wilhelm Fink, München 2002

Brame, Gloria: *Come Hither!,* Fusion Press, London 2001

De Sade, Marquis: Die 120 Tage von Sodom, Könemann, Köln 2001

Dorn, Thea: Die neue F-Klasse, Piper, München 2006

Duras, Marguerite: Der Liebhaber, Suhrkamp, Frankfurt am Main 1985

Ellis, Bret Easton: American Psycho, Kiepenheuer & Witsch, Köln 2006

Fitzgerald, Scott F.: Der große Gatsby, Diogenes, Zürich 1974

Flaubert, Gustave: Die Erziehung der Gefühle, Rütten & Loening, Berlin 1991

Foucault, Michel: Die Sorge um sich. Sexualität und Wahrheit 3, Suhrkamp, Frankfurt am Main 1986

Gibson, William: Neuromancer, Heyne, München 1987

Graf, Ric: iCool, Rowohlt, Reinbek bei Hamburg 2006

Greene, Robert: Die 24 Gesetze der Verführung, Hanser, München 2002

Greenwald, Rachel: Männerbeschaffungsmarketing, Goldmann, München 2004

Guillebaud, Jean-Claude: Die Tyrannei der Lust, Luchterhand, München 2001

Hermann, Eva: Das Eva-Prinzip, Pendo, München 2006

Høeg, Peter: Fräulein Smillas Gespür für Schnee, Hanser, München 1994

Houellebecq, Michel: Ausweitung der Kampfzone, Wagenbach, Berlin 1999

Houellebecq, Michel: Plattform, DuMont, Köln 2002

Huysmans, Joris-Karl: Gegen den Strich, Ullstein, Berlin 1999

Illouz, Eva: Der Konsum der Romantik. Liebe und die kulturellen Widersprüche des Kapitalismus, Campus, Frankfurt am Main 2003

Jameson, Jenna: Pornostar, Heyne, München 2005

Lawrence, D.H.: Sex versus Schönheit. Aus: Pornographie und Obszönität, Diogenes 1971

Levy, Ariel: *Female Chauvinist Pigs*, Free Press, New York 2005

Metelmann, Jörg: Porno-Pop, Sex in der Oberflächenwelt Königshausen & Neumann, Würzburg 2005

Millet, Catherine: Das sexuelle Leben der Catherine M., Goldmann, München 2003

Nin, Anaïs: Das Delta der Venus, Heyne, München 1989

P., Melissa: Mit geschlossenen Augen, Goldmann, München 2004

Poschardt, Ulf: Cool, Rogner & Bernhard, Hamburg 2000

Preciado, Beatriz: Kontrasexuelles Manifest, b books, Berlin 2004

Réage, Pauline: Die Geschichte der O., F.A. Herbig, München 2001

Robbins, Tom: Salomés siebter Schleier, Rowohlt, Reinbek bei Hamburg 1992

Sacher-Masoch, Leopold von: Venus im Pelz, Insel, Frankfurt am Main 1968

Saint-Exupéry, Antoine de: Man sieht nur mit dem Herzen gut, Herder, Freiburg 1984

Schweitzer, Dahlia: Lovergirl, Heyne, München 2006

Seidl, Claudius: Schöne junge Welt. Warum wir nicht mehr älter werden, Goldmann, München 2005

Shakespeare, William: Sonette, übersetzt von Richard Bletschacher, Deuticke, Wien 1996

Spinnrad, Norman: Die Transformation, Heyne, München 2002

Stendhal: Über die Liebe, Diogenes, Zürich 1981

Strauss, Neil: Die perfekte Maschine, List, Berlin 2006

Strunk, Heinz: Fleisch ist mein Gemüse, Rowohlt, Reinbek bei Hamburg 2004

Tasso, Valérie: Tagebuch einer Nymphomanin, Ullstein, Berlin 2005

Teese, Dita von: *Burlesque and the Art of the Teese*, HarperCollins, New York 2006

Thimm, Utz: Wenn die Chemie stimmt. Aus: Liebe. Zwischen Sehnsucht und Simulation, Suhrkamp, Frankfurt am Main 2005

Toledo, Camille de: Goodbye, Tristesse, Tropen, Köln 2005

Vizienczey, Stephen: Wie ich lernte, die Frauen zu lieben, Schirmer Graf, München 2004

Walsh, Helen: Millie, Kiepenheuer & Witsch, Köln 2006

Wellershoff, Dieter: Der verstöre Eros, btb, München 2004

Wilde, Oscar: Das Bildnis des Dorian Gray, dtv, München 1997

Dank

Mein Dank gilt meinem Vater Richard; für Bücher, Gespräche, Liebe und Zuspruch. Und für die feinen und präzisen Korrekturen, die er an meinem Manuskript vorgenommen hat.

Ich danke meiner Mutter Susan; für Liebe und Hoffnung. Ich danke meinem großartigen Bruder Benedict, für alles; und insbesondere für den Soundtrack.

Auch bei Ferdinand und vor allem bei Norris möchte ich mich herzlich bedanken. Und bei meinem Patenonkel Dionys. Ein *special thanks* geht an Natalia, für Schusti, damals, und den ganzen Rest.

Ich möchte mich bei meinen wunderbaren Freunden bedanken, die mich inspiriert, unterstützt und ertragen haben. Allen voran Ingo Schuenemann, ohne dessen Kritik, Anregungen und Blick für das Wesentliche dieses Buch nicht so geworden wäre, wie es ist. Dario D'Aprile danke ich für Grafikdesign und die Geheimnisse der Oktopusjagd. Bei Melanie Freier bedanke ich mich für herrliches Gelächter, grandiose Gespräche und stilistische Inspiration. Anita Leib danke ich für ihre ästhetische Kompromisslosigkeit, exquiste Zerstreuungen und ihren besonderen Blick auf die Welt. Ebenfalls sehr verpflichtet bin ich:

Adina Popescu, Carsten Walter, Christiane Meyer-Clason, Fabian Stein, Florian Brugger, Frank Künster, Jakob Schlandt, Jambi Ganbar, Johannes Klose, Katie Abbott, Lia Jaspers, Matthias Starzer, Michael Conrads, Niina Zuber, Norman

Ohler, Özgür Albayrak, Pari Garvanos, Paolo del Pennino, Ross Payne, Severin Winzenburg, Sharon Tal, Simon Elson, Sylvia Granowski, Thomas Lindemann, Walter Potts, Wolfgang Fischer.

Ich danke meinem Agenten Thomas Hölzl für das große Vergnügen der Zusammenarbeit mit ihm. Der Agentur Eggers & Landwehr, insbesondere Matthias Landwehr, danke ich für Kooperation und Unterstützung. Dasselbe gilt für Georg Reuchlein und den Goldmann Verlag; ich danke für das Vertrauen. Julia Eisele danke ich für ein sehr produktives, genaues und vergnügliches Lektorat.

Professor Gunter Gebauer war liebenswürdigerweise sehr geduldig mit meiner Magisterarbeit und bewahrte mich einst davor, den Begriff »Eigentlichkeit« zu verwenden. Frau Professor Gerburg Treusch-Dieter, in memoriam, danke ich für Inspiration und einen kleinen Schubs zur rechten Zeit.

Ein *very special thanks* geht an meinen lieben Joachim Lottmann. Und mein ganz besonderer Dank gilt Matthias Matussek für die Veröffentlichung meines Essays im *Spiegel*.

MAJA STORCH

»Witzig, spritzig, manchmal bitter - eine Erleuchtung für Frauen und Männer.«

Facts

15119

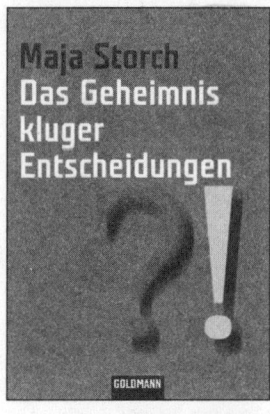

15271

»Macht Lust auf Entscheidungen!«

Psychologie heute

GOLDMANN